熊十力传

xiong
shili
zhuan

叶贤恩 著

团结出版社

图书在版编目（CIP）数据

熊十力传 / 叶贤恩著. — 北京：团结出版社，2020.4
　ISBN 978-7-5126-7615-2

　Ⅰ．①熊… Ⅱ．①叶… Ⅲ．①熊十力（1885-1968）—传记 Ⅳ．①B261

中国版本图书馆CIP数据核字(2019)第268715号

出　　版：	团结出版社
	（北京市东城区东皇城根南街84号　邮编：100006）
电　　话：	(010) 65228880　65244790　（出版社）
	(010) 65238766　85113874　65133603（发行部）
	(010) 65133603（邮购）
网　　址：	http://www.tjpress.com
E-mail:	zb65244790@vip.163.com
	fx65133603@163.com（发行部邮购）
经　　销：	全国新华书店
印　　装：	三河市东方印刷有限公司
开　　本：	163mm×240mm　　16开
印　　张：	18.25
字　　数：	250千字
版　　次：	2020年4月　第1版
印　　次：	2020年4月　第1次印刷
书　　号：	978-7-5126-7615-2
定　　价：	58.00元

（版权所属，盗版必究）

序

汤一介

一部新撰的熊十力传记——《熊十力传》就要和读者见面了。作者叶贤恩让我为这本传记写个序，我欣然接受。因为熊先生是我尊敬的老前辈，当代国学大师。由于我父亲汤用彤先生和熊先生在北京大学同事多年，因此我在青少年时也有不少机会见到熊先生，而在那时我和我的妹妹都称他"熊伯伯"，有时也称他"胡子伯伯"，当我们这样称呼他时，他总会哈哈大笑。后来，在1947年，我也考入了北京大学哲学系，可惜没有听过熊先生的课，这是我终身的遗憾。我记得，在1961年，熊先生由上海来到北京，住在民族饭店，我陪我父亲去看他。他们两位老人谈了一些各自学术研究的情况，对当时国家的困难也颇为关心。这是我最后一次见到熊先生。1968年5月23日熊先生去世，当时我不知道，只是后来听说他老人家在"文化大革命"中受到折磨而去世。我们后辈学者都深深感到悲恸。我们民族失去了一位代表中国文化的大师。为了纪念熊先生，我和武汉大学的萧萐父等学者，1985年在湖北黄冈熊先生的家乡召开了"纪念熊十力先生诞辰一百周年国际学术讨论会"，会后出版了《玄圃论学集——纪念熊十力先生诞辰一百周年国际学术讨论会论文集》。

当我拿到叶贤恩的《熊十力传》时，心中十分喜悦，通读全稿之后，我对一代国学大师熊先生的为人为学有了更为深刻的认识。叶贤恩在书中虽然也讲到熊先生在现代中国哲学上做的贡献，但这部书主要是让我们通过具体事实和材料，亲切而真实地了解熊先生这位20世纪我国大师级的哲学家和坚贞的爱国民主志士。熊先生一生经历了从辛亥革命到社会主义建设这一中国历史上曲折多变的社会转型时期。他幼年家贫，勤奋自学，勇于探索，志向非凡，以国家民族利益为己任，投身反清民主革命；辛亥革命之后，又参加护法之役。后来他从旧民主主义革命失败的痛苦中反思、觉醒，慨然脱离政界，潜心学术研究，思考"中国何由停滞不进""革命终无善果"的历史原因和思维教训。经过五十余年的艰辛探索、刻苦砥砺，终于"贯通百家，融会儒佛"，建构其《新唯识论》独特的哲学体系，成为"五四"以后独树一帜、饮誉海内外的著名哲学家。熊先生的一生，是爱国的一生，追求真理的一生；也是勤奋治学，为继承和弘扬中国传统文化而殚精竭虑的一生。他以极其深挚而悲苦的忧患意识与文化责任感，勤奋讲学，著述不倦，共写出专著近三十种，发表论文、札记近百篇，与人论学书简更不计其数，共三百余万言。除自成体系的哲学巨著以外，还有经学、史学、文学、佛学等多方面的学术成果。20世纪20年代至40年代刊印的专著有十数种。新中国成立以后的十多年中，他坚持与衰病作斗争，苦心构思、笔耕不辍，先后写出了《与友人张江陵》《原儒》《体用论》《明心篇》《乾坤衍》《存斋随笔》等多部著作。

我们可以毫不夸张地说，熊先生是20世纪中国最具有独立意识和创新精神的哲学家。他以其所达到的现代思维水平，以其所阐扬的人文精神与人文价值，既与20世纪哲学主潮相汇通，又保持了"东方哲学的骨髓与形貌"，因而在国内外思想界产生了广泛而深远的影响。

近二十年来全国学术界对于熊十力先生的研究比较多，还出版了一些有分量的著作和论文，有的是从熊先生思想方面论述的，有的是从学术方面论述的，还有的是生平与学术并重，异彩纷呈，各具特色。

本书作者叶贤恩是熊先生的家乡人，对熊先生十分感佩和崇敬。他抱着认真学习的态度，刻苦钻研熊先生的著作，广泛搜集和阅读海内外对熊先生研究的资料，深感熊先生的生平研究和介绍，既有许多闪光的珠玑，还有一些未曾披露的领域，从而觉得大有进一步研究和宣传的必要。

在这个基础上，他以对历史、对后人认真负责的态度，不怕困难，不辞劳苦，走出家门，实地查访。凡熊先生所生活过和工作过的地方，作者都坚持去调查去采访。他先后到了鄂东有关县市和重庆市、江西省、浙江省、北京市，走访了五十多个单位、两百多有关人员，阅读数百万字资料。然后以熊先生的生平为主线，运用"长藤结瓜"的手法，从家庭到社会，从童年到老年，从戎马生涯到潜心学术，以及由儒转佛、由佛转孔而归于《大易》，在分阶段性的叙述中，突出重点，浓墨重彩，不管他是一帆风顺，还是荆棘丛生，都显现其不同凡俗、精光四射，从而完整地反映了一个著名哲学家的光辉形象。

该传的另一个特色是作者把史学研究与文学描写结合为一体，人物活动的许多方面都通过情节和细节再现出来，形象而生动，语言也很通俗，把一个哲学家的传记写得好读好懂，真是难能可贵。

2007 年 7 月 5 日

目 录

序
引言 001
1. 巴水泱泱，哲人乡邦 007
2. 牧牛"神童" 023
3. 以"先忧""后乐"为座右铭 041
4. 投身反清救国民主革命 051
5. 改名换姓蛰乡塾 067
6. 德安，您好！ 077
7. 学佛南京 099
8. 执教北大 111
9. 养疴杭州 125
10. 复性书院与熊、马分手 139
11. 在抗日战争中 157
12. 围绕"新论"展开的论战 179
13. 典型的真人，特殊的性格 193
14. 诲而不倦，学有传人 205
15. 躬逢盛世，关怀有加 225
16. 高涨的政治热情与笔耕不辍 241
附录 熊十力年谱 255
主要参考书目 281

引言

二十世纪初期，我们民族经历深重苦难，在苦难中觉醒奋起，在奋起斗争中屡遭挫折，由于愈挫愈奋，而赢得了进步和解放。与此同时，在文化领域，中西古今各种思潮汇合激荡，也空前剧烈。正是在这种特殊的历史条件和文化背景下，涌现了一大批杰出的爱国思想家和坚贞的民主革命战士。出生于山明水秀的黄冈上巴河的熊十力，是其中之一员。

熊十力先生出身于书香门第，后家道衰落，至祖辈之后三代无立锥之地，靠父亲教蒙馆度日。少年时期，熊十力就立志救国，慷慨从戎，在湖北新军中组织秘密社团，奔走于推翻帝制的反清革命。辛亥之后，他又参加了护法之役，亲见袁世凯窃国称帝，张勋复辟，许多人为革命抛头颅洒热血所换来的成果被封建军阀所攫取。这位忧国忧民的爱国者不禁"苍茫望天，泪盈盈雨下"，于是决心弃政从学，转入钻研学术理论。这种转向，绝非消极遁世，而是一种高度自觉的历史责任感所产生的献身精神。正如他晚年所言的："余伤清季革命失败，又自度非事功才，誓研究中国哲学思想，欲明了过去群俗，认清中国何由停滞不进。故余研古学，用心深细，不敢苟且。"他从辛亥革命失败的痛苦中觉醒后而深研古学，其根本目的在于弄清"中国何由停滞不进"。

他深知，这是一项难度很大的工作，这一方面要对中国传统文化进行严肃的历史反思，着眼于对中国封建传统遗毒的清理，真正认定"两千年专制之毒"，包括《儒林外史》中揭露的"一切人及我身之千丑百怪"，都需要大力清除；同时对孔子之学被汉宋以来小康之儒搅得面目全非，变成离孔子真经之异端、叛孔子大道之邪说，尤其是历代统治者标榜的所谓"以孝治天下"，以及"移孝作忠"等"支持帝制，奴化斯民"的宗法伦理政治信条，更必须彻底清算。

新中国成立后，他仍反复叮咛："吾国帝制久，奴性深，不可不知！"另一方面，他又不同于一般无视传统、妄自菲薄的全盘西化论者。他总结辛亥革命失败的原因之一，在于"清季革命思潮自外方输入，自己没有根芽"，即是说民主主义革命的理想在中国由于民族资产阶级政治上软弱、文化上落后而缺乏应有的根基和思想土壤。因此，他上下求索，试图在传统文化中去"掘发其固有之宝藏"，竭力为他心目中的民主革命理想——否定帝制，诸如反对神权，"树立人权""荡平阶级""实行民主""同于大公""协于至平"等，找到自己民族传统中的"根芽"，赋予他们富有历史感的民族文化形式，借用古代的语言和传统思想形式来表达新的时代思潮。他对《周易》《春秋》《周礼》《礼运》等儒经的独特解释以及对历代政治学术的评论，几乎全是围绕民主革命和自由平等社会理想的设计这一主题。"以古筹今""六经注我"的方式所表达的思想内容，实际是对封建专制主义的尖锐批判，是对东方近代化的价值理想的执着追求，力图使外方输入的"自由平等""天赋人权"等民主革命理论得到系统的中国化，从而对先天不足的辛亥革命进行理论补课。这是跳动在熊十力评史著作中的反映时代精神的思想脉搏。正因为此，他一生坚持的反帝爱国民主思想，他孜孜不倦追求真理的讲学著作活动，受到共产党和国人的极大尊重。他在和董必武、周恩来、陈毅、郭沫若等的长期交往中结下了深厚的友谊。陈毅称他为"我党之诤友"，董必武在1965年给他的信中深情地说："兄治哲学背景，不仅弟理解，吾党之士亦多能理解也。"他所写的《体用论》《明心篇》《读经示要》《原儒》以及《乾坤衍》，无一不是贯注于对民主革命狂热的忠贞，对社会主义新中国的热爱，并且自强不息，与时俱进，对人类前途充满信心。

熊十力是"五四"以后卓然自立、蜚声四海的哲学家，是我国哲学界被誉为千百年来学术界罕见的一位学人。他在治学上不随波逐流，而是以异乎寻常的苦学精思，自循中国哲学启蒙的特殊道路，自觉地把王阳明、王船山视为自己的思想先驱，另辟一条推陈出新、自创体系的哲学思维途径。一般论者把熊十力的学术路线归结为：先由儒转佛，出入空有二宗，旋又由佛转孔而归宗大易。这是言有据的。但他不管学脉多变，还是自有主宰。他的学生徐复观在《悼念熊十力先生》一文中讲了一段非常实在的话：

熊先生的体系哲学，应以他的《新唯识论》作代表。陶铸百家，钳锤中外，以形成他创造性的哲学系统。此一哲学系统，我们可以赞成，也可以不赞成。但此系统的成立，乃由他深刻的体会与严密的思辨，交相运用，将宇宙人生的根本问题，分析到极其精微而无深不入，综合到极其广大而无远不包，结构严谨，条理密察，使其表达之形式，能与其内容，融合无间。拟之于康德，则康德析而为三者，先生乃能贯之以一。拟之于黑格尔，则黑格尔拘于普鲁士之私者，先生乃扩而为人类之公。儒家尽广大而尽精微之义蕴，固由先生而发煌；而其思辨组织之功，融会贯通之力，乃三千年中之特出。由内容到形式，皆不愧为一伟大之体系哲学著作；在我国三千年中，除了《新唯识论》外，谁还能举得出第二部？

武汉大学哲学系博导、研究熊十力的专家萧萐父在《纪念熊十力先生诞辰一百周年学术讨论会开幕词》中说，熊先生"以平等心究观古今各大学派"，"'析其异而观其通，会其短而融其长'，与当时崇洋论者和复古论者都大异其趣，且与拉杂比附而浪言融通者亦有所不同"。熊十力哲学尽管经纬万端，但系统严整，大体来说，以"体用不二""翕辟成变""反己自悟""德梦知识并重""内圣外王一贯"为其纲宗,尊生主动,自强不息,高扬认识论和价值论中的主体能动原则和"不为物化"的"人道之尊"。他的哲学,不仅在"五四"以后的中国哲学论坛上独树一帜,自成一家之言,而且以其所达到的近代思维水平保持了"东方哲学的骨髓与形貌",在海内外产生了深远的影响。

熊十力既具有极为颖异的天赋,而又异常刻苦好学。他一生共写出专著二十余种,发表论文、札记一百余篇,与人论学问更不计其数,留给后世的学术遗产是极为丰富的。他除了自成体系的哲学以外,还有经学、史学、佛学以及文学等多方面的成果。他自谦地说,自己现代科学知识不足,西方哲学了解不多,但就其博涉所及,虽程、朱、法、王,未必能与之相比。其学虽以继承我国传统思想自任,然实有超出我国传统思想之上者。至二十世纪六七十年代,即已成为世界哲学界公认的哲人。1967年版《美国哲学百科全书》、1968年版《大英百科全书》《英国百科全书》《美国百科全书》以及法兰西大学编的《哲学学科全书》,均列有熊十力之专条,可见他赢得了世界人民的尊重与崇敬。

熊十力在教书育人方面,突出地继承和发扬了中国儒家的优良传统。他对待学生有求必教,教必有方。不管是谁,只要你诚心诚意问他,他就以极为负责的态度,诲之不倦。贫困的学生,他供你吃饭,不要饭钱;住宅困难,他就要你与他同住。凡离去的门人,他也不忘教育,继续以书辞答问,有时还召回授业。对学生传道授业解惑,常以学贵求新教学生,推崇孔子"各言尔杰"的做法,强调学习不能雷同苟异,唯审其是而已矣。他说,辨是与非,不单靠老师。他不仅这样说,自己也是这样做的。他是佛学大师欧阳竟无的弟子,然而他与欧阳氏的学说不尽相同,欧阳氏闻之大不谓然,临终竟不欲见十力,但他仍往探视。声称:"以同而异"是学术发展的正常现象,绝无损于师徒情感,朋友之间也当如此。

熊十力教门人治学,强调不能局限书本文字,说六合之内,乃是一本大书。《周易》作者设卦观象,也是通天地,明人事。《诗经》《楚辞》的作者,更是利用自然、社会来引物连类,发愤抒情。《论语》,则是典型证明孔子教学不咬文嚼字,很少征引文献,而是通过日常事物，阐明政治、伦理、教育、哲学等。像"子在川上曰：逝者如斯夫，不舍昼夜"，就是从这里领悟天道人事的道理。熊十力不相信不窥户牖就能知道天下，他的视线总是深入到社会、自然。熊十力藏书很少，到黄海化学工业研究社主讲哲学，由于交通不便，随身就没带多少资料，可是行李甫卸，就撰出不少论著。有的门人惊讶说："先生本领真大，什么参考书都没有，就能作出不同凡响的文章。"殊不知，上下四方，万象森列，都是先生的书库，平时仰观俯察，感应会通，一旦执笔，心顺手快，钩深致远，声入心通。

熊十力从小有济世之志，常告诉学生魏晋某些人标榜清高，不问政治，不过自欺欺人罢了。他说，孔子就很重视政治，分四科教人，而政事居一。不过，"从政要跟一个开明的人，孔子不答卫灵公的军旅之问，不愿跟这个无道之君。我厌恶满清皇帝，所以跟孙中山，跟对了。辛亥革命，我去当兵，参加起义。后来，袁世凯窃柄，蒋介石擅权，我虽然由从政转入治学，可并非世外桃源的隐士"。的确是如此，他与弟子相见，从来就不单纯讲学术，而是鼓励门人在政治上辨是非，跟个好人。这是很有现实意义的。

熊十力提倡博习多师，取众师之长，以成一家之言。他曾评述韩愈为文章之士，但"五原"之论，显见新义，唯《师说》命感超凡，发端则曰进德修业必有师，师各有所擅，则亲之者在于转益。倘若，守一先生之言以自悦，其学必隘，其见必狭。

熊十力十分赞赏"士先器识而后文艺"。"文艺"犹《汉书》曰"艺文"，包括一切学术。"器"比德行，"识"谓眼光。熊十力以为一个人的器识是研究学术的先决条件。他常说：当我的学生，水平低不要紧，只要德行高尚，眼尖锐利，学习将事半功倍，迎头赶上。孔子弟子又多又杂，孔子非来者不拒，王充称孔子"三盈三虚"，不难想象，孔子曾以器识取舍，大抵"器识"高者取之，低者舍之。冉求作季氏宰，"为之聚敛而附益之"，孔子十分恼怒曰："非吾徒也"，教弟子"鸣鼓而改之"。他教学生不要忘记孟子"贫贱不能移"的至言，真有器识文艺者，或不免为贫贱之士，可不能被贫贱压倒。历史是公正的，历代贫贱而有才德业绩者，历史均给予崇高的地位。

熊十力的一生始终坚守大节，以个体生命，直通于国族生命，因而能发生无穷的责任感和担当感。他对人胸怀坦荡，赤诚待人，毫无世故。朋友、学生、亲戚有困难，他都给予帮助。他曾救援过几个共产党员。青年有培养前途的，他支持学费和生活费。如一个学生的儿子，家庭困难，他就支持他从中学到大学毕业分配工作。徐复观有一段话很能说明问题：

熊先生对人的态度不仅他自己无一毫人情世故；并且以他自己人格的全部力量，使对方的人情世故，亦皆被剥落得干干净净，不能不以自己的人格与熊先生的人格，直接照面，因而得到激昂感奋，开启出生命的新机。所以许多负大名的名士学者，并没有真正的学生，而熊先生倒有真正的学生，其原在此。……

但他又是最不能被一般人所能了解的人，从大的方面说，凡是真正的儒家，都不能为一般人所了解，而常成为四面不靠岸的一只孤独的船。孔子说"君子群而不党"；又说"君子周而不比（惟合于义者则从之）"。上面的几句话，简单说明了儒者向一切人类，敞开自己的心量，而自然笃厚于自己族类之爱。但人世间则只有"党"而无"群"，只知道"比"而不知道"用"；于是要求只"适"于其党，而"莫"于非其党。及发现一个真正儒者的心灵，只能属于人类，只能属于自己的族类，而不属于任何的党时；并且发现泰山岩岩的义的气象，使人世间各种威胁利诱之技，毫无所施时，自然会从各方面来加以拒斥、打击。则熊先生之不能被世人所了解，正是儒家的本分；也正是儒家所以能"参万世而一成纯"的本领。民族不亡，人类不灭，人之所以为人之基本条件亦不变，则熊先生由生命所现出的中国文化长城，或能薪尽火传，与天壤共其不朽吧！

熊十力是性情中人，豪放自负，刚正不阿。正视时弊，藐视权贵，真气感人。董必武曾书"宁拙毋巧，宁丑毋媚，宁支离毋轻滑，宁粗率毋安排，此傅青主书法也"的书法美学警语相赠，以喻熊十力质朴而高尚的人格。

1. 巴水泱泱，哲人乡邦

鄂东人民非常重视春节这个传统节日。在这片土地上，从阴历腊月二十三日起，就笼罩着浓厚的节日氛围，不管是穷人富人都忙着"办年"：做年糕、打豆腐、杀鸡、杀猪、打鱼……忙得不亦乐乎；然后就是做呀，吃呀，围着火塘拉家常呀，欢天喜地，共度佳节。

到了正月初一，人们出了"天方"以后，就开始出门拜年游乐了。无论城市还是农村，都舞起龙，耍起狮子，划起彩莲船，噼噼啪啪的鞭炮声，有节奏的锣鼓声，阵阵的喝彩声震天价响。

就在这春节的娱乐活动中，人们的心灵得到净化，世间的烦恼忧伤、痛苦都被置于脑后，精神情操得到陶冶。在这种境界中，人们享受到的有天伦之乐，有国泰民安的韵味，社会成员与社会进入异常和谐的境界。

也就是在这种欢乐的节日里，张家塆熊其相先生的夫人陈氏要分娩了，"喜娘"早已等在身旁。其相心里特别高兴，他一会儿到房间看看，一会儿到厨房站站。他想，夫人分娩后，要买点什么好东西给她吃，补补身子。

其相想，家庭太穷，真够心酸的。去年教个"犁耙馆"，十来个学生，一个学生一年学俸只两三担稻谷。有的学生家里太穷了，他还不忍心要他们的学俸。家里六七口人生活，仅这点收入，确实够吃紧的。像妇人生产，简直是玩命的事儿，如果没有什么补补身子，孩子没有奶水，母子都要吃大亏的。

熊先生忽而转到堂屋，看到鸡橱正在门边。他想夫人养了十多只鸡子，决定晚上鸡进橱后，抓它两个杀掉，妇人就有吃的了。

"熊先生，熊先生！恭喜您，三相公出生了。"

其相闻声急切走拢来，小家伙好像嫌父亲关照自己迟了点，有点气，"哇"的一声哭了。

"喜娘"说的这三相公，就是后来成为近现代中国学术史上著名的学者、独树一帜的哲学家，同时也是一位赤忱的爱国者和坚贞的民主革命战士熊十力。熊十力生时为清光绪十一年（1885年）正月初四（公历2月28日），字子贞，名继智，又名定中、晋恒，晚号漆园老人。"十力"，是1924年从"子贞"更换过来的，是佛典《大智度论》中赞扬佛祖释迦牟尼的话，形容佛祖有超群的智慧、广大的神通和无边的力量。沈约《内典序》也有"六度之业既深，十力之功自远"之说。他有兄弟姊妹九人，男六女三。男的是长兄仲甫、二兄履恒、四弟升恒、五弟健刚、六弟继强，十力行三。

"熊先生，有鞭炮吧？儿多好呀，儿大一发。"喜娘提示要庆贺一下。

"啊，好！"其相高兴地应着，拿出一挂鞭炮就到大门外放了起来。

真巧，一长串舞龙的队伍过来了。他们听说其相先生又生了个儿子，忙凑热闹，把龙移到门口稻场上舞了很大一会儿，简直不愿走。

其相知道他们不是空舞的，转身跑到屋里去，看看家里到处空荡荡的，没有什么打发舞龙的人，就到厨房把一个学生家长昨天给他送来的四个糍粑饼子掇了出来，送给舞龙的人。

熊十力的故乡，在湖北省黄冈县，现划归团风县。从湖北省武汉坐汽车沿武黄（武汉—黄石）一级公路到鄂州市区过江即到。黄冈地处湖北省东陲，大别山南麓，长江中游北岸。地势由东北渐次向西南倾斜，形成低山、丘陵、平原的地貌。

黄冈县历史悠久，自隋开皇十八年（598年）定名以来，迄今有1421年的历史。周为弦子国、邾国。秦称邾邑，属南郡。西汉为西陵县、西阳县、邾县，属江夏郡。三国时，先属魏，弋阳郡辖；后入吴。南北朝时，属齐安郡。至隋改齐安为黄冈。后历唐、五代、宋、元、明、清，均沿用黄冈县名称，归黄州府管辖。新中国成立后属黄冈地区（市）至今。

黄冈县域经济发达，人文荟萃。全县1200多平方公里，三百年来，涌现出的英雄志士、贤豪圣哲数百人，名冠荆楚，饮誉中外。

明代科举考试，黄冈9县，共录取进士339人，其中黄冈县89人，占26.2%，约四分之一。清代9县，共录取进士333人，其中黄冈县142人，占42.6%，近二分之一。

出国留学人员，新中国成立前全区共有432人，其中黄冈有69人，占总数的16%，超过平均数。

更为突出的是，还涌现出不少大师级人物。如我国杰出的地质科学家李四光、著名的马克思主义经济学家王亚南、教育家马哲民；清代开科状元刘子壮，等等。

因时代的变迁和国家政治制度的黑暗，富有革命斗争传统的黄冈人，不断地发动和组织了革命起义、爆发革命斗争。为推翻清王朝的专制统治，光绪三十二年（1906年），吴贡三、殷子衡等参加武昌日知会，在黄州创办鸠译书舍，印制革命书刊，制造推翻清王朝的革命舆论。吴昆、李四光等东渡日本，参加孙中山组织的同盟会，积极从事反清斗争。在辛亥武昌首义中，黄冈县有75人是首义的组织者和军事指挥者。

在北洋军阀统治时期，黄冈进步的知识分子，如刘子通、陈潭秋、林育南、包惠僧等，研究俄国十月社会主义革命胜利的经验，在家乡和湖北传播马克思主义。中国共产党诞生以后，黄冈是全省率先建立党组织的县份之一。胡亮银、陈学渭、林育英（张浩）、刘念祖等革命者，用新思想、新文化教育农民，随即成立农民协会，领导农民起来革命。

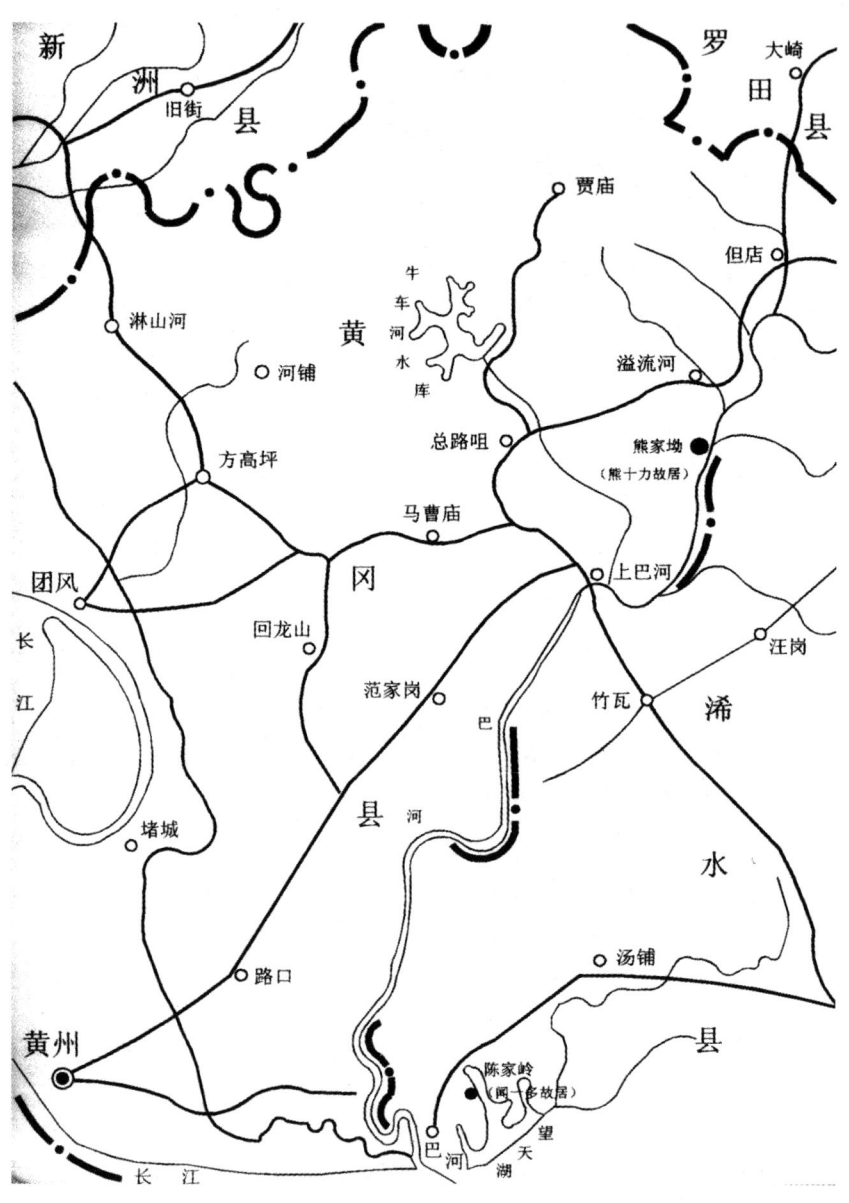

巴河，熊十力在巴河的上游，闻一多在巴河的下游

巴水泱泱,哲人乡邦。
上有熊佛,下有闻郎。

这首童谣还告诉你在黄冈县的东北部有一条普通的小河——巴河,这里孕育了两个赫赫有名的杰出人物:一个在上巴河的张家塆,就是上面介绍过的熊十力;一个在下巴河的陈家岭,他叫闻一多。

熊十力,我们要在下面全面进行介绍,闻一多则要在这里作个交代。闻一多和熊十力同在一条河,但行政区域不同,闻一多隶属浠水县,在巴河的东岸,熊十力则在巴河的西岸。

闻一多所在的村子叫陈家岭,依傍在一个丘陵边上。闻家是个殷实人家。经历了几代风霜的灰色瓦屋,坐落在松林竹园之中。村子不大,都是聚族而居。门前有稻场和池塘,村边绕着层层冲田。房前屋后都是各家精心围护的菜圃……

闻一多出生在这里。幼小的时候,也学习、生活在这里。因为行为的昭示,人们说他在这里有"三爱":爱巴河、爱长江、爱书。每天早晨和晚上,他总是带着书,坐在巴河的岸边或沙滩上,或者坐在江

黄冈的闻一多纪念馆

堤，独自凝视那奔腾浩荡的江水，欣赏着往来不断的竹簰。有时他光着脚丫子在沙滩上走走跑跑，巴河的沙他觉得特别细软，踩在脚板下，有点痒痒的感觉，好开心的。

在巴河出口的地方，常常有许多的帆船停在那里。入夜的时候，还可从那灯火微明的船舱飘出船民哼山歌、唱楚剧的声音。闻一多心里痒痒的，他想这景色太美了，如果能作一幅图画，该多漂亮、多感人！

长大了一些，闻一多读书在外地，但他对家乡，对巴河、长江的感情太深了，一到暑假、寒假，不远千里万里，他也要飞回巴河，飞回陈家岭。一回到家里，他还像往日一样，看巴河、看长江、读书。

一天，他在室外看书，一条大蜈蚣沿着天井边缘爬到他的脚边，又爬到他的鞋上，从旁边经过的嫂子看到这情景惊叫起来："家骅（辈名），蜈蚣爬到你脚上呀！"他以为是开玩笑，用扇子扇了几下，一点也不在意。蜈蚣像受惊似的，蛰伏了一会儿，又继续蠕动起来，眼看着就要爬到脚上来了。他的侄儿赶忙跑上去，推开他一脚把蜈蚣踩死。这下子可把闻一多沉浸在书本正浓的兴味打断了。

"你这小鬼，干什么胡闹！"他正要生气的时候，已经有些人围着他哄笑起来。大家指着那条死去的毒虫说："要不是这小鬼，你的脚早就肿起来啦！"他看看小虫，轻轻拍了拍孩子的头，表示歉意。

凑巧，此时他二哥家骢走到身边，笑对他说："像你这样读书，可能会成书呆子啊！我告诉你一个事，听说上巴河有个叫熊子贞的，是神童，他边放牛边读书，学校也没有进，就是过目不忘，书读得很好，现在到武汉闹革命去了。我看啦，读好书，首先靠天才，没有天才，光像你这样，未必能达到目的。"

闻一多对二哥这段话很有异议，他说："神童熊子贞我没听说过。不过，我感到天才只能是一个方面，不下苦功夫还是不行的。二哥，你不是读过王安石写的一篇文章《伤仲永》吗？仲永真是个天才，可是他父亲没有正儿八经地培养他，让他在学校读书，而总是把他带到达官贵人家、带到宴会上去炫耀，沽名钓誉，结果年龄不断地增长，而学识没有增长，终于把仲永毁了。这是个血的教训！"

闻一多 1922 年在美国芝加哥美术学院门前留影

二哥说:"好好好,我是怕你把身体搞坏了,告诫你一下。"

"二哥,我知道你是好心,但我晓得照顾自己,谢谢你!"闻一多回答道。

闻一多所认定的读书的成功既靠天才,更靠勤奋,这是科学的、正确的。后来,闻一多在新诗上的成就,在学术上的造诣,完全证明了他的观点的正确性。我们可以说,勤奋,铸造了闻一多的渊博学识;勤奋,也铸造了闻一多高超的写作水平;勤奋,更铸造了闻一多的灵魂和思想!

有了闻一多,这是巴河人民的骄傲,是鄂东人民的骄傲,也是中华民族的骄傲!

和闻一多同饮一河水的熊十力,出生在上巴河张家塆。这个村子有意思的是,名为张家塆,却没有一户是姓张的,全是姓熊。他们聚族而居,共为三房。熊十力是第三房的人。村子坐落在龙山的中间地里,宛如一个人坐在一把圆背椅上的形态,左右和后面都被山围绕着,前面是一个敞口，上下相连着两个水塘，作为全村洗涤之用。

龙山，是熊十力命名的，原名蛇山。1937年，"七七"事变后，抗日战争全面爆发，熊十力由学生刘公纯陪同，离开北平到武汉，旋回黄冈，到故乡团风住了一段。熊十力对故乡是特别有感情的。在村里人的陪同下，看了村庄、看了巴河、看了田园、看了屋后的蛇山。他对陪同他的人们讲："我们村庄的这座山，要改名称，不能叫蛇山，要叫龙山。"他说，蛇是有鳞的动物，龙也是有鳞的动物，《说文》云："龙，鳞虫之长，能幽能明，能细能巨，能短能长，春分而登天，秋分而潜渊。"据此，龙盖神物，古者神人多乘龙，如祝融乘两龙，夏后启乘两龙，蓐收乘两龙，句芒乘两龙，颛顼乘龙而至四海，帝喾春夏乘龙，等等。《易》曰："云从龙。"又曰："龙飞在天。"龙可是瑞物啊，怎不叫龙山呢？

大家听他引经据典地一讲，都赞成将蛇山改成龙山。

龙山全长有两公里多远，龙头在东面，龙尾在西面。十力走在龙背上时，发现上面挖了一个大洞，他很不高兴，说不能让龙背上有伤痕，熊家的子孙，可也要有一点风水知识啊！他当场表态，此洞由他出钱，请人工马上挑土填上。

熊十力这次回故乡，反映了他对故乡的热爱是非常深沉的，儿时的故事，他记得很多很多，讲得很动感情。他爱龙山，他爱巴河，他爱这里的陶瓷，他爱这里的一草一木。龙山，是他放牛的地方，捡柴的地方。小时候，他会做事，也很淘气。在放牛的时候，常常在山上采很多蘑菇，包回家去做菜、煮糍粑吃。有时还上树掏雀窝的蛋，弄回去蒸虾子。有一次，他在茨棚里发现一个兔子睡着了，他走拢去，兔子还未觉察，他顺手用镰刀把兔子砍死了。他抓着兔子喜得不亦乐乎。但他没提防，茨棚里有一窝马蜂，鼓噪而出，把他手上脸上蜇了几口，他痛得直叫唤。跟他在一起的小伙伴，都吓得哭了起来。

一会儿，他忍着痛，冷静下来说，"你们莫着急，我有办法止住痛。"他一面说一面向山下的泥田里跑去。过一下，他手里捧着一把烂泥上来，叫小伙伴们帮忙，把蜂子蜇的地方统统用烂泥封了起来。他说，去年，他哥哥也碰到这个事，上巴河一个中医跟他诊疗时告诉这样一个方子：遇到马蜂蜇了后，及时跑到冷浸的烂泥田抓它一把烂泥糊到伤口上，过个把小时后，即能止痛消肿。哥哥用后，很有效验。

对巴河，他更是赞不绝口，说巴河是一条黄金水道，它不仅灌溉着沿河两岸的许多农田，同时河水常年可以运输，比农民肩挑背驮不知道要减少多少费用、多少劳苦。还说这条河里的沙子，细而不黏，洁白发亮，是建筑的好原料，有一天会变废为宝的。

熊十力小时候，挺爱在这河里玩耍，在沙滩上建造城堡、筑堤防汛。有时弄得满身是沙跑回去，母亲就埋怨他说："看你把手上搞得这脏！"一面批评他，又一面把他按在澡盆里，给他洗得干干净净。

后来，他再玩这个的时候，想了个办法不让母亲劳神：当身上弄脏了，头上有沙子，就跳到河湾里去从头到脚地洗一洗，洗干净了，才上岸穿上衣服。果然有效，既不要母亲费力，也不至于太脏。

有一次，他去玩沙的时候，发现河湾里有不少的青鱼、草鱼、喜头鱼。他在水里玩了几次以后，学会了抓鱼的办法，几个小伙伴合伙，每次每人可以抓到两三条，心里都有说不出的高兴。

有一天，十力在房份的侄儿家喝茶，侄媳用一个陶瓷碗给沏上。他饶有兴致地问："你这个陶瓷碗是本地做的还是外地做的？"

侄媳说："本地做的。上巴河街的陶瓷铺多得是。"

十力很高兴地讲，巴河这个地方的泥质非常好，很适于制作陶瓷用品，早在清朝的光绪年间就开始生产了，在长江中游还小有名气。它因为瓷质好、工艺精致，远销到鄂东和长江中下游的一带。那时住在上巴河福音堂的几个瑞典教徒，还很高兴用这里做的陶瓷碗壶吃饭、沏茶，还带一些制品回国送礼和应用。

熊十力生于斯，长于斯，对这个地方感情很深，在他临去世之前给儿女们的遗言是：

我是黄冈人，我们家是黄冈人，我们不能数典忘祖，我死后，包括我们的后代，一定要把骨灰都安葬到故乡去，安葬到上巴河张家塆的龙山去！

熊氏的子孙们是很有教养的，他们坚决按照先人的遗愿，将熊先生与夫人的骨灰于1971年9月送回了家乡，安葬在龙山。1985年，我国哲学界在熊先生的故乡黄州举行"熊十力诞辰一百周年国际学术研讨会"，会前，由黄冈县人民政府正式修筑熊先生墓园，将熊先生及夫人的骨灰移葬于巴河边的白羊山巅。矗立墓前的大石碑，正面镌刻有梁漱溟先生的题字"熊十力先生暨既光夫人之墓"，背面刻有武汉大学哲学系著名书法家虞愚写的碑文。

熊十力的家世，据他晚年（1965年8月）所作的《先世述要》（未定稿）和本村老人们讲：五代以上家庭环境很可以，祖先们都是读书人，家庭算殷实户。到十力的曾祖光东、祖父敏容、父亲其相，三代中，田无一陇，地无一厢，靠卖工、教"犁耙馆"度日。曾祖光东，少年早逝，曾祖母华太夫人守寡，将族侄敏容收为嗣子。敏容长大后，学做木匠，农工结合。娶曹氏，生其相。敏容有个手艺，手头稍为宽裕一点，就将儿子其相送到当地乡塾就学。其相比较聪明，人本分，

1985年，黄冈县人民政府在上巴河张家塆修建了熊十力先生墓园

读书只求得有知识，不求获得功名，凡是科举考试，他都不去参加。本地人看他为人好，书读得不错，就推举他出来教个"蒙馆"（当地叫"犁耙馆"）。年入学十几个学生，勉强维持家庭生活。

其相书读得很好，四书、五经他都背诵得滚瓜烂熟，并深谙义理。尤其是对"二程"和朱熹理学饶有兴趣。他在教"犁耙馆"的时候，先后将周敦颐的《太极图说》《通书》，二程的《河南程氏遗书》和《外书》，程颐的《易传》《春秋传》，朱熹的《四书集注》《太极图说解》《通书解》和《朱子全书》等，都通览了一遍或数遍。

他在本地有一个志同道合的朋友叫何圣木，这个人性格很古怪，好读书，有学问，对一般士人他看不起，但和其相特莫逆，极喜欢研究程朱理学。两人又都设馆授徒，但何教的是经馆，学生多为年纪大、读书年限长的人。那时的乡塾，假日不像今天过周六、周日，而是过农历初一、十五。因为他们都喜欢读程朱理书，有时就利用假日，相聚一处，对书上的问题作些探讨。无疑这是很有益处的。

一次相聚，两人畅谈了二程对道学的理、气两个观念的理解。其相首先说：二程在这方面的论述比较多。如：

"万物皆备于我。不独人尔，物皆然。都自这里出去，只是物不能推，人则能推之。虽能推之，几时添得一分？不能推之，几时减得一分？百理具在，平铺放着。几时道尧尽君道，添得些君道多；舜尽子道，添得些子道多？元来依旧。"

又说："理则天下只是一个理，故推至四海而准。须是质诸天地，考诸三王不易之理。"

又说："这个义理，仁者又看作仁了也，知者又看作知了也，百姓又日用而不知，此所以君子之道鲜矣。此个亦不少，亦不剩，只是人看他不见。"

又说："'寂然不动，感而遂通'者，天理具备，元无少欠。不为尧存，不为桀亡。父子君臣，常理不易，何曾动来。因不动，故言寂然。虽不动，感便通，感非自外也。"

其相说："在《遗书》中为二先生语。但到底哪是大先生讲的，哪是二先生讲的？他两人在认识上又是否一致呢？"

程颢

圣木说:"这是要细细研究的。但对于'天理'及'理'诸条,有大同而小异,至少有一点可以确定,即标明为程颢所说者,不言理离物而独存;标明为程颐所说者,则颇注重此点。从哲学上讲,程颐所讲的'理'和事物的分别,是抽象与具体的分别,他所注重讨论的问题,是一般和特殊的关系问题。他这一派所讲的心、性、情的关系,性是寓于特殊之中的一般(体),情是这个一般所发生的作用(用),心则包括二者。程颢不注意一般与特殊的关系问题,所以他不分别性、心,在《定性书》竟然以心为性。"

"程颢和程颐对于理的见解的不同,又可于二人对于形上、形下的见解不同中见之。程颢不以理为离物而有,故对于形上形下之分不十分注重。程颐则对形上形下之分极为注重。"

其相觉得圣木对《遗书》钻得比较深,懂得比较透,交流之后,对自己有启发。

圣木说,其相提出《遗书》中的"混合话"落实到人,不仅促进自己积极地思考问题,更是深入研究二程理学的钥匙。

其相授徒极为负责。许多家长都为老师的负责精神所感动。他在路口教书时,有两个学生给他作了最好的宣传。一个叫"学不进",一

程颐

个叫"不进学"。学不进,父母都早逝,由祖父母抚育养大的。这个孩子智力低下。老师每教他课文,当场跟着老师念,离开老师就不会念。一本《三字经》读了两年,在老师面前背诵,还是没背诵清楚。他读书有个特点,凡是认不得的字,他就用手指沾点唾液,把字磨掉。两年里,他竟磨破了十来本《三字经》。当时,教他的那位老师气急败坏地揪着他的耳朵说:"你呀,真是一条小牛啊!"同学们听得哈哈大笑。

其相接教后,首先走访了他的祖父,商量了一些教育方法,在同学中抓住他的积极因素,以表扬鼓励为主;再是其相把他放到和聪明用心的同学坐在一起,起些潜移默化的影响作用。慢慢把他的学习兴趣调动了起来,逐步有所好转。

另一个叫"不进学"的学生,他不是学不进,而是不进学,每天走读,走到半路就"开小差",或是到山上找野果子,或是到荷塘摘莲蓬吃,热天下小河游泳,学校老师很少见到他。读了三年书,《论语》还没有读完。

其相接教后,首先调查他不上学的原因。结果很使其相吃惊。开始，这个孩子上学没什么问题，半年以后变化了。原因是，村子有一家老百姓，养了一只恶公狗，爱咬生人。"不进学"被咬了三次。第一次是上学才一周被咬的。当时他正往学校门口奔走，狗从旁边侵袭过来，一口咬到腿肚子，裤子扯破了，肉被咬一个洞，鲜血直流。哭进学校后，师母知道了，迅速用白布条给他包扎起来，派两个同学送到一个中医家中进行治疗。痛了十多天才慢慢好起来。过了两个月后，他又被咬了一次。这一次咬的是臀部，又使他痛了一周未上学。

这两次事件，让他产生了严重恐惧感，想到上学，就毛骨悚然。由此上学越来越少，但他从不告诉父母，暗地玩在路上。对老师，他采取欺骗办法，说自己病了，让同学代为请假。

其相弄清情况之后，首先说服养狗者将狗杀掉，然后向其家长说明情况，共同做好工作。"不进学"进学了，学习成绩很快赶上来了。

这两个学生的转变，让大家对其相老师非常尊重，学生热爱老师，老师爱护学生，蔚然成风。

天有不测风云，其相因为家庭生活担子的负重，教学工作的劳累，生活营养跟不上去，患上了肺结核，咳嗽很厉害，还不断咯血。那时，医术很落后，病情越来越严重了。

可就在这个节骨眼上，又新来了祸患，县衙来人传他，说他侵占民宅，被人上诉，要传他到县衙吃官司。其相"丈二金刚，摸不着头脑"。实际原委是，上面我们讲过，这个五十来户的村子，都是熊姓的三大房人居住。其相是三房人，和二房人住在一起，墙壁相连，鸡犬之声相闻。

就是他的邻居、二房的人，状告其相住屋的三列地基原是二房某家的，被其相的父亲占去做了自己的房屋。为了要其相家退出屋基，他状告到县衙。而且退出屋基也退不脱身，一要出几十年侵占屋基费，按平方计算；二要退出屋基，让某人做房；三要以其相的"连三房"作为补偿侵占地基的费用，不够，另作填补。

这简直是晴天霹雳！其相祖祖辈辈居住在这里，也是祖祖辈辈同某家作邻。上辈在此地盖房，也从未听到对方提出异议，全村人也都不知道这里是二房某人的地基，为何突然来了侵占他的地基呢？这完全是栽赃。

县官第一次坐堂，听了其相的呈述，似乎相信了被告人的意见，没有宣判。过了几天以后，县衙又要提审，其相上堂后，县官却不听其相任何申述，硬说这屋基是其相先人侵占的，判决：一、偿还几十年的侵占费；二、退出地基；三、以全部房产顶偿侵占费用，不够则另借债补偿，一月之内要全部兑现。这一下，就要其相倾家荡产，外还负债。

为什么县官不讲实际，如此判案呢？后得知，二房熊某，通过"地头蛇"，向县官行了大贿。县长认钱不认人，认钱不认理，就判出这样一个黑案。

其相没有办法，把房子给一个殷实亲友作了抵押，换回一笔钱，偿还了对方。

从此，其相家庭经济完全崩溃，个人精神也完全崩溃。在光绪二十二年（1896年）的秋冬之交，因贫病交加，含恨而殁。

其相去世后，家庭的担子就落在了长子仲甫的肩上。此时，仲甫才十五岁。

其相生前，儿女较多，家庭贫困，都读书不可能，没人读书也不行，总要有一个接自己的班，续祖宗之业。仲甫是长子，应早培养早成才，是最为有利的。所以，仲甫在八岁以后，其相设馆授徒，就把仲甫带着课读。仲甫中等天分，但读书用心，为人朴实，其相感到后继有人，颇感欣慰。

其相去世后，仲甫主动地把家庭的担子挑起来了。他同母亲商量，要废学务农，维持家计。但也不完全丢书，在务农的过程中带着务学。

仲甫所说务农，但并无田种。父亲在时，就靠设馆授徒生活。于是仲甫就向殷实人家租了五亩田。

他是个有志气有作为的青年人，因为读了书，想问题、办事情都还老练周到。他知道，万事开头难。开始种田的第一年，困难很多，没有艰苦奋斗的思想准备，没有精打细算的办事精神，没有借助外力的帮助，是难以实现自己的愿望的。

当时上巴河这一带地方，每年水田只种一季中稻，少数塝田，勤快的农民，在收割中稻之后，再种一季大麦或小麦。仲甫在这一年租到水田后，就按照生产季节，把水稻种植好，当中稻抹籽时，他又把水田都起好深沟。割谷时，泥巴已经晒硬。一到冬播，他把五亩田全部种上大麦和小麦。大麦他准备喂猪，小麦他留给人吃。第一年，他就获得一个比较满意的收成。

这一年干下来之后，他发现自己身子瘦了不少，皮肤黑了许多，学业没有什么长进。但他感到自慰的是，经受住了艰苦劳动的考验，积累了自食其力的生活经验，再也不怕生存于这个社会被饿死、被困死、被急死。

他深知，家庭的担子落在自己的肩上，要还想做个什么学人，靠知识谋生，也是很困难的、不可能的，就把希望寄托在三弟子贞身上。

2. 牧牛"神童"

　　时间过得飞快。转眼，过了大年，十力就要满周岁了。陈夫人同其相商量，随乡就俗，给儿子搞个抓周活动，测试一下儿子将来的志向。孩子抓周，在有钱人家里要请许多客人；其相家庭困难，只得简办。在客人到了以后，陈夫人端出一个米筛，里面盛有糖果、笔、墨、金银首饰、玉器、锁，等等。把子贞放在床的西面，米筛放在床的东面。然后陈夫人逗他，要他来筛子里取东西。十力睁着乌黑的眼睛，望着床前的人们，望着爸爸、妈妈，开始向米筛前爬动，伸出右手，抓着一支毛笔，嘻嘻笑着。按抓周的习惯解释：抓住笔墨，说明长大以后，读书中举；抓着金银首饰、玉器等，未来要发富发贵；抓着糖果，是苦尽甜来。小十力抓着笔墨，其相、陈夫人非常高兴，说明孩子将来大有出息。

　　客人散后，其相就一个人转到屋后龙山去了。他在这里很转悠了一会儿，看看这屋场，看看东西南北的山势，东边是巴河，源远流长；西边是燕云山，层峦叠翠；北面是溢流河，灌溉八方。整个村庄，山环水绕，众星拱之，难怪风水先生说："张家塆呀，是熊家坳的一块风水宝地。"三代以前，听先人说，的确走了一段鸿运，世代书香，名闻遐迩。中间几代人，的确不行。物极必反，也许有一天运转时来。

一会儿，其相心头又罩上了阴影。目前家里这样困难，孩子多了，养都养不活，还能让其读书？"万般皆下品，唯有读书高"，不读书，不中举，还能有什么出路？自己不就是因为书未读好，功不成，名不就，落得教个"犁耙馆"，养家糊口都困难嘛！

人总要面对现实，想来想去，多了一个儿子不一定能够多一个为官一方，济世救民；只能多一个耕耘大地，养家糊口而已。

的确是这样。十力出世后，为了养家，其相每年都在本地或外地教"犁耙馆"，只有初一、十五才回家。

十力五岁了，陈夫人从孩子的言行举止看，仿佛非常聪明。一天和其相在一起吃晚饭，她向其相说："子贞这么大了，你是教书先生，在替别人教育孩子的同时，也教教自己的孩子吧！我看他很聪明，跟他讲什么，他都记得，你可以试试他，看怎么样。"

其相听得很高兴，说："你讲得对。不管能不能成才，书总是要读一点。当农民，记个账，走个路，也是要认得一些字的。"

陈夫人连忙将子贞招呼拢来，对他说："父亲要跟你说话呢！"

其相问："儿子，听说你常跟别的读书伢在一起，学会很多字是吗？"

十力答："是，我认得很多字，还能背诵很多书。"

其相很高兴地说："你能背诵什么书，对父亲讲！"

"《教儿经》《百家姓》《千家诗》《增广贤文》，还有——"

其相打断了十力的话，说："不说了，你就先背诵《百家姓》我听听。"十力真的背诵起来了：

赵钱孙李，周吴郑王。

冯陈褚卫，蒋沈韩杨。

朱秦尤许，何吕施张。

孔曹严华，金魏陶姜。

张居正

"好了，好了，你能全背诵出来了！"

"是的，父亲。"

"这是老师教的吗？"

"不是，是别的学生读，我在教室外听到的。老师还讲了《百家姓》。"

"老师怎么讲《百家姓》？"

"老师说，《百家姓》，并不止百个姓，最早的《百家姓》版本有四百一十个姓，后来经过清人的增补，共有五百零三个姓。其中单姓四百四十二个，复姓六十一个。"

其相极为惊喜地表扬道："儿子，你记得对呀！从今天开始，父亲每月初一、十五回家，就给你讲点中国历史故事。如果能记得多，记得牢，以后我就多讲一些，还要给你找些书来读，你看好吗？"

"好，父亲今天你就先给我讲个故事吧！"

其相说："我今天对你讲的是明朝政治家张居正少年立志的故事。张居正是湖北荆州人，童年时代取名白圭，又叫小圭，后改名居正。

其祖父张镇是荆州城内辽王府里的一名护卫。父亲张文亮，一心科举，但又屡试不第，赋闲在家；母亲赵氏是一位贤妻良母，性格温柔，待人和蔼，和邻里相处和睦。

张居正从小聪明伶俐，四五岁的时候，就喜欢听爷爷讲民间故事，还喜欢母亲给他猜谜语。五岁时，就从王伯举老师学习。王先生为了激发学生们的兴趣，常常给孩子们猜字谜，活跃课堂气氛。

有一次，王先生给大家出了一条字谜：'有头无尾，有尾无头，有头有尾，无头无尾。'分别打四个字。

顿时，课堂一片寂静。

过一会儿，张居正站起来说：'有头无尾是由字，有尾无头是甲字，有头有尾是申字，无头无尾是田字。'

对对对，王先生当场夸奖道：'小圭读书用功，聪明好学，大家要向他学习。'

张居正十二岁的时候，荆州府开科考试，选拔人才。他祖父陪他去应考。当时遇上南门附近的文庙祭祀孔子，人员很多。走到文庙门前的小石桥上，碰见了荆州知府府台大人李士翱等一行考官。此时，大家都争先让开，可一个小考生张居正，手提着笔墨袋，却仍然不慌不忙地往前走，李士翱看见他的举动，饶有兴趣，挡着他问：

'小考生，你会吟诗作对吗？'

'略知一二。'张居正毫不含糊地回答。

众考生看见府台大人在盘问小考生，都好奇地拥上前来，将他们团团围住。张居正毫无惧色，彬彬有礼地说：

'府台大人，请出上联。'

李士翱面对假山问道：'山人仙手指何处？'

张居正答道：'白水泉眼望楚天。'

李士翱又指向殿前两棵大柏树：'大文庙两棵树，顶天立地。'

张居正将手中笔墨袋往头上一举，朗声说：'小学生一支笔，定国安邦！'

张居正对答如流，众考生拍手叫好，李士翱笑眯眯地望着张居正走进考场。

发榜那天，众考生看见张居正的名字列为榜首，都心悦诚服，交口称赞。"

小十力听到爸爸讲张居正的故事很有兴趣，特别是说对联，他也跃跃欲试，说："父亲，要有人找我对，我也可以哩。"

其相说："你学过对对子吗？"

十力说："听何老师讲过。"

"那我就出一上联：巴河流水归沧海。"

十力对道："龙山紫气荡云天！"

其相又出一联："父在外，谋生育士。"

十力忙对下联："儿居家，放牛读书。"

至此，其相对儿子的天赋已经有底了。但家大口阔，目前还是没法送他上学。

第二年，其相应聘到路口柯家山教书。这里曾是宋朝张耒贬谪的居地，他的《柯山集》，就是以此命名的。路口和黄州相距不远。其相利用一个假日，带着十力游览了东坡赤壁。

其相向儿子介绍说，黄州赤壁不是三国时赤壁之战的赤壁，主要是因为地以人传，北宋大文学家苏轼曾在这里生活过，无苏轼则无东坡赤壁。

苏轼，字子瞻，号东坡居士，四川眉山人。他与父亲苏洵及弟弟苏辙，都是北宋著名的散文家，并称为"三苏"，同属"唐宋八大家"之列。苏轼于二十岁时与弟弟苏辙同时考取进士，走上仕途，做过地方官和京官，曾在朝廷里担任过翰林学士（替皇帝草拟诏令的官吏）、礼部尚书、兵部尚书、侍读（给皇帝讲论文史的教师）等官。后因所谓"乌台诗案"坐贬。

什么是"乌台诗案"呢？早在王安石当政时，苏轼因反对新法，感到在首都汴京（今河南开封）做官不便，再三请求出京做地方官。从熙宁四年（1071年）开始，苏轼做过杭州通判（州府行政长官助理），密州（今山东诸城县）、徐州、湖州等地的太守（州府长官）。苏轼在做地方官期间，常常将自己对政事的一些见解写成诗文，借助具体的事物把自己的想法表达出来，期望流传到皇帝那里，使之有所

苏轼像

感悟。元丰二年（1079年）御史府谏官李定、舒亶、何正臣三人，以《苏子瞻学士钱塘集》（三卷，今已佚）为主要罪证，摘录了二三十篇诗文，指控苏轼反对新法，诬他"包藏祸心"、怨恨皇帝、毁谤朝廷、谩骂新法、"无人臣之节"的罪名，苏轼在湖州遭到逮捕。这就是所谓"乌台诗案"。

苏轼被捕，家被查抄，书稿被毁，还牵连到一大批人。后因事太大冤屈，守旧派和革新派同时营救，宋神宗才对他从轻发落，贬为黄州团练副使（负责地方军事的助理官员）。他在这里住了四年零六个月。看起来挂了个官职头衔，实际上按罪人看待，宋神宗明确规定他"不得签书公事"，他的任务是"思过而自新"。

其相边走边向儿子介绍政治历史的同时，引导儿子一个地方一个地方地观看。

东坡赤壁内悬挂有很多的匾额和对联，十力边走边看边记。走到二赋堂，他站立良久，默默读记。

黄州东坡赤壁在古城黄州西北，苏轼因谪居黄州常游此，并写下前后两篇《赤壁赋》

这天晚上，回到柯山学校后，其相有意测试问："儿子，赤壁赋你记住多少？"

十力说："记住了。"他先背诵了《前赤壁赋》给父亲听：

壬戌之秋，七月既望，苏子与客泛舟于赤壁之下。

清风徐来，水波不兴。举酒属客，诵明月之诗，歌窈窕之章。少焉，月出于东山之上，徘徊于斗、牛之间。白露横江，水光接天。纵一苇之所如，凌万顷之茫然。浩浩乎如凭虚御风而不知其所止，飘飘乎如遗世独立羽化而登仙。

于是，饮酒乐甚，扣舷而歌之。歌曰：

"桂棹兮兰桨，击空明兮溯流光。渺渺兮予怀，望美人兮天一方。"

客有吹洞箫者，倚歌而和之。其声呜呜然，如怨如慕，如泣如诉，余音袅袅，不绝如缕，舞幽壑之潜蛟，泣孤舟之嫠妇。

苏子愀然，正襟危坐，而问客曰："何为其然也？"

客曰："'月明星稀，乌鹊南飞'，此非曹孟德之诗乎？西望夏口，东望武昌，山川相缪，郁乎苍苍，此非孟德之困于周郎者乎？方其破荆州，下江陵，顺流而东也，舳舻千里，旌旗蔽空，酾酒临江，横槊赋诗，固一世之雄也，而今安在哉？况吾与子渔樵于江渚之上，侣鱼虾而友麋鹿，驾一叶之扁舟，举匏樽以相属。寄蜉蝣于天地，渺沧海之一粟。哀吾生之须臾，羡长江之无穷。挟飞仙以遨游，抱明月而长终。知不可乎骤得，托遗响于悲风。"

苏子曰："客亦知夫水与月乎！逝者如斯，而未尝往也；盈虚者如彼，而卒莫消长也。盖将自其变者而观之，则天地曾不能以一瞬；自其不变者而观之，则物与我皆无尽也，而又何羡乎？且夫天地之间，物各有主，苟非吾之所有，虽一毫而莫取。惟江上之清风，与山间之明月，耳得之而为声，目遇之而成色，取之无尽，用之不竭，是造物者之无尽藏也，而吾与子之所共适。"

客喜而笑，洗盏更酌，肴核既尽，杯盘狼藉。相与枕藉乎舟中，不知东方之既白。

其相赞许地点了点头。接着说："《后赤壁赋》能背诵出来吗？"十力答："能。"又开始背诵起来：

是岁十月之望，步自雪堂，将归于临皋。二客从予过黄泥之坂。霜露既降，木叶尽脱。人影在地，仰见明月。顾而乐之，行歌相答。

已而叹曰："有客无酒，有酒无肴；月白风清，如此良夜何？"

客曰："今者薄暮，举网得鱼，巨口细鳞，状如松江之鲈。顾安所得酒乎？"

归而谋诸妇。妇曰："我有斗酒，藏之久矣，以待子不时之需。"

于是，携酒与鱼，复游于赤壁之下。

江流有声，断岸千尺，山高月小，水落石出。曾日月之几何，而江山不复识矣！

予乃摄衣而上，履巉岩，披蒙茸，踞虎豹，登虬龙；攀栖鹘之危巢，俯冯夷之幽宫。盖二客不能从焉。

划然长啸，草木震动，山鸣谷应，风起水涌。予亦悄然而悲，肃然而恐，凛乎其不可留也。

反而登舟，放乎中流，听其所止而休焉。

时夜将半，四顾寂寥。适有孤鹤，横江东来。翅如车轮，玄裳缟衣，戛然长鸣，掠予舟而西也。

须臾，客去，予亦就睡。梦一道士，羽衣蹁跹，过临皋之下，揖予而言曰："赤壁之游乐乎？"问其姓名，俯而不答。

呜呼！噫嘻！我知之矣。畴昔之夜，飞鸣而过我者，非子也耶？

道士顾笑，予亦惊寤。开户视之，不见其处。

听完十力背诵"二赋"后，其相深深为儿子的超凡聪明和记忆力所感动。他对儿子讲：

这前后二赋，前赋写秋，光风霁月，字字秋色；后赋写冬，木枯石瘦，句句冬景。一样风月，两种境界，非文坛巨匠难以写出。

二赋看来是写景的，实际是借景抒情，寓情于景，表现了作者政治失意后的心境，带有政治色彩。因此，二赋写成后，他怕再像"乌台诗案"那样遭受罗织构陷的打击，不敢拿出来给人看。他有位好友，诗人俞钦之，向他索取新作，他一方面将前《赤壁赋》寄给了他；另一方面又附一信，嘱咐说：我目前是"多难畏事，钦之爱我，必深藏之不出也"。由此可以想见苏轼当时的心境。

东坡赤壁二赋堂

其相说到这里打止了，说："下一步再找时间向你讲书、讲故事。慢慢来学习吧。"

十力到九岁时，由于家庭人口激增，其相那点教书的经济来源，远远不够支付家用。决定让他给村里二房一家殷实户放牛，除减少一个人的生活负担外，还能有点收入。

十力体味到父亲的困难，就毅然去当牧童。

他在这一家做事麻利，牛放得好。除放牛之外，还帮助主人扫地、捡猪牛粪肥田，有时还拾柴火。主人感到满意。

十力经常放牛的地方在何举人何圣木的教馆地方。那里山大，草木丰盛，田地很少，牛到那里，不至于损害庄稼。因为如此，他可以抽出时间，坐在教馆外听何老师对学生讲书，学些知识。

这个学校学生较多，共有三十余人，大部分年龄在二十左右，还有几个近三十岁。何先生对他们讲的有经、史、子、集，与蒙馆完全不同。何先生采取讲大课的办法，分几个层次，一个层次听课有十来人，一个层次有七八人，一个层次有十多人。十力掌握了何先生的讲课时间后，不管对哪个层次开讲，他都去听。他学的内容几乎是所有学生学习的内容。

由于他超凡的聪明和记忆力，何先生的讲授，他都能完全领会。个别方面，听得不够清楚，他不敢向何先生请教，就等父亲回家时询问。

有一次，他在窗外，听见何先生在讲《老子》中的一章，云：

不出于户，以知天下。不窥于牖，以知天道。其去弥远，其知弥鲜。是以圣人弗行而知，弗见而名，弗为而成。

十力听了以后，觉得不可理解。有一天，他一见到父亲回家了，就向父亲询问，认为老子说得不对，要请父亲评判。

其相非常高兴地说："儿子知识水平提高了！孟子曰：尽信书，则不如无书。要有分辨能力，书上说得对的，就信，就照办；书上说得不对的，就不信，不办。老子这段话，是不对的：一个人不出门，很多地方你没有看见，也没有听到，你怎么知道那里的事情；外面世界纷纭复杂的事情你连知道也不知道，又如何晓得自然或社会变化的规律？再说，走得越远，知道得越少，更是荒谬。老子的这段话是不对的。他片面强调理性认识，而否认感觉观察的重要作用，是违反科学的错误观点。"

十力连连点头。

这一年，十力从进雇主家起，没耽误一天事，没请一天假。主人很满意。

端阳后的一天，哥哥仲甫和傅家河大垸的一位朋友约好，连同十力一起，到溢流河老屋垱的挚友王屠户家玩玩。

王屠户招待得特别热情，大家酒醉饭饱以后，大人摇着扇子，天南地北地无所不说。十力没书看，也就坐不住了，他告诉大哥一声就起身外出。他来到账房后，发现桌上放着一个线装本子，他满以为是一本书，顿时高兴极了，连忙拿起细看，大失所望，原来是一本流水账簿。酷爱阅读的习惯和强烈的求知欲望，驱使他把账本从头到尾翻阅了一遍，然后撕裂开来，抹了桌子。最后把它撕成碎片，放在嘴前吹向空中，片片纸屑宛如蝴蝶翩翩起舞，他看着看着乐了。

过不一会儿，王屠户出门，看见门外散满纸屑，感到有些蹊跷，忙到账房一看，桌上账本不见了。又急忙跑到门前地上一看，全是撕碎的账本的飘屑。王屠户惊惶失措地说："真不得了，账本被小客人全部撕毁了！这早上杀的一头猪，大部分是赊账，今后找谁讨账呢？"十力的大哥也感到十分惊诧，难为情地说："真不好意思。"走到门口大声地斥问："子贞！你为何将账本撕了？"十力却不慌地说："大哥，无需大惊小怪，里面只不过是姓名、数字而已，我重写一本便是。"

王屠户在一旁听了简直哭笑不得，心想：账本已撕成满天星，如何重写出来，真是不知天高地厚！

大哥虽知弟弟平时看书一目数行，记忆力过人，但这厚厚的一本流水账，就是看了数遍也无法记住，心里仍然忐忑不安。

十力见大家如此焦急，便认真地说："大家不必担心，请拿笔墨账本来，待我重写。"

岳飞墓

大家真莫可如何,只好一起来到账房,王屠户摆好笔墨纸砚看他如何重写。

十力提起笔来就写,不多大一会儿就写完了。

大家看了他默写的账目,先是面面相觑,后来惊叹不已,分户写出的数字与总数分文不差,王屠户心上的一块石头落了地。

从其相来讲,他知道儿子聪明,真想亲手把他培养成才,但家庭环境不行,难以如愿;现实一些,是他能在初一、十五和寒、暑假住在家里,对儿子进行一些教育,最主要的是在学习上指指路子,让他自己奋发自学,自我成才。因为如此,自从领儿子游览东坡赤壁以后,其相节假日回家比以往多多了。同时,他每次回家,总要从学校、从朋友、从图书馆借到一些书籍,供儿子阅读。

有一次,其相回家前向朋友借了一本《岳飞传》。十力一接手后,高兴万分。他因为要放牛,无工夫阅读,晚上是他的黄金时间。这天晚上,他点着小菜油灯,就笔直往下看。

建炎元年(1127年),宋高宗赵构建立南宋政权后,我国历史上又出现了南北对峙的局面。

当时金朝统治者几度发兵南下，准备消灭南宋王朝，都受到广大人民的奋勇抵抗。他们在劫掠大批财物之后，不得不返回北方。

以宋高宗为代表的主和派，代表一小撮贵族大官僚特权阶层的利益。他们只顾苟安于东南一角，不惜向金朝屈膝求和。

然而人民支持抗金斗争。以岳飞为代表的是抗金斗争中的一支重要武装力量。他们做到"冻死不拆屋，饿死不打掳"，深受人民爱戴，在抗金斗争中打出了一派大好形势。"撼山易，撼岳家军难。"金兵闻风丧胆。

在这个节骨眼上，宋高宗和秦桧等一小撮投降势力，居然解除了岳飞和韩世忠等人的兵权。秦桧以"莫须有"的罪名，将岳飞逮捕下狱，并于建炎十一年（1142年）十二月末毒死岳飞，同时将岳飞的儿子岳云及其部将张宪、牛皋等全部杀害。

十力读到此处，深深为岳飞的精忠报国精神所感动，情不自禁地拍案号哭，高声怒呼："还我岳飞，杀死秦桧！"

深更半夜一下把全家人都惊醒了。大家跑到他房间一看，才知道他是因读书而入神。

十力十二岁时，父亲不幸离世。临终时，流着眼泪抚摸着儿子的头说："儿呀，你命苦呀，想学习成才难啦！你体弱多病，农事非所堪，当学裁缝以自活吧！"

十力立誓回答父亲说："儿无论如何，当敬承大人志事，不敢废学。"

不久，母亲陈太夫人也相继去世，家境更困难了。十力只好辍学复牧牛于人。然而他牢记父亲"穷于财，可以死吾之身，不能挫吾之志"的遗言，即使放牛，他仍然手不释卷，晚上读书至深夜。

其长兄仲甫也因父亲去世而辍学务农，边躬耕边读书。

十力放牛仍像前几年一样，经常将牛赶到何圣木先生教馆附近去放，听何先生对学生教经史典籍。

一天，何先生对学生讲授《吕氏春秋》中的《顺民》篇。念原文：

先王先顺民心，故功名成。夫以德得民心以立大功名者，上世多有之矣；失民心而立功名者，未之曾有也。

得民必有道。万乘之国，百户之邑，民无有不说。取民之所说，而民取矣。民之所说岂众哉！此取民之要也。

昔者汤克夏而正天下，天大旱，五年不收，汤乃以身祷于桑林，曰："余一人有罪，无及万夫，万夫有罪，在余一人。无以一人之不敏，使上帝鬼神伤民之命。"于是翦其发，枥其手，以身为牺牲，用祈福于上帝，民乃甚悦，雨乃大至。则汤达乎鬼神之化，人事之传也。

文王处岐事纣，冤侮雅逊，朝夕必时，上贡必适，祭祀必敬。纣喜，命文王称西伯，赐之千里之地。文王再拜稽首而辞曰："原为民请炮烙之刑。"文王非恶千里之地，以为民请炮烙之刑，必欲得民心也，得民心则贤于千里之地。故曰文王智矣。

……

在念完原文后，何先生就逐段地进行讲授，重点解释疑难字句，最后总结说明文章的中心思想。然后布置大家自学，明日抽查。

第二天，熊十力继续到此地放牛和听讲。

何先生待学生们都坐下以后，就向一个学生提问，请他讲《顺民》的中心思想。这个学生说了一会，何先生不满意，又提请另一个学生讲，这个学生还是没讲好，再提问一个学生，与上面学生讲得差不多。何先生又说："还有哪个同学说，只要能复述我昨天讲的就可以了。"

就在教室窗外的熊十力，突然把头伸了起来，说："我来说。"

何先生一下懵了："他是什么人？"

同学们说："放牛伢。"

"放牛伢？你说。"何先生坐起来看了看熊十力。

十力毫不畏怯地说："《顺民》，是《吕氏春秋·季秋纪》的第二篇，主要是讲统治者统治天下，必先要顺民心，顺民心则功成名就，失民心则国破身亡。

这个论断正确不正确呢？接着文章举出三个历史事例：汤克夏而天大旱，汤用自己的身体当牺牲品来为民祈雨；文王辞去纣封给他的千里之地，为民请除炮烙之刑；越王苦会稽之耻，自己'苦身劳力，焦唇干肺，内亲群臣，下养百姓，以顺其心'，结果大败吴国，擒夫差，成为霸主。这些都是由于顺民心的缘故。

我体会，这里'顺民心'，并不是出于同情人民，而是出于对最高统治者的劝说和告诫。回过头来讲，就是前面提出来的，顺民心，才能功成名就；失民心，就会国破身亡。统治者之所以注意这个问题，是出于自己的政治目的，是为维护统治阶级利益的一种策略。回答完毕。"

何先生令学生们回座位去，他从室内走了出来，问熊十力："你叫什么？"

"我叫熊子贞。"他答。

"多大年纪？"

"十二岁。"

"你怎么知道我讲授的课程？"

"我听到的。"

"你常来听？"

"我放牛时，就来听。"

"我讲的，你都听得懂？"

"你讲得非常好，我都能懂。"

何先生见他比较矮小，显得发育不良的样子，问他："你是哪家的，父亲叫什么？"

十力答："我父亲叫熊其相，已经去世了。"

何先生一怔："啊，你就是其相的儿子？"

何先生转过身来，边走边自言自语："真没有想到小小放牛伢是个神童！"他感到非常惊喜。

第二天，他找到了十力的家兄仲甫，说："你这个弟弟这么聪明，为什么不让他读书？"

仲甫说："家庭太困难了，没有办法上学。"

何先生说："我们俩给他开辟一条路，你管他吃喝，我教他书不收任何费用，行吗？"

仲甫连连点头，连声道谢。第二天，他给弟弟辞掉了放牛工，送他到何先生的经馆学习。

一个放牛伢到经馆读书，当地人都认为是奇事。同窗三十余人，他的年纪最小，但他特别用功，所学课程成绩居全馆第一，一时名闻遐迩。

一年以后，十力在学校出了一件事情，因学东出面干涉而离馆。

在何先生教馆的隔壁，是一座庙宇，里面菩萨林立，奇姿怪态，阴森可惧，开始十力进去看看，甚感神秘；后来去多了，见善男信女磕头烧香，礼拜如仪，其实并没给这些人解决任何问题，感到菩萨不过是骗人的把戏，便欲寻机作弄一番。

一天，何先生被人请去做客，临走时叮嘱学生要好好温习功课，不要到庙里去玩，还说菩萨是万万触动不得的。

何先生走后，十力就趁空溜进庙里去了。他在里面七转八转，原来的神秘感全然冰释。此时，庙里并无人烧香，只有一个老和尚正在参禅，他灵机一动，跑到后面楠竹园去掰了两根竹条，走近神龛，看见财神菩萨赵公明的龛前供满了供品，有糖果，有油粑，有核桃……他看了看后，不由气涌上来，破口骂道："别看你相貌堂堂，独霸一方，要人家向你烧香磕头，你保佑了几个人发财？我屋穷几代，有哪个财神助个屁！小老子今天来抽你几竹鞭，看你还神不神气！"话未说完，举鞭就抽，一连抽了十多下。然后又向别的殿上走去，边走边骂，边骂边抽，从上殿抽到下殿，从左边抽到右边，什么福、禄、寿、喜诸神，他都举鞭抽到了。

老和尚听到殿堂里的打骂声，急忙从禅房跑过来，看见是一个小孩正在怒打诸神，不由惊愕地喊道："快住手！快住手！"双手合掌念道："南无阿弥陀佛，罪过，罪过！"然后指着十力斥道："你这胆大顽童，竟敢犯上作乱，神灵岂能恕你，阿弥陀佛！"

熊十力毫无畏惧，也指着和尚道："什么阿弥陀佛，皇帝不吃萝卜，别说这些小菩萨，就是玉皇大帝，我也要抽他几鞭，再给充军三千里！"

熊十力说完扬长而去。

老和尚气得脸色铁青，面对胆大妄为的一个顽童，他也无可奈何。

第二天，这件事情就传出去了。学东找老和尚一了解，知道是熊十力干的，就向老师告状，说："何先生，这个小顽童是黄巢，是徐寿辉、陈友谅，身上长的尽是反骨，再不能留他在这里读书，留着是股祸水，随时都要造乱子的。"

何先生因为他是学东，自己是他请来的，学校房子也是他的，怎么能跟他对着干呢？

熊十力就这样被驱逐出校了。他从进校到出校，从何先生读书共一年多一点。

十力在家里是个很勤快的小孩，既帮助哥哥做田地活，也帮助嫂嫂做屋里活，哥哥、嫂嫂对他都很疼爱。

有一天，嫂嫂在水塘里洗蚊帐，他连忙到嫂嫂那里去帮忙。一会发现圹外有一头大母猪在吃菜，他急忙跳过园堑去赶猪，不料脚板被钉进一根木刺，他忍着钻心的疼痛跛回家。

嫂子晒了蚊帐回家来，他就请嫂子帮他挑出脚上的刺。嫂子想他小小年纪，往往出口成章，便乘机挑逗他说："要我挑刺可以，咸菜熬豆腐，有言（盐）在先，刺挑出来之后，你要以挑刺为题吟出一首诗来！"

十力马上应声说："保证遵命！"

当嫂子给他把刺挑出来后，十力的脚板已被鲜血染红了。但由于他集中精力去构思挑刺诗去了，并未感到怎么疼痛。

嫂子正欲帮助包扎伤口时，他就向嫂子念出他想出的一首诗：

> 小小黄泥埂，有个木将军。
> 侵犯脚板国，攻进皮掌城。
> 杀到骨肉府，鲜血溢淋淋。
> 哎哟哎哟哟，痛得泪珠滚。
> 踉跄逃回家，禀告穆桂英。
> 桂英持银枪，威武出了征。

撑到皮川县,追至骨肉城。
挥枪大血战,活捉木将军。
斩首来示众,谈笑收了兵。

嫂子听罢,笑得前仰后合,连忙称赞说:"三弟呀,你真是个神童哩!"

3. 以"先忧""后乐"为座右铭

其相去世后,家庭的担子完全落在了长子仲甫的身上。他现在是一家之长。为了克服暂时的困难,他决定自己辍学务农,同时也让弟弟子贞跟邻家放牛、解决衣食。但是他没有忘记父亲对这个聪明小弟弟所寄予的厚望。如果自己能让弟弟求学下去,将来可能要成大器呢。于是在十力为人放牛的时候,他在家里替十力让出一个房间,架上一个书桌,备上书、笔、纸、砚,在十力晚上回家的时候,好让他在书房读书。

十力每天晚上读书要读到午夜,从不懈怠。终于对经史百家均有通晓,诗词歌赋,能背诵很多。

但在熊家坳,毕竟视野太狭窄了。这里读书人不多,有知识的比较少,比较闭塞,有时看到一张报纸,都是历史。农民们日出而作,日落而息,他们对外面的世界了解得极少,而且有些人也不想了解。仲甫为了使弟弟扩大视野、增长见识,有时农事稍闲,他就为弟弟向主家请假,带他到朋友处、到名师处拜访,聆听一些新信息,获得一些新知识，同时也结交了一些良师益友。十力对哥哥这样关怀自己，非常高兴，非常感激。他觉得在一个偏远的乡村，确实感到闭塞，每天打交道的，就是牛，就是聋子二爹、面糊五婶和他们的小孙子。聋子二爹，一生未读书，一生到的最远的地方就是上巴河，耳朵听不到，你问他吃了午饭没有，他说：早年龙王庙有口大钟，是铜铸的，后来不知哪个偷去熔掉卖了钱。五婶，五官没问题，但脑子不清晰，人家称她"面糊"。有年端阳，他婆婆问她："五伢，端阳是几时呀？"她说："大概是初一、初二吧？不是初一、初二，就是初五、初六吧。"站在旁边的几个年轻人，大笑了一阵子，笑说别人过一天端午节，五婶过四五天的端午节。

这一回，哥哥带他去白石书院，会到了哥哥的两个好朋友，一个叫何自新，一个叫王汉，听他们的谈话，不知有多过瘾。何自新（1881—1910年），亦名见田，字季达，号醉侠，是武昌首义前湖北省第一个革命团体——科学补习所的创立者。他天资过人，博闻强识，能文善诗，并喜交结朋友。一天，湖南有一个朋友叫成邦杰，来到了何自新家，两人交谈革命，相当默契。然后何自新带成游览黄州赤壁。为了抒发胸臆，何自新即书一联，递与邦杰，这副对联是：

孙吴周瑜，赵宋东坡，即才子，即英雄，今君又重来，千古应传三赤壁；
清国状元，明朝故旧，一忠臣，一义士，看我居何等，二公空负两黄冈。

上联以周瑜、东坡鼓励成邦杰；下联以黄冈的刘子壮、杜茶村衬托自己。认为刘与杜没有"杜黄冈""刘黄冈"之称，说明何自新不赞成杜茶村消极遁世、自全名节的做法，更不齿于刘子壮出仕清廷、效忠王朝的行为，那样做于国于民都不利，只有彻底覆清救国的人，才是黄冈真正的英雄儿女。"看我居何等"，这是对自己的高洁志气感到自豪的铿锵心声。熊十力读了这副对联后，拍案叫绝，说："何见田是吾师也！"

熊十力会到的第二个朋友是王汉，字行庵，邻县浠水人。年十六，通五经义，喜读兵书及豪侠传，辄纵谈时事，忧国忧民。为了直抒胸臆，尝写诗以表述，如"人生历尽许多艰，方能打破生死关。今朝一死乃真死，非比往昔徒空言"。熊十力说："王汉、刘敬庵、余仲勉、何见田、朱元成皆天资过人，立身有本。诸子虽未及古人，自一时之俊也。"他们对熊十力的治学、立身、革命都起了很好的影响作用。

仲甫在引导弟弟同这些志士交往的同时，还同拜具有改良思想的何焜阁为师，使十力受益很大。

何焜阁，蕲水人，举人。清光绪二十一年（1895年）4月，清政府在甲午战争中失败，派李鸿章赴日本签订《马关条约》，引起全国人民的反对。5月2日，康有为联合各省在北京会试的举人1300余人签名上书，提出拒签和约、迁都抗战、变法图强三项主张，史称"公车上书"（汉代举孝廉乘公车赴京，后世以公车为举人入京应试的代称）。何举人全程参加了这次活动，对许多情况十分清楚。他回来时，带回了许多信息和一批新书，其中包括维新派的论文与奏章。

仲甫、十力兄弟去见他的时候非常高兴。仲甫问："我们在乡下听说这段北京维新派的先生们搞得比较热闹，怎么个情况，何先生？"

何焜阁条分缕析向他们讲了公车上书问题。说我国四千余年大梦之唤醒，实自甲午战败割让台湾和赔款二百万兆以后开始的。被一个壮汉子打倒在地是令人痛苦的，但被一个看上去弱小的矮个头打倒在地时，才会感到真正的激愤和耻辱。

熊十力听到这里，突然冲口而出："何先生，您讲得好过瘾呀！"

"不要作声，"仲甫向十力鼓了鼓眼睛，说，"听何先生讲。"

何先生说，康有为在热血沸腾的情况下，决定利用京师会试机会，联络各省在京举人，联名上书，统一步伐，以壮声势。上书主要内容为"拒和、迁都、练兵、变法"的具体对策。

当时消息，中日两国定于5月8日在烟台交换条约，所以康有为与众人约定，必须在清廷正式批准条约之前，写完奏章，签名上书。时间很紧，康有为奋笔疾书，一天两夜，终于起草了一篇长达一万八千字的《上今皇帝书》。

康有为

在康有为的上书中,首先指出对日本进行妥协将导致亡国的危险。对日妥协就是将台湾割让给日本,但和议成后,并不能保数十年无事。"日本之于台湾,未加一矢,大言恫喝,全岛已割。诸夷以中国之易欺也,法人将问滇、桂,英人将问藏、粤,俄人将问新疆,德、奥、意、日、葡、荷皆狡焉思启。"日本一国野心得逞,列强必接踵而至,所以,"弃台民之事小,散天下民之事大,割地之事小,亡国之事大,社稷安危,在此一举"。

在此分析的基础之上,康有为指出"夫言战者,团结民心,力筹大局,可以图存;言和者,解散民体,鼓舞夷心,更速其亡"。于是康有为给皇帝提出一个"近之为可战可和,而必不致割地弃民之策,远之为可富可强,而必无敌国外患之来"的良策,这就是"皇上下诏鼓天下之气,迁都定天下之本,练兵强天下之势,变法成天下之治而已"。鼓天下之气,就是要皇上下罪己之诏;对主和辱国的大臣,战阵不力及丧师失地的将帅、守御无备的疆吏下明罚之诏;还要下求贤之诏,破格提拔人才,康有为认为"循资格者可以得庸谨,不可以得异才;用者老者,可以为守常,不可以为济变"。

康有为接着又分析中日攻守形势。他说,旅顺、威海卫既为日军攻破,京师屏障全失,因此,可速迁都西安,远防诸国之联镳,近拒日本之挟制。这是康有为的定天下之本。他说:"一朝而有数都,自古已然。商凡七迁，周营三邑，汉室二京，唐世两都……永分两京，可以为法。"

康有为又认为中国与海外屡战屡败，最主要的原因就在将衰、兵弱、器窳，所以，强天下之势，就必组建一支精锐部队，"励以忠义，激以国耻，择其精悍，优其饷糈，以为先锋"。选将之道，贵新不贵陈，用贱不用贵，故应不拘一格选用将才。同时专购英国黎姆斯枪十数万以及毒烟空气炮等先进装备，这样，才能有恃无恐。

如果上书仅到此为止，那么康有为也仅仅是一位忧国忧民的志士，但是，康有为作为维新运动的思想家，他考虑的还不只是拒和、迁都、练兵之策，这些都是眼下应敌的权宜之计，而非立国自强的根本方针，根本之策在于变法以成天下之治。他说，清朝沿袭明制，已经数百年，物久则废，器久则坏，法久则弊，所以，现在是非变法不可的时候了。如何变法，他接着道：

今之为治，当以开创之势治天下，不当以完成之势治天下；当以列国并立之势治天下，不当以一统垂裳之势治天下。盖开创则更新百度，守成则率由旧章；列国并立则争雄角智，一统垂裳则拱手无为。言率由而外变相迫，必至不守不成；言无为而诸夷交争，必至四分五裂。

于是他提出了一些具体的富国之法、养民之法以及教民之法。富民之法有六项内容：

1. 钞法：改各省银票钱票为由国家银行统一发行钞票。
2. 铁路：允许私人资本修筑铁路以弥补国家筹款之不足。
3. 机器轮舟：废止民间设厂制造的禁令，允许民间设立机器工厂和轮船公司。
4. 开矿：加强矿学研究，开采有方。
5. 铸银：自铸银钱，以收利权。
6. 邮政：一改塘驿讯铺只传递官方文书的做法，设邮政局，既递官方文书，又送私人信件。

养民之法，即提高科学方法种田；奖励科学发明创造；减免重税，保护商业；扶贫济弱，团结民心。

教民之法，即普及教育。首先乡村一律设立学塾，儿童皆得入学，提高全民文化素养。其次，针对当时科举考试的弊端，提出改革文科和武科取士的方法。再次，开设报馆，出版报纸，开拓心智，移风易俗。最后，即设立道学，发扬孔子之道，扶圣教而塞异端。以孔子之道抵制外国传教的浸透。

上书的最后，康有为为中国诊断了一下，说："夫中国大病，首在壅塞，气郁生疾，咽塞致死；欲进补剂，宜除咽疾，使血通脉畅，体气自强。今天下事皆文具而无实，吏皆奸诈而营私。上有德意而不宣，下有呼号而莫达。"针对千百年来难以治愈的老毛病，康有为建议采用"汉制"，推选出"议郎"，"议郎"不仅可充当皇帝的顾问，而且可以"上驳诏书，下达民词"。凡中央地方的一切重要兴革政令和筹饷事宜，均由议郎开会讨论，经会议三分之二多数通过后，方可由政府部门执行。而且，议郎每年改选一次。

代表着清末维新运动力量的康有为在初次获得政治发言权的时候，即想到国家的命运、民族的危亡，义无反顾、畅所欲言，借用着中国古老的术语，融会着西方资产阶级的议会制的经验，设想着中国一种新的政治体制，以达到强国富民、"西挞俄、英，南收海岛"、报仇雪耻的目的。

这篇上书，在1300多举人集会于松筠庵定稿、签字后，即定于5月4日向都察院投递。讵料光绪皇帝被逼着提前批准了《马关条约》。

所有闻到信息的人，无不说以慈禧为首的一小撮无耻之徒，该要把他们狠狠揍死。

他们是千古罪人！

仲甫和十力兄弟俩听到何老师讲到此处，拳头都捏得咯咯作响，说："康有为是好样的！慈禧一伙是最无耻的奴才，卖国贼！"

就在第二天的晚上，仲甫走到十力的房间，看到他的桌子右边架着一个小硬纸牌牌，上面写着宋朝范仲淹"先天下之忧而忧，后天下之乐而乐"两句话。仲甫深知何老师给他们介绍"公车上书"的情况，

范仲淹

对弟弟有很大的触动,以这两句话作为座右铭很好。他感到由衷的高兴和自豪。

这一年的中秋节快到了,仲甫想到自己和弟弟俩都拜何先生为师,他也很热心地教导自己和弟弟,但自己从未对先生有什么奉献,觉得有点过意不去。于是他和妻子商量,包上一袋糯米和一只鸡送给老师去。

何先生一见礼物说:"你们家里很困难,何必破费呢?"

仲甫说:"这点小意思,我们兄弟俩还感到有些拿不出手呢!"

何先生说:"你们来得也正好,近日我弄到吴贡三著的一本书《孔孟心肝》,写得不错,正适合当前的需要。我送给你们,这要好好读一读。"

接着对吴贡三作了简要的介绍。吴,黄冈县叶路人。父亲是秀才。幼时,他从父亲读书,县学生员,后因父亲年迈,接替父授徒于乡里,具有浓厚的爱国主义思想。在教学中,把育人放在第一位,教经学,着重阐扬"民为贵,君为轻"之义;讲史学,强调宋明以来亡国之惨,并列黄冈之杜茶村、易明甫、何士云诸遗老皆不肯事清帝的事例,激励弟子;讲地理,则就图指出某地已被外敌侵占,某处已失主权;讲到时事时,常声泪俱下,使听课学生都受到初步民族、民主思想的启迪,像投身于辛亥革命并为之献身的吴崑、殷子衡等,都是他的学生,也都是受他的教育和影响。

光绪二十七年（1901年），吴贡三应黄州外国教会的聘请，在福音堂懿范女子学校充任国文教员，从此籍居黄州城，并且与省府两级革命志士来往密切，献身革命。

1905年他与弟子吴崑等创设"日新学社"于懿范学校，联络社会进步人士。

不久，他又与弟子殷子衡、吴崑在团风镇创办坪江阅报馆，由殷子衡主持报馆事务，进行革命宣传。

1906年3月中旬，他组织成立鸠译书社于黄州府署，印行革命书刊，广为宣传。其中有自编的《作新民》《破梦雷》《孔孟心肝》等革命小册子，翻印的有《猛回头》《警世钟》，在省内外影响很大。

同年，湖南萍醴起义失败，牵扯到日知会，清吏大捕党人，吴在教会懿范学校被捕，1909年被判徒刑十年。经过三年的牢狱折磨后，

殷子衡（左）、吴贡三（右）

即染咯血重病，察其形，则瘦损不堪；与之言，则昏卧不省；诘其食，则多日不沾。时值大水为灾，叶路一片汪洋，八十五岁的老父四乡乞食，两个幼儿啼饥号寒，其妻孙氏禀请代夫受罪，不得批准，呼天告之，不知所之。时人目睹此状，无不为之落泪。

辛亥首义后，他被欢迎出狱，充当府、州军政机构顾问。为加强政权建设，他和殷子衡共拟《黄州府临时行政章程》，共七章六十二条。入民国后，仍以讲学为主。1937年12月病逝于黄州。

吴贡三的革命经历，熊十力极为敬仰。

这天晚上，十力吃完晚饭，就进了书房，展开《孔孟心肝》，全书二十四页三十条，主旨是论证民族大义，阐扬共和政体。冠序于书首，开头语曰："中国学术至孔、孟而光大，读孔、孟之书而不知孔、孟心肝，不亦大可哀哉！"

"至理名言！至理名言！"熊十力大为赞叹。

熊十力越读越激动，越读越痛心，最后真要怒发冲冠了。他几次把桌子捶得直响。第二天天还未亮，他就奔到了团风百福寺何家上湾，找到何见田。再由何见田去找蕲水团陂的王汉。这天晚上他们聚集在熊十力家商谈了一个晚上……

4. 投身反清救国民主革命

熊十力按同何见田、王汉商定的意见,要赶到团风搭船到武汉。他们去武汉的目的就是物色四方志士,共图覆清救国之大计。

时令正是九月。十力起来在房间收拣简单的行装,突然看见嫂子站在他的房门口,说:"三弟,早饭做好了,先吃饭吧!"

十力"嗯"了一声,赶忙洗脸去。

嫂子边替他盛饭边说:"三弟,这坐木船上水,要好长时间,我给你煮了六个鸡蛋,你带着。如果饿了,每人可以吃它两个,凑合一下。"

哥哥也给他递了一瓦罐开水过来,说:"江水喝不得,渴了就喝这开水。"

对哥嫂的亲切关怀,十力不觉心头泛起一阵火热。

熊十力、何见田、王汉在武汉活动了十多天,还没有找到什么合适的朋友,带去的一些盘缠也快用完了。三人合计后,何见田要去荆湘,熊十力决定找个单位打工,解决了吃饭问题以后,再慢慢寻机搞

刘静庵

革命。熊十力在武昌找到一家叫兴财的豆腐坊，跟人家做豆腐。每天早晨两点起床，搞到下午两点休息。

这豆腐店老板管吃不管住，他在离豆腐店不远的里弄里租了一个铺位，和一个屠宰店的两个杀猪工人住在一起。那两个工人下午都在铺上睡觉，他出去打听信息，交结朋友。

老板看到十力勤扒苦做，不多言语，对他看法还好，劝他安心地干下去，十力点了点头。

一天，他想到自己出来快三个月了，现在也基本安定了，就向哥哥嫂子发了一封信。

哥嫂接到信后，非常高兴，哥哥仲甫随即到他们住的地方找到了十力。看到他脸上黝黑，骨瘦如柴，衣着脏兮兮的，心里十分疼惜，二人抱头大哭。

十力觉得哥哥往日是个最坚强的人，今天却表现得这么脆弱，说："哥哥，你怎么变了呀？哭什么？大丈夫流血不流泪，我这不是好好的吗？"

哥哥说："三弟，你不能在这里待了，你要跟我回去，家里穷，有我们俩勤扒苦做，也受不着那多苦，你一定要回去！"

十力说："我到这儿来不是为了享福，也不怕吃苦。我只是要在这里拓展我的宏图大志。你放心吧！"

说得哥哥无可奈何地回家了。

蛰居乡下，犹如井底之蛙，来到武汉，当还没有找到有关组织和有识之士时，仍然茫然。熊十力在兴财豆腐店干了半年后，一天，何见田忽然上门来了。何豁达不羁，颖悟过人，读书善自发新解。年十岁补博士弟子员。非尧舜，薄周孔，人们以为中了魔。来武汉他活动了一段之后，就到了湖南、四川，目的为遍交各地侠客力士，实现心中理想。这才回到湖北。他对十力说："我这次遇到了一个志士，叫刘静庵，湖北潜江人。此人有志气、有胆略，见多识广，多谋善断，能成大事。为了反清复国，我们密谋了四条方略：一是以武昌为根据地，联络大江上下、黄河南北的志士，一旦时机成熟，则点燃湖广烈火，扫荡中原，北进幽燕，犁庭扫穴，推翻清廷的老巢；二是提倡民气，千方百计从宣传教育入手，启发民智，使大家对清王朝反动腐朽有一个清醒的认识，同心同德地为推翻这个封建政权而努力；三是运动军队，一切革命志士都应投入到湖北新军中去，到时间只要军队倒戈，清王朝就一下完蛋了；四是组织机关、武装有识之士，有组织、有计划、有步骤地做好发动群众的工作，特别是要做好青年学生的工作，然后只要登高一呼，就势如破竹。"

熊十力对何见田说的这番话，有振聋发聩之感。特别是对于运动军队倍感新鲜，清廷这个反动腐朽的封建政权，简直是摇摇欲坠，没有军队它就非彻底坍塌不可。

但自己是不是也去当兵呢？熊十力在思想上起了波澜，一晚上他没有睡好觉：旧说"好儿不当兵，好铁不打钉"，我从家里跑出来是为了反清复国，这去当普通一兵，能达到自己的目的吗？

第二天，他向豆腐店老板告了假，说武汉有位亲戚的儿子结婚，他一定要去祝贺。老板同意了。事实上是他听到人说："近从日本留学回国的一个叫做吴禄贞的人，他现任督署学务处帮办，兼任湖北将弁学堂、武普通学堂及护军全军总教习，在武昌开设了'花园山聚会'，天天在那里讲演革命，听众很多。"他今天就是要参加这里聚会去，听听革命的道理。

熊十力到"聚会"处已经是九点多钟了。这里庭院宽敞，地段幽僻。大厅里坐满了人，有学生、军人、工人，年纪大的有三四十岁，

吴禄贞

年纪小的十七八岁。大家围了个半圆形，鸦雀无声，静静地听着站在上方的一个人讲话。他就是吴禄贞。

吴，字绶卿，云梦人。聪明过人，八九岁时就能下笔成文。长大后，喜爱国术，好舞剑，研究兵法，为人尚侠义，广交游。十七岁，中举人。当湖北开设武备学堂时，他便弃文从武。因学业冠群，被官厅选拔，送日本留学。1902年，风华正茂的吴禄贞，作为日本陆军士官学校的第一期中国留学生，毕业回国。但他不是一名普通的留学生，而是一名崭露头角的革命党人（在日本加入了中国同盟会）了。开始，张之洞准备以所谓"大通前案"给他治罪。禄贞毫不为其权势所屈服，理直气壮地痛陈当时清廷政府的腐败，国家濒于危亡之大势，自己不计个人生死成败，为国救亡图存。对这种志士本应大加奖励，何罪之有？张之洞理屈词穷，连连称他为"奇才"，任以督署学务处帮办，同时兼任湖北将弁学堂、武普通学堂及护军全军总教习，使他竟由"阶下囚"一跃而为"座上宾"。

吴禄贞现在正分析清政府面临的崩溃局面。熊十力记有下述要点：

一是种族积愤。吴禄贞说清朝皇帝代表满族贵族压迫汉族和各个民族，使汉人和各民族人民反抗满族皇帝的心理愈结愈深。至道光末，洪秀全、杨秀清等起义于金田以来，各族人民都群起抗清达十余年，东南半壁尽为太平天国所有。惜以种种原因，太平天国终归失败。今天不是这个那个革命组织继之而起吗？

二是内政腐败。清朝政府利用封建政权，对广大人民群众施行残酷的压迫和剥削，大量官吏中饱私囊。如贪污头子和珅，仅检阅颙琰抄没和珅家产的清单，共计就有一百零九号（其实还有未入号者），约值银八百兆两。当时清室国库每年收入不过七千万万两左右。而和珅积蓄的私财，竟超过国库岁入十年的总额。而当时的督抚如王亶望、陈辉祖、伍纳拉、国泰之徒，赃款累累，动辄数十百万。伍拉纳为闽广总督时，常倒悬县令以索贿，真是官场绑票的奇闻。所谓乾嘉盛世，内政就已腐朽。今天那拉氏垂帘，贪风愈盛。

三是外患逼迫。清王朝的外患开始于鸦片战争，经过鸦片战争、英法联军战争、中法战争、中日战争和八国联军的战争，清政府一贯是屈膝投降，以致中国部分国土沦陷，主权丧失，外国侵略者控制我国的政治、经济和文化的主权，残害我国人民，使中国沦为殖民地、半殖民地，面临被帝国主义列强瓜分的危险。

湖北人民，特别是广大知识分子，面对清王朝内政外交的糟糕情况，极为担忧，极为愤恨，不少先知先觉为此奔走呼号，像康有为、梁启超、谭嗣同等进行的维新变法虽然失败了，但他们所主张的废科举、兴学校、发展实业、充实军备、采纳民意、吸收各种专门人才，等等，都是有积极意义的。他们所办的报纸，竭力鼓吹新学，一时广大青年也受其启迪。

吴禄贞在分析上述情况之后说："在内忧外患的严重情况下，中国先辈们给我们做出了榜样，开了一代革命新风，创了一代革命新基，它对我们湖北的革命运动确实起了开创的作用。"

吴禄贞讲到这里顿了一顿说："现在怎么办？我有一个提议，征求征求大家的意见。目前我们有不少的革命组织，革命党人和进步的知识青年很多，可以把我们中的相当一部分，派去军营当兵，扎根军营基层，形成为强大的革命暗流，一旦时机成熟，举行起义，就能把敌人的军营一举抬过来，变成我们革命党人的军事力量。我们的革命目的不就容易实现了嘛！"

"这个办法很好。"熊十力抬眼一望，见是王汉，"但我们不能拘泥一种办法，有适宜环境，还可采用其他办法，如暗杀等。"

王汉讲完，全场冷了一下，随即有人咳嗽，准备讲话。坐在熊十力旁一位认识他的人说：他叫李西屏，黄冈人。李西屏说："我完全赞同吴先生的意见，有这么多的革命党人和知识青年，都参军了，然后通过自己运动影响别的士官，大家都为我所用，准能成事。我回去以后，就到工程第八营当兵去。"

后来你一言我一语，谈得非常热烈。

本来熊十力原就有点思想准备，今天听到吴禄贞的讲话和大家的发言，信心更足了，意志更坚了。回去以后，他找到何见田说了一下，然后辞别豆腐店的老板，投入到武昌凯字营第三十一标当兵。1905年，又考入湖北新军特别小学堂仁字斋为学兵。

1905年冬，刘静庵组织起日知会。这是原来武昌圣公会一个阅读报纸的地方。刘静庵与圣公会会长胡兰亭是老朋友。刘原所在的科学补习所被清政府封闭，他被黎元洪开除营籍，便找到胡兰亭，胡聘他为会所司理。刘视事后，整理书报，订立规则，应接周备，使阅览室一改旧观。静庵见会务扩张，阅者日众，大可引导革命，于是商定胡会长，另拟会章，由传教进而革命，名不变而质变矣。胡会长同意了。1906年正月即召开了成立大会，到会百余人。孙武、何季达、朱子龙、冯特民都在大会上进行了沉痛的演说，听众很受感动。

日知会成立后，扎扎实实地做好许多实事，影响深远。

他们做的第一件事是每周举行一次演讲会，或会员讲，或请人讲，讲自然科学知识，讲世界形势和中华危机，讲历史名人贡献及成功失败的经验教训，有时假座文华书院，请名人讲演世界革命史。宣讲者根据日知会的要求，在宣讲中常常结合实际，含有刺激意味。

他们做的第二件事是在黄州设立秘密印刷所，由吴贡三（黄冈人）、殷子衡（黄冈人）负责。主要印制日知会成员所撰写的宣传读物，翻印邹容的《革命军》、陈天华的《猛回头》和《警世钟》，翻印

张之洞

当时报刊所登载的某些重要的革命文章等,并及时通过会员散发到学生、军营和社会。

他们做的第三件事是利用会员的有利条件,组织他们在外地创办卫星组织,与日知会遥相呼应。

1906年,日知会成立后,何见田就将熊十力介绍给刘静庵,刘批准他参加了日知会。

熊十力在军营里除积极投入操练外,就是积极做好其他一些革命事情。一是撰写文章,揭露军政界的贪污腐化,欺压人民;一是努力为日知会办事。

新军第八镇统制张彪,行伍出身,目不识丁,因为他娶了张之洞的婢女为妻,就狐假虎威,横行一时,广大士官和人民群众对他非常痛恨。熊十力在掌握大量材料以后,写出文章,对张彪进行抨击。文后还录有讽刺张彪的四字诗一首(曾登于《大江报》),诗云:

> 是虎非虎,是彪非彪。
> 不伦不类,怪物一条。
> 因牝而食,同獐同槽。
> 恃洞护身,为国之妖!

这篇文章像一声霹雳，在陆军特别学堂爆炸开来，公布栏周围迅速被士兵学生和群众围观。有的边看边念，有的在站着议论，有的交头接耳，还有人站不到公布栏边，看不到，听不到，就高声嚷叫："你们能不能念大点声音，我们听不到啊！"

大家知道是熊十力写的（因熊署名），有的人伸出大拇指说："有种！"有的说："这揭露得好！"有的人也替熊十力捏了一把汗，说："张彪这家伙心狠手毒，后台很硬，肯定不会放过熊十力的！熊十力逃跑了没有？这要赶快逃跑呀，不然，头是留不了的。"

说得没错，张彪知道后，气得暴跳如雷，马上派爪牙过来，把文章揭走了，并迅速奏报张之洞。张之洞是一个阅历世故很深的老官僚，他看到了十力的试卷和揭文，既爱其才，又为之所动，心想自己身为汉人，已曾因效忠清廷，杀了唐才常，铸成大错，不能让唐才常第二再死在他的手下了。他就佯装糊涂，说："小孩子胡闹耳，何必多事！"张彪的阴谋未能得逞。

熊十力在新军学校做的另一重要工作，是为日知会奔波。

开始，他对工程营的人员谁是什么革命组织的成员，不甚了解，经暗访后都弄清楚了，他每次都将上面送来的有关宣传资料亲自送到各人手上。有的士兵对有些内容理解不透，他则耐心地辅导。

金兆龙、周占奎、翁国福，都是工程营的士兵。其中金、周是共进会的会员。翁国福未入共进会，但思想进步。熊十力向金、周发宣传资料时，同时也给翁发一份。他们三个人文化程度比较低，有些文字资料难以理解时，熊十力都给他们个别讲解。

一天夜里，熊十力约他们三人带着《猛回头》《警世钟》两本书到文华书院何自新处。是时，何在该院任教，是晚不在家。熊十力同他们三人将陈天华的《猛回头》和《警世钟》认真地学习了一个晚上，十力对着书本边读边讲《猛回头》云：

俄罗斯，自北方，包我三面；
英吉利，假通商，毒计中藏；

法兰西，占广州，窥伺黔桂；
德意志，胶州领，窥视东方；
新日本，取台湾，再图福建；
美利坚，也想要，割土分疆；
这中国，那一点，我还有分！
这朝廷，原是个，名存实亡。
替洋人，做一个，守土官长。
压制我，众汉人，拱手降洋。

熊十力怒不可遏地对他们说："看陈天华说得多实在，句句中的！帝国主义为什么敢对中国如此欺侮，如此侵略，这就是因为他们在中国有奸细，有走狗。这些走狗自己不敢抵制敌人，向帝国主义屈膝投降；同时还不准中国人民起来反抗，动不动就镇压下去。你们看多叫人气愤！"

熊十力又接着念讲《猛回头》：

陈天华

> 怕只怕，做印度，广土不保；
> 怕只怕，做安南，中兴无望。
> 怕只怕，做波兰，飘零异域；
> 怕只怕，做犹太，没有家乡。
> 怕只怕，做非洲，永为牛马；
> 怕只怕，做南洋，服事犬羊。
> 怕只怕，做澳洲，要把种灭；
> 怕只怕，做苗瑶，日见消亡。

金兆龙、周占奎、翁国福从熊十力的讲解和动情朗诵中，体会到陈天华写的是声声泪、句句血，自己也不由得流出了热泪。

熊十力进一步提醒他们说："陈天华在向我们同胞讲个什么呢？就是痛感我们的中华民族还未完全觉醒，还在梦中，因此，他呐喊，他呼吁。"十力念道：

> 要学那，法兰西，改革弊政。
> 要学那，德意志，报复凶狂。
> 要学那，美利坚，离英独立。
> 要学那，意大利，独自称王。

学完了《猛回头》，不管是讲解的人也好，听讲的人也好，都觉得受到深刻的思想教育，得到极大的提高。金、周、翁三人，都希望十力今后能多多加强对他们的辅导。

熊十力入会虽然不长，但在军营的活动和表现，很受刘静庵的欣赏和器重，他认为熊聪明过人，观点正确，朝气蓬勃，富于革命精神。一天，他告诉熊："日知会准备建立一批卫星组织，壮大革命实力。目前梁瀛州、李群、黄景亚建立了汉川群治学社及明新公学；彭养光、赵鹏飞建立了安郡公益社。你能不能也建一个相同性质的组织？"

熊十力坚决回答："我一定建一个。"

邹容及其著作《革命军》

1906年二三月间,熊十力串联黄冈籍日知会会员熊飞宇、钟大声、邱介甫、冯群先、张海涛、张其亚、易介三、涂浩、童澍等,分头发动两湖学堂、文普通学堂、陆军特别学堂及四路高等小学堂等的学生,及在驻省充各军兵役的军人,组成黄冈军学界的讲习社,意在取明末黄冈杜茶村、易明甫等抗清志节,借以激励人心。社址设于武昌正卫街,房屋为社员张炳南、张海涛父子所捐助。社员结合"兰谱"的方式(旧时朋友相契,结为兄弟时交换的谱贴,称"金兰谱",亦简称"兰谱"),十人为一谱,此十人又约十人推而广之。每星期日为大规模的集会演讲,其内容多根据孟子与王船山、黄宗羲诸家之说,阐发民族民权思想。而亡国之苦,每每发挥无遗。有时也讲授周礼倡地方自治的道理。更主要的是利用文籍宣传,如《民报》《革命军》《警世钟》《猛回头》《孟子心肝》等,并发给每人一册。

初入社的成员,均系黄冈籍军学界志士。迨成立半个月以后,则不分县界,而广结同志,故其宣传甚力,影响甚大。外县人先后加入的则有荆门季雨霖、沔阳赵光华、蕲春郝可权、鄂城徐淑渊、圻水毕振英、孝感李实栗等。每次听讲者一二百人。

讲习社的成员愈来愈多,大家经过反复教育以后,对反动腐朽的清政府愈来愈痛恨。觉得此时如果暗地联络荆、襄、巴、蜀及河南秘

黎元洪

密会党,与洪门哥老会等,率众起义,定能一举成功。许多会员亦有十力同样想法,个个情绪高涨,斗志昂扬。清军监督刘邦骥侦悉此事后,急向总兵张彪作了报告,张彪要求混成协统领黎元洪逮捕熊十力。黎元洪正拟动手时,黎之部下督队官季雨霖向十力暗通了信息,又得挚友何见田设法掩护,因此未落敌手。

但张彪的贼心不死,他又要求黎元洪悬赏五百金购买熊十力的头。时隔多日,仍无结果。于是张彪越权查封了黄冈军学界讲习社。

眼见风声越来越紧,搜查熊十力越来越狠,几乎是拉网式的。熊十力和何自新秘密商量,为了摆脱困境,何首先将熊十力藏于自己寓中的天花板上,嘱其长子丙安专门照料生活,自己窥探动态。历十余天后,见搜捕稍缓,何又将十力化装成一个病妇并抬至武胜门江边租一小舟密送黄冈,逃脱虎口。

熊十力所主持的黄冈军学界讲习社,为时仅四个多月,但成绩显著,影响深远。如宛思演参加讲习社时,还只十岁。因受讲习社讲授的革命思想的影响,后在黄州府中学堂、武昌两湖师范学堂肄业,时刻向同学们宣传革命思想,并倾其家产,先后创办《商务报》(宣传革命的报纸)、《大江报》于汉口。后成为武昌首义的组织者之一。熊十力称赞他是"居穷守约,思演不负社会,社会实负思演",并撰写《论

湖北蕲春县始建于北宋的达城庙

尊重宛思演先生》之文章，在报纸上发表，让人们效为楷模。

熊十力为辛亥革命做的另一件事是参与偷金菩萨，为革命筹措经费。辛亥革命前夕，黄兴托从香港来的刘绍襄捎信给在武汉的居正，望他在武汉活动新军，准备举义，并带来八万元的活动经费。居正等在武汉租房子，开招待所。联系各地后，很快囊空如洗。在这种情况下，居正组织大家讨论筹款问题。此时，居正想起早年听说，蕲春县洗马畈达城庙有一个金菩萨，提出要去侦察。大家决定，首先还是由居正与焦达峰两个开路。这是1911年暮春，居正和焦达峰先到蕲春的田桐家，做一些调查之后，由田桐的弟弟田桓把他们送到瓮门渡河至达城庙，他们伪装成烧香拜佛的香客，初步弄清了金佛情况。该庙有大殿三进，左厢尚有横屋，金菩萨则在中间正殿左边的一神龛内，外装玻璃门，门上有锁。金菩萨在玻璃内，外以重重帐幔遮掩着。焦达峰用手推之，菩萨巍然不动。然后他们即告辞回汉。

同年4月下旬，居正偕刘文锦、查光佛（英山人），由汉口乘船到蕲州，三人在离达城庙不远的三角山陈愚溪教馆住了下来。因为当时正值端午节，天气又很热，庙里成天人来人往，晚上还有许多人在那里纳凉，他们看了看，无法动手，即回武汉。

同年 6 月的一天，居正偕焦达峰、熊十力等八人，从汉口至巴河（浠水），行 40 里陆路，即到达洗马畈。在此住宿了一夜。熊十力是农村放牛出身，懂得许多实践知识，他认为，偷金菩萨必须具备必要的打、凿、刀、锯等家什。向居正建议后，他们按焦达峰的意见，分两路行进，都各备齐工具。居正、焦达峰、熊十力等四人走大路，擅武术击技、身手健捷的黎大汉等四人走小路。居正、焦达峰等到后，熊十力和另外一人，即动手打穿墙壁，不料墙壁坚厚，熊十力在新军中因训练有素，用力猛打，终于打穿。然后他们二人斩锁开关，将所置金菩萨的神龛打开，将金菩萨向下搬倒，因全身粘牢石座，只能撼动，不能搬下。焦达峰说："让我来！"金身仍然不动。熊十力乃将底座掏空，菩萨轰然倒下。四人合力牵拽，将其拽至后殿，达峰命出刀斧以分解，只断其一手的零星小块，达峰令将菩萨拽至洞口。因天色微明，农民出工，便将菩萨用衣物裹着，投入塘里，待日后有机会来取。居正取笑说："不意金菩萨也自身难保，如今由刀劫再遭水劫矣。"四人收拾完毕便仓忙启行，走在中途才遇见黎大汉等一班人。他们说是迷路而耽误时间了。

从这件事我们可以看到革命之不易，看到革命之艰难，该付出多大的艰辛！在今天来看，可能像当时有一位革命同志的爱人吴静玉女士所嘲笑的："菩萨身上装的金，怎么能化来变钱？真是荒唐！"然而武昌首义的一部分革命先勋，他们干革命就是从荒唐事做起，而达到成熟的阶段的。

车到山前总有路。到最后也还是找出"路"来了。襄阳人刘仲文拿出五千银元解决了武昌起义的经费问题。足见武昌首义之胜利，亦绝不是偶然的。

当武昌首义的时候，熊十力不在武昌，而在老家黄冈，接着即赴省城参加起义后的组建工作。临时湖北都督府成立后，十力任都督府参谋。是年冬，为庆祝湖北光复，他意气风发，同吴崑、刘子通、李四光等（人称黄冈四杰）同乡志士集会于武昌雄楚楼，俯仰天地，畅叙豪情。他们各出一纸，顺次挥毫，抒以心志。吴崑书李白《山中问答》诗："问君何故栖碧山，笑而不答心自闲。高山流水渺然去，别有

青年李四光

天地非人间。"刘子通写老子《道德经》语:"持而不有,为而不恃,成功而弗居,若有心,若无心,飘飘然飞过数十寒暑。"李四光写的是"雄视三楚"。熊十力却书"天上地下,唯我独尊"。其情志表明了"粪土当年万户侯"的豪放气魄和激流勇进的主观战斗精神。

1912年元月中华民国临时政府成立后,十力为辛亥革命烈士王汉、何自新等上书黎元洪,请予表彰;又与日知会旧人季雨霖等于是年冬设立武昌日知会记录所,编写《日知会志》,自己任编辑,但未及成书因二次革命失败而中断。其时辛亥友好约其北上附袁,十力坚决拒绝,并书写了反袁檄文。他与人书曰:"今之执政,不学无术,私心独断,以逆流为治,以武力剥削为能,欲玩天下于掌上,其祸败可立也。"对袁世凯窃国专政,深恶痛绝。

1917年,孙中山领导的护法运动爆发,十力欣然投入军中,参与抗击北洋段系进攻湖南的护法战争。次年,同友人天门县的白逾桓一道赴广州追随孙中山革命,一度入护法军政府佐孙中山幕。不久,护法运动失败,全国出现了军阀混战局面,他在痛苦中反思后,说:"吾党人绝无在身心上作工夫者,如何拨乱反正?"遂决定弃政研儒佛。

5. 改名换姓蛰乡塾

熊十力在武汉被张彪通缉追捕后，由何自新暗中护送回黄冈。

十力的哥哥仲甫，已于前一年举家迁往江西德安垦荒去了，何自新即要他住在自己家里。

这次日知会被破坏后，何自新也是张彪点名逮捕者之一。回到黄冈，他要十力暂不外出，他先到团风去通知殷子衡暂避，可是殷在前一天就被敌人逮捕了。何自新返回家后，就同熊十力研究对策。

在省督看来，黄冈是最为捣蛋的地区，先后成立了多个革命组织，有黄冈军学界讲习社，有印刷革命宣传品的鸠译书社；从黄冈散发出来的革命读物最多，如《孔孟心肝》《警世钟》《猛回头》《革命军》《民报》，等等；在武汉地区"闹事"的黄冈人数量和影响更为突出。所以，他们决不放松对黄冈的监视和搜捕。

从群众来讲，因为他们受清朝统治者的压迫和剥削十分严重，没有哪个对这些统治者不痛恨、不仇视，都希望能够早些把他们推翻，使自己过上自由、幸福的生活。但也有人经不起高压，经不起拉拢，敌人如果软硬兼施，必有人暴露自己，暴露同志。如果不是这样，殷子衡、吴贡三等也不会被抓走。

至于那些杀人不见血的刽子手，他们只想把别人的血，染红自己的顶子，什么残忍的事情都做得出来。

何自新和熊十力经过认真分析，深感在家乡极不稳妥，认为"三十六计，走为上计"。

走到何处？十力说："我哥哥在江西德安，那里同湖北隔省，地方偏僻，我们也有立足之地，只有到那里为好。但在我俩离开黄冈之前，一定要去王汉家看看。"

何自新表示赞许。

王汉家在邻县浠水的团陂，约莫十几华里，涉过巴河即到。第二天天刚蒙蒙亮，熊十力和何自新就到了巴河边。那时正9月，河水浅，也不冷，卷起裤子，两人就淌过去了。

他们到王家后，说明了来意，王汉的母亲、哥哥和王汉的夫人，很是激动和感谢。

这是一个贫寒的塾师家庭。王汉出生不久，当塾师的父亲就去世了。王汉由母亲和哥哥抚养成人。他幼通经史，能诗善文，气质超群，常以豪侠自许，仰慕历史上的英雄人物。他从表兄何焜阁读书，受其表兄影响很大。

熊十力和何自新对王汉这次为革命献身的情况，如实地向他们家人作了述说。

看得出来，他们对王汉为革命献身，既深感悲痛，也微露自豪。

王汉的妻子说："清政府签订了屈辱的《辛丑条约》，王汉知道后，气得手脚冰凉，悲愤不已。随后，他写了一首诗，我记得最后两句是：'若使断头成永诀，愿卿含笑贺孤魂。'我就预料他将要以死报国的。1904年，他在汉组织的科学补习所被查封以后，回家避了一段时间，又常写诗作文，抒发为国献身之志，我记得其中有一首诗写道：'人生历尽许多艰，方能打破生死关。今朝一死乃真死，非比往昔徒空言。'今天他是真正实现自己的诺言了。"

大家听着王汉妻子的介绍，都不觉心情沉痛，眼睛噙满了泪水。

何自新问王汉母亲，家庭有什么困难没有？老人家和王汉的妻子都同时摇了摇头。

熊十力说："希望老人家保养好身体，以后我们再来看你们。"

熊十力和何自新离开王家以后，就跋山涉水，经蕲春、广济，绕小道亡命江西。

早在1906年的春天，熊十力的哥哥仲甫，因家庭人口较多，生活困难，食不果腹，衣不蔽体，听说南浔铁路开工，江西德安多荒田，他即率领家族迁居德安县木板垅垦荒。今天，十力带着何自新闯到家里，很感突然。当双方坐定述说后，哥哥才高兴起来。

熊十力和何自新出没于江西德安和建昌（今永修）约近两年。何自新，自号庐江道人。他俩有分有合，分分合合。主要活动，一是切磋学问。比如他们两人当时都通读《纲鉴》，互比阅读高低。有一次，他们比阅读卷二十《唐纪》（续），这一卷共有五十一页，在一天中，熊十力阅读二十七页，何自新却阅读了一卷，说明他们都有非凡的记忆力。可熊十力是个自尊心很强的人，并不服输。第二次，两人比赛阅记《纲鉴》第二十八卷《宋记》，全卷共三十四页，两人都在一天中阅记住了。第二天讨论此事时，仲甫有些怀疑，要当面对他们进行测试，仲甫提示《纲鉴》中讲的一件历史的头，让他俩讲出其事。仲甫读道：

二月，宋主尊其母杜氏为太后。……

要十力背诵出全段。十力诵：

后治家严而有法。生五子，曰：匡济、匡胤、光义、光美、匡赞；济、赞早卒。陈桥之变，先遣楚昭辅入汴，慰安家人。后闻之曰："吾儿素有大志，今果然矣！"及尊为皇太后，帝拜于殿上，群臣称贺，后愀然不乐，左右进曰："臣闻母以子贵，今子为天子，胡为不乐？"后曰："吾闻为君难，天子置身兆庶之上，若治得其道，则此位可尊；苟或失驭，求为匹夫不可得，是所以忧也。"帝再拜曰："谨受教。"

一字不落，一字不错，仲甫很高兴。
又读：

唐主景殂，子煜立……

请何自新背诵全段。自新诵：

……景方议东还，以疾卒于南都。煜时留建康，遂即位。煜初名从嘉，聪悟好学，善属文，工书画，明音律。

亦一字不错、不漏。仲甫佩服。

十力、自新在这里做的第二件事是田地耕作。

十力退伍的时候，应发给一定的遣散费，这个费用按规定能发多少，没有可信资料。但知道十力得到这笔钱后，交给了他的哥哥仲甫，仲甫在德安给家里购买了三百亩田地，盖了一栋房子。

这么多田地，仲甫兄弟六人肯定无法全部耕种，便租了一部分给别人。

十力和何自新到德安后，他们也时常跟仲甫从事一些农事活动。特别是大忙季节，如插秧、割谷、秋播等几个季节，他们就下田地多一些。

十力从小在家做惯了，对许多活路捡起来就能干，而且有一股子耐力，也有一股子吃苦精神，只是身体比较瘦弱，不能持久。但他最怕的是下水田，这个地方和黄冈差不多，水田里有不少的蚂蟥，人一下田，听水搅得一响，蚂蟥就成群地闪闪迭迭划到腿边来了，专拣腿上有伤口的地方咬，只要咬上以后，就要吸一袋子血去。没有吃饱，你扯也扯不下它。十力下水田，就是这个家伙令他畏怯。

何自新是小康之家，兄弟三人，他最小，很少从事农业劳作，活路很生疏，体力也不支。仲甫看他劳动有困难，也不要他去做什么，可他不依，有时还是要跟他们一路去干。

熊十力和何自新在不是大农忙的时候，有时不仅去德安，还到过建昌（今修水），或者游览山川名胜，或者访贤交友。何自新个人还上过一些寺庙，询佛问道。

他们在这里居住一年后，阅读《纲鉴》的故事都传出去了，当地士人大为震惊，都称他们是天生的才子，是学问渊博的大师。有个名叫胡佩九的塾师，优廪生，毕生以教书为业，道德文章皆为人敬仰。他热情推荐熊十力到古塘王村教私塾，一时报名入学的很多。熊十力教了半年时间，就同何自新一同回到了黄冈。时为 1908 年。

故乡是块热土，故乡人特别亲切。两个漂泊异乡的游子归来以后，虽然注意影响，不随便露面，不随便交游，而熊十力还特意改名换姓，改熊子贞为周定中。但是父老乡亲都不对外宣扬，大家都知道他是一位革命者，也是一位学人，学识渊博，满腹经纶，诚恳地要求他俩都出来教学，为故乡培养人才。

父老乡亲对熊十力教育自己的子弟，可以说是充满信心。因为十力早有故事在故乡人中传开了：他在十二岁的时候，就进了何圣木先生的经馆读书，那时读经馆的都是二三十岁的人，只有十力最小，但是他的学习成绩在三十多人中，名列第一。何先生请他上学不收他的学费。半年后，因他不受约束，打菩萨，学东出面干涉后辍学，回家务农。乡里人听说他是何先生的第一名大弟子，便请他出来教蒙馆。他不以自己的年龄太小，资格太浅，而有所畏惧，相反他大模大样，走进课堂，把学生教得很好。他们说，今天熊先生二十多岁了，经历很不平凡，更会教好学生。

熊十力教书的校址在白石书院孔庙，后来又到马鞍山的黄龙岩东岳庙学校教过。大家听说是熊十力任教，一时报名学习的有三十多人，按私塾，一个老师教这么多学生足够。

他是个奇人，思想新，点子多，不受约束。按当时时尚，私塾教的课程，就是五经四书，他可不完全按此规则，用相当一部分课时，对学生讲革命、讲历史、讲地理，还讲体育。在课堂上，他常向学生讲些覆清救国的道理，宣讲邹容的《革命军》，宣讲陈天华的《猛回头》《警世钟》，宣讲吴贡三的《孔孟心肝》，激发学生的爱国热情，学习革命英雄以身报国的大无畏精神。在课余时间，他还带领学生跳越梯田，进行一些军事体育活动。

他对学生非常关爱，有的学生因为家庭困难，常要在家帮助父母进行一些生产活动，如放牛、拾粪、捡柴等，他发现后，就要登门访问，做好父母工作，让其入学，不致耽误功课。有的学生因为生病影响学习，他知道后，及时向家长介绍名医，使其孩子得到快速治愈。

因为他已改名换姓，父老乡亲和学生都只叫他周老师。有一天，县视学林鄂平（黄冈贾庙人，算个同乡）来检查学校，一见熊十力便吃惊地说："是你呀！"随即开玩笑说："先生的头可值钱呀，我若上报便可得五百金。"十力也风趣地说："周定中的头就不值钱了啊！"说罢，两人都哈哈大笑起来。

熊十力在这里教学，从1908年春季开学到1911年武昌起义止，共进行了两年多时间。

在这个过程中，熊十力有两件事是值得一书的：一是他开始了第一次发愤苦读，主要是学易学著作。首先读的是王船山的《周易内传》与《周易外传》，由此又上溯《程氏易传》与朱子的《近思录》，最后由宋易上溯汉易，并比较两种易学的得失。从其当时与何自新对阴阳、乾坤、动静等关系的讨论看，熊十力主要是从宇宙论的角度来谈《易》的。同时，又因为偶读《列子》，引发了他对王阳明的"良知"与《大学》"明德"的理解，形成了天地万物同体认识本心的思想。

熊十力第一次的苦读为什么要从《易》开始？后来发表在《庸言》杂志上的《翊经录绪言》作了表露，他说：

大哉圣人之道，洋洋乎，发育万物，峻极于天，其道无乎不在也。道著于《六艺》。《六艺》之文，繁然浩博，粲然深美，而《诗》《书》《礼》《乐》，统于《春秋》。《春秋》统于《易》。《易》之为书，自宇宙万有之原，至于天化物理人事，罔不赅贯，而其于人事也独详。盖圣人内之所以穷理尽性，外之所以趋时应变，其具于是矣。大哉《易》也，如天之无不覆，广大悉备，夫孰得而言哉。

说明《易》经的广博微奥和作用，是熊十力研读的本原所在。

王船山像

至于王船山，则是熊十力一贯尊崇的思想家，王船山的著作，是他一贯爱读的经典。在幼年时期他就开始涉猎王船山的著作，通过长期探索比较，他还是以王船山思想为自己探索真理的中介与桥梁。

王船山民族民权思想影响着明清一代士人，哺育着一代资产阶级民主主义革命家。像出发点以"首流血激天下之动"的谭嗣同，因刺清室大臣未遂而自杀的王汉，都是读王船山之书，而长革命之志，最后以死报国的典范。

1906年，熊十力发起并组织起来的黄冈军学界讲习社，每逢星期日聚会演讲，他都是以王船山的学说，阐发其民族民权的思想，得到与会者的热烈赞扬和接受。

他想，在目前他对革命虽然还有这样或那样的想法，但还没有泯灭革命的志趣，没有放弃对于推翻腐败的清政府的决心，学习王船山思想对他还有极大的鼓舞和力量，所以特别刻苦。至今在黄冈还流传有熊十力读王船山《续通鉴论》的故事：当时在白石书院教乡塾的除了熊十力外，还有何自新。五月端阳节，何自新在头一天就跟熊约好了，端午节请熊到他家吃饭。可到吃饭时，熊十力迟迟没有去，何自新就到学校来找，他正在阅读王船山的《读通鉴论》，他不是阅读，而是高声地朗诵：

大中九年，浙东军乱，逐李讷。越三年而岭南乱矣，湖南逐韩悰矣，江西逐郑宪矣，宣州逐郑薰矣，不谋而合，并起于一时。其称乱者皆游惰之兵，非两河健战之雄；所逐者皆观察使奉朝命以牧军民，非割据擅命之雄，倚牙兵以自立，倡偏裨以犯上，非所据而人思夺之者。盖于是而唐之所以致此者可知矣。

……

因为他完全沉浸到书里面去了，何自新站在他面前，跟他说话，他一点没有觉察。何跟他开个玩笑，顺手把别人请他写对联而为他准备的一杯墨汁推到他的面前，对他说："太累了，喝点水吧！"

他看也不看一眼，就把面前的墨水端起来往嘴里倒。喝一口不是滋味，他惊叫一声："什么水呀？"

何自新在一旁大笑起来，说："真是饥不择食，渴不择饮啊！快成书呆子了！"

熊十力这才记起要到何自新家过节，漱了口后跟何自新出了校门。

熊十力在这两年多时间中值得一写的另一件事，是和傅晓榛老先生忘年交的故事。其时，熊十力在马鞍山的黄龙岩东岳庙教私塾。离学校不远的傅家河有个老先生叫傅晓榛（即韩越），世代书香，父亲在福建当过教谕，他自己行医，家庭比较富裕。他听说熊十力很有才华，常来学校交谈，有时还请十力到他家去聊天，一来二往，说话也无顾忌了。这一天，傅老先生又约十力叙谈，他赞美十力说："周先生风华正茂（这时熊十力二十四岁），学识非凡，所作文章浩瀚奔放，与熊子贞相比，真可谓难分伯仲……"

十力忙道："前辈过奖了。实不相瞒，我便是熊子贞，因有难才改名换姓，望多多包涵。"

傅老先生说："没事，没事，大难过后，必有后福。"

熊十力（右）与岳父傅晓梣（中）、夫人傅既光及长女幼光，1917年在武昌

十力又告诉他："我的父亲叫其相，想必先生听说过。"

傅先生一怔："啊，你就是其相先生的公子呀！其相先生好人，好人！我们幼年还同过学。"

傅先生对熊十力极为同情和钦佩，在交谈中不仅了解了十力，还了解了十力的家世，心里非常高兴，就以征询的口气问："公子成家否？"

十力摇摇头说："没有。父亲去世后，家庭人口多，就靠长兄仲甫挑重担。我十七岁就到武汉，六七年来浪迹江湖，糊口而已，哪能成家！"

傅先生就直接道："我有个女儿叫傅既光，从小读书，年龄和你差不多，如其不嫌，可以见面看看。"

傅既光长得漂亮，又聪明，又贤惠，经史百家多有通晓，诗文辞赋出手不凡。两人见面后，便相互允诺，到1914年在黄冈结婚。

6. 德安，您好！

1962年5月的一天，熊十力用过早膳，即交代做饭的阿姨说："上午，我的第二故乡——德安有人来找我，请及时引到楼上来。"说完，他就上楼写作去了。

来人是德安县修志办公室主任孙自诚。未进门，他先在外面环视了一下：这是淮海中路（原愚园路）二〇六八号一座独立的二层楼房。门前有一个花园，林木高大，非常僻静。孙自诚想，这真是个做学问的好地方。

做饭的阿姨马上走出门来，问："同志，你是从德安来的吗？"

孙自诚点头说："是。"

"老先生在楼上等你呢。"

熊十力见到孙自诚不知有多高兴。

孙讲他来的任务是为写《德安县志·人物志·寓贤传》，来采访熊先生。

熊十力热情地同孙自诚交谈了七天，孙自诚才心满意足地回德安了。

临行时，熊十力送了很远的一程，并要求他带口信：问乡亲们好！祝德安繁荣昌盛！祝乡亲们身体安康！

故乡的使者走了，熊十力回到书房，想了许多的往事——

当年，熊十力的家是一个大家庭，共有十二人；兄弟七个，老大名仲甫，老二名履痕，他是老三，老四名晋痕，老五名继刚，老六名继猛，老七早殇。其余是母亲、嫂嫂、侄儿、侄女等。光绪三十二年（1906年）阴历二月，由其长兄仲甫带领全家十二人，从黄冈到德安落籍。迁居的原因，就是黄冈地少人多，难以谋生。德安地多人少，有大量的荒地可以开垦。

1918年，熊十力决心弃政向学，回到德安。

这次回家，他带了一笔安家费，拟做两件事：一是买点田产；二是盖个房子。田产要随住房走，人在哪里住，田在哪里买。种田要图方便。

熊仲甫去时，先是住在木环垅团山，租的房子，后来又迁到黄娟铺文家，前后约住了七年。

熊十力回来后，对住的地方都不满意，他在当地乡亲的引导下，看了德安多个地方，最后选定县治西北十五华里枫林保之芦塘，决定永久住在这里。熊十力之所以看中此地，因为它临博阳河，河水涟漪，一河两岸，都是杨树，杨树荫下，都是运输的木船和撒网的渔船，早晚渔歌，非常悦耳动听。而芦塘的背后是有名的敷阳山（即望夫山），白云出岫，绿树葱茏，风光十分幽美。芦塘附近还有一些大的村庄，如大屋蔡村、芦溪滩程村、岭上王村、大屋洪村。这些村庄都历史悠久，人口较多，人文资源丰富。像大屋蔡村，南宋哲学家、教育家朱熹的高足蔡念成即此村人，是真儒过化之地。

站在芦塘，可以东望庐山。晴天无云时，庐山的奇峰幽谷，烟云变幻，尽收眼底。

熊十力觉得这是一个迷人的地方，也是耕种、读书理想的地方。

自从迁到这里以后，一晃四十余年了。在这漫长的时间里，无论是自己在这里居住的时候，还是自己没有在这里居住的时候，所见所闻，都给自己留下了深刻的良好印象，无论什么时候回忆起来，都像有一股暖流通过全身，心里不由发出一声祝福：德安，您好！

首先是这儿的人民性格质朴，风俗淳厚。他家从迁到这里之日起，就和乡亲们和谐相处，没有什么口角纠纷。有的地方分什么本地外来、本籍寄籍，这里从未出现这个情况。他家有什么困难，本地人都自觉地来相助。有一件事，使他十分感动：有一年，他家养的一头大肉猪被狼咬伤了，乡亲们怕他吃亏，都主动要他哥哥把猪杀掉，各人买一些回去，买多少肉给多少钱，从而减少了仲甫家损失。当时仲甫忙着剁肉，叫十力收钱。对十力来说，读书的确是聪明过人，可拿钱数钱，他却是糊里糊涂的，仲甫看见他这样笨拙，就对大家说："你们买多少肉，就自己算一算，把钱放在桌子上。"这些乡亲真好啊，猪肉卖完后，把钱一点，分文不少。仲甫笑十力说："你这个笨人，也只能遇上这样的良民。"

当熊十力兄弟们做些什么好事的时候，他们常常奔走相告，竞相学习。尽管熊家是个大家庭，全家十二口人，都相处和谐，听哥哥仲甫的指挥。一传十，十传百，乡亲们都说要向熊仲甫家学习。

十力的二哥叫履痕，逝世时，十力不在家。1936年暑假，十力回到德安，不顾天色已晚，连夜赶到芦塘畈。他没有进家敲门，而是直奔二哥的墓地，扑在坟头哭了整整一夜，一直哭昏过去。次日晨，有邻居早起干农活，发现了熊十力，立即告诉熊家人："是不是你们家的三先生回来了？"家人赶去一看，果然是他，只见他躺在坟边睡了过去。

似此事类，乡亲们都广为传说，弄得十里八村无人不知、无人不晓，都说熊十力兄弟们是最重情感的人。

十力的婚事是在黄冈办的。度完蜜月，夫妇俩就回德安去了。乡亲听说三先生结婚归来，非常高兴，有不少乡亲来家请三先生夫妻吃酒，祝贺他们"白头偕老，早生贵子"。

十力总记得：他是不喝酒的，一家乡亲请他们吃饭，把他劝醉了，别人把他扶到家里时，他坚决不睡新床，说："男女授受不亲何能同床？非礼也，非礼也！"后来乡亲们把他作为笑谈。

十力从小贫穷，也使得他跟德安一些农民朋友交情深厚。他在德安期间，常常有农民朋友请他做客或喝酒，他有请必到。他在做客中也留下许多有趣的故事。

岭上王村王某，请他去陪上亲。德安的乡俗，请新亲家过门，叫做"请上亲"，要请几个知己的人来作陪。来陪的人，不管地位有多高，名气有多大，都不能坐上席，上席只能是新亲家坐。这次正好韩浚（他的内弟）从湖北来看他，他高兴地把韩浚也带去做客，而韩浚不知道德安乡俗，一进门便坐在上席，主人见是熊先生的内弟从远道湖北而来，不好讲这个位子他不能坐，而做亲家的自己也不便争坐。酒过三巡，一人笑着说："今天谁是亲家？"熊十力指着那亲家说："还要问，他是亲家嘛！"那人又笑着说："不对，今天的宴席上坐上座的是亲家。"韩浚惊异说："我失礼，占了亲家的座位。"忙站起来让座。亲家忙把韩浚按住说："韩浚先生远道而来，应该坐上座，不能按老风俗办事。"熊十力风趣地对韩浚说："你今天走好运，我带你来做客变成亲家！"引起哄堂大笑。

芦溪刘某，是个殷实户，一个独生子，父亲爱如掌上明珠。在办婚事的那一天，特别邀请熊三先生出席。在堂屋的侧间有一个人专门在那收礼记账。吃完酒后，有的年轻人闹新房，有的人在桌上寒暄，十力吃完酒后，看见记账室没有人，安静，他就转到此处坐坐，可不知是谁把一杯茶泼在椅子上，他无法坐。当看见桌上有一个本子，他就拿起来看看，然后就撕了几张下来擦椅子上的水。过一会，记账的人进门来，看到桌上的账本扯得残缺不全，大吃一惊："这怎么办！主人请我记账，这账被人撕了，我何以交代？天啦，这是谁干的？"

熊十力从椅子站起来说："礼钱都收了，要账有什么用？"

"哎呀，有用啊，礼尚往来嘛！再说，我要照账向主人交款，没有账，主人信我说的吗？"

十力说："你莫急，这账是我撕了几张下来擦椅子上的水，然后扔了。你拿笔来，我说你记。刚才我只撕三页，这三页上的送礼人及钱数，我告诉你。"十力把撕了三页的账说一笔，他记一笔。把三页的名字、礼金说完后，记账的人把钱和账一对，一人也未掉，一文也不差。

记账的人张口结舌，问："先生尊姓大名？"

"熊子贞"。

记账人拉着熊十力的手抖了又抖，惊奇地说："熊先生，早闻大名，未识其人，你是圣人呀！圣人呀！"

十力在德安结交的知识分子方面的朋友更是不少。经过几十年时间的考验，始终不渝。印象最深的是胡佩九。

胡佩九（1879—1953年），名良玉，高塘坂大路胡村人。优廪生。毕生以教书为业，既设私塾授徒，也在公立学校教过，是德安教育界的老前辈，与熊十力有长达四十多年的友谊。十力外出学习、任教，总将家事托于胡佩九，十力家里有事，总恳请胡佩九处理或告知十力。

1998年，胡村暴雨成灾，村庄淹没，在国家的关怀下，由国家和私人出钱，搞移民建镇，胡佩九一族迁移附近高地建了新村。这时，胡佩九的孙子胡训椿也已八十岁，是县一中的退休教师。他清楚地记得，熊十力当年同祖父最好。有一次，十力带两个学生在他家吃午饭，饭后他说要休息十五分钟，请学生到时候一定叫醒他。十力的午睡习惯就这么多时间。他一生生活简朴，不吸烟、不饮酒、不喝茶、不听戏、不看电影，每天清晨四时起床，阅读写作，数十年如一日，精勤不怠。

胡佩九的长子叫胡彝礼，当年是杭州美专的教师，因参加共产党的活动，被捕后被判死刑，胡佩九致电熊十力求援，熊十力积极营救，通过陈铭枢，将胡彝礼从死牢释放了出来。此事轰动了德安。后来胡彝礼在武汉医学院当教授，"文革"中逝世。

民国二十五年（1936年），胡佩九去杭州看望熊十力，十力送给他一顶草帽。胡非常爱惜，天晴时他用来遮太阳，下雨时就夹在腋下。人们看到觉得奇怪，问他："草帽怎么不用来遮雨？"胡说："这是熊先生送给我的杭州草帽，应当珍惜嘛！"可见他们之间的友谊和情意。

1950年，熊十力由中央人民政府安排住在北京什刹海后海大金丝套的一所四合院，心情非常之好。他想起老友胡佩九，给他寄去数量不多的人民币，在信中云："此钱莫作他用，买几只母鸡养着下蛋，补补身子。你我老矣，地北天南，未能时相趋问。"

1963年，胡家重修胡佩九先生的墓，胡彝礼命儿子胡训椿给熊十力写信，请为先父作墓志铭。十力接信后，很快就写好寄来，全文如下：

胡君佩九，德安高塘坂人，江州近世之名儒也。性高洁，平易近人，有古君子风。君家固清贫，布衣粗饭，晏如也。邻里有难告急者，莫不竭力为解其困。其培育后学也，循循善诱，诲而不倦。年七十，尤为乡里子弟讲诵不辍。江州诸邑少年游其门者，皆有法度可观。余交佩九，四十余年。吾兄著籍於德，佩九通余心之所存念，尝以老兄欣戚函告，俾无骨肉之累。古有兄弟交者，余于佩九见之。江州自昔多诗人，佩九亦喜为诗。其吟咏本于情性，发乎天籁，未尝规仿于古名家。陈三立曾栖庐山，佩九携诗稿十余首就正，陈翁美其清婉，为易数字还之。佩九函余曰：散原公一代宗匠，乃不我弃，穷檐可以自慰也。余曰：散原以文名天下，跻于古作者之林，然其诗实不逮古文也。佩九少见散原古文，于余言未遽信云。呜呼！逝者不复见矣。余以衰年孤羁海上，追思故旧，老泪纵横。盖君之德，山高水长。后之人其无背先贤。

夏历乙未（公一九五五年）
二月二日
愚弟熊十力撰

字里行间，表达了熊十力对老朋友胡佩九的深情厚意。

德安时期，是熊十力之所以成为国学大师的一个重要的知识积累阶段。他弃政向学，较为明显的标志是1918年。

1917年10月，非常国会选举孙中山为中华民国军政府大元帅，护法运动在孙中山的领导下兴起了。此时，熊十力的革命激情仍然不减，他到湖南参加民军，同他们一起训练，一起战斗。后又奔走湘桂间，支持桂军北伐，抗击北洋段祺瑞军的进攻。不久赴粤，佐孙中山幕，在广州居住半年。

当时因为接触上层人物很多，掌握的情况很杂，熊十力思想发生了很大变化，他觉得现实情况与他当时参加辛亥革命、护法运动的理想大相径庭，刺激很深。于是对政治、政党，对国民党都颇感失望。他原来以为，政治革命理当促进道德进化，然而他所看到的是，政治运动只是一些肮脏的交易。"国人痛鼎革以来，道德沦丧，官方败坏（袁氏首坏初基，军阀继之。贪污、淫侈、残忍、猜妒、浮夸、诈骗、卑屈、苛贱，无所不至其极，人道绝矣），士习偷靡，民生凋敝，天下无生人之气。"熊十力思前想后，感到民初开基已失，接踵而来者，必是愈来愈坏，于是慨叹："党人绝无在身心上做工夫者，如何拨乱反正？""由这样一群无心肝的人革命，到底革到什么地方去呢？"再转想自己，三十余年来，也是"在悠悠忽忽中过活，实未发真心。私欲潜伏……"况自己又"非事功之才，不足领人，又何可妄随人转？"就这样，他就"决志学术一途"。

1918年6月（夏历五月），熊十力即由广州返回德安。途经上海，就去看看老友张执一。张曾是日知会的骨干，富有个性，当年日知会同人大多加入了同盟会，张认同同盟会的精神，但在组织上却不愿舍日知会，加入同盟会。民国初年，他又"痛士习民风的凋敝"，以为"革政不如革心"。执一还会通儒佛耶教，发《新约》义趣，皈依基督。十力在上海时，张执一以存稿出示。熊阅后，觉张高明，尤觉与刘子通往还书札特别精要。熊认为张之存稿，能明基督之道，有益于世教人心，故更为《策谈道书》，并为之作序。熊在序中云：

余什年严惮之友，以仲如与同县刘子通为最。子通天资卓绝，仲如践履笃实，皆余所不逮。然仲如之学，于子通为近，独余向异其趣。近乃多同，常欲共席研摩，卒格于事势。茫茫天地，契心几人？并此寥寥者亦复难聚，惟有撑拳赤脚，独往独来于天地间而已。

看来熊十力是已经"看破红尘"，不想再与党人政客往还了。

在到家之前，熊十力又登了庐山，观赏了庐山的景色，特别去瞻拜了宋人周敦颐隐居的莲花峰麓及其所建的"濂溪书堂"和朱熹办学的"白鹿洞书院"旧址。

朱熹像

十力在这两个地方流连忘返，浮想联翩。

白鹿书院在南康府北庐山五老峰下。淳熙六年（1179年），朱熹知南康军，访白鹿遗址，向尚书省及礼部打报告，请教授杨大法、县令王仲杰在此重建了书院。

熊十力不由想起：朱熹从十九岁考取进士步入仕途，到六十九岁罢官还乡，虽历时五十年，历仕高宗、孝宗、光宗和宁宗四朝，但任同安县主簿不过三年多，知南康军只有二年，知漳州不过一年，主管两浙常平茶盐公事仅十个月，知潭州更只有短短的三个半月，后来任职朝廷，担任焕章阁待制仅四十六天。正如《宋史》本传所说，"熹登第五十年，仕于外者仅九考，立朝在四十日"。他的主要精力都用在了著述和讲学上。即使在短暂的任职期间，他也讲学不辍。

十力感到朱熹非常明智，始终没有沉迷于政治，坚持以著书讲学为要务，只有这样，才能使自己实现重建民族的道德，重建民族的精神。从而更加坚定了"决志学术"的信念。

啊，不能久站了！他还要到北宋周敦颐隐居的莲花峰麓及其所建的"濂溪书堂"去看看。熊十力早年在家时，父亲就给他教了周敦颐的《爱莲说》，这篇文章脍炙人口，千古传诵，至今还能背诵出来，于是他边走边诵：

水陆草木之花，可爱者甚蕃。晋陶渊明独爱菊；自李唐来，世人盛爱牡丹；予独爱莲之出淤泥而不染，濯清涟而不妖，中通外直，不蔓不枝，香远益清，亭亭净植，可远观而不可亵玩焉。

予谓菊，花之隐逸者也；牡丹，花之富贵者也；莲，花之君子者也。噫！菊之爱，陶后鲜有闻；莲之爱，同予者何人？牡丹之爱，宜乎众矣！

熊十力想，程颢（1032—1085年）、程颐（1033—1107年）受学于周濂溪，濂溪令他们寻孔子、颜回的乐处，即以提高人的精神境界为论学宗旨。黄庭坚（1045—1105年）在《濂溪词并序》中赞美濂溪"人品甚高，胸中洒落，如光花雾月，好读书，雅意林壑，初不为人窘束世故……"缅怀开山祖师周濂溪的人品学问。

熊十力到了莲花峰的山脚后，一下被吸引住了：一个峡谷，中有小溪，流水淙淙。抬首望去，溪的两边，有高高的绵延山峰，绿树葱茏，鸟鸣嘤嘤。周敦颐即此筑成书室，并设书院。他在这里，或流连山水，或吟风弄月，或引吭高歌，或远足踏翠，无一不赏心悦目。在

白鹿洞书院今貌

周敦颐逝世103年之后，宋淳熙三年（1176年），州守潘慈明视察此地，大为惊喜说："真仙境也！"他又拨款对其书院重新修筑，加以扩大，朱熹为之写记。

熊十力在仔细观赏之后，甚为激动，竟题其壁曰："数江湖过客，濂溪而后我重来。"

他的意思很明显，周敦颐继承《易传》《中庸》和道教思想，依托道士陈抟的《无极图》，提出一个简单而有系统的宇宙构成论，创造出太极、理、气、性、命等宋明理学的基本范畴，他本人成为理学的创始人，后人编有《周子全书》。今天，我熊十力在此参观学习，其结果是过眼云烟，还是有所启迪呢？此时，他在返回的下山路上，与其说他是在向回家之近路上走，不如说他是在向学术的更远的路上走……

陶渊明在《归去来辞》中云："……问征夫以前路，恨晨光之熹微。乃瞻衡宇，再欣再奔。"此时的熊十力真是这个心情和表现。

回到德安之后，乡人盛传熊三先生革了十三年的命，是参加推翻清朝的有功之臣，来访的人简直是络绎不绝，想革命的人问他"革命如何革？"遗老们问他："皇帝怎么样？"他都一一作了解释。看到这种

白鹿洞书院周敦颐铜像

情况，就使他动脑动脚，要寻找一个安适的读书环境。他设想这个环境要有两个条件：一是离家比较近，使家人向自己送饭送水等方便；二是比较偏僻，来往的人稀少，免受干扰。当时德安有三座环境幽静的古庙，他首先进行调查了解。发现城南十二里九仙岭的阳居寺，游人太多，未能使人安心读书；县城北三华里之心佛寺，住持僧是位诗僧，学问很不错，但俗气太重，整日与一些官僚赋诗，且有谀辞，亦不能与他相处读书；最后选定在县城西北二十五华里的望夫山上之双峰寺为读书地点。所谓双峰寺，因该寺处于两峰之间，始建于南唐保大二年（944年），元代毁，明初重修。双峰寺香客不多，比较僻静，寺庙整日笼罩在云雾萦绕之中。寺僧亦安本分，是一个研究学习的好地方。这里距芦塘家只有六华里，家中送衣送食方便。同时这个地方也有一个读书的氛围，山的下面就是陈蔡二村，读书的人挺多，藏书也很丰富，人们的素质较高。那些老秀才和青年学子听说熊三先生来此住读，都十分高兴，只要他开口，要什么书他们都乐意送来。

在蔡村有个老秀才，世代书香门第，和胡佩九也是要好的朋友，平时他们相互有酬唱。他听说熊三先生住寺读书，即兴赋五律一首：

久雨天初霁，文星踏雾来。
树披残霭出，峡响障云开。
钟鼓传佳讯，英雄复砚台。
寒窗拂热浪，孤寺育高才。

这既表示了对熊十力到来的热情欢迎，又预祝熊十力学有大成，友好之情，溢于言表。

蔡秀才家里藏书丰富。他听说十力要研究儒家《十三经注疏》和先秦诸子书，立即从书架取下包好，叫儿子送给十力。

大约两年的时间，十力在这里一边发愤苦读，一边与辛亥革命前结识的有志之士，继续保持书信往来。德安县城怡园即是他的通信处。怡园主人清末秀才袁子辉就是给他传递信件的人。后来经熊十力的推荐，袁子辉得到张难先的青睐，被张提携至广东琼崖行政公署担任秘书。

熊十力在这个古刹里，取得了两个方面的重大成就：一是研读儒家经典。他首先系统地研读了十三部儒家经典的注疏。即：《周易》用三国魏王弼、韩康伯注，唐孔颖达等正义；《尚书》用孔安国传，孔颖达等正义；《毛诗》用汉毛公传、郑笺，孔颖达等正义；《周礼》《仪礼》都用郑玄注，唐贾公彦疏；《礼记》用郑玄注，孔颖达等正义；《春秋左传》用晋杜预注，孔颖达等正义；《春秋公羊传》用何休注，唐徐彦疏；《春秋穀梁传》用晋范宁注，唐杨士勋疏；《论语》用三国魏何晏等注，宋邢昺疏；《孝经》用唐玄宗注，邢昺疏；《尔雅》用晋郭璞注，邢昺疏；《孟子》用汉赵岐注，宋孙奭疏。全书共有四百一十六卷。

熊十力得到了《十三经注疏》以后，十分高兴，每天早上四点起床，晚上九点休息，用心苦读，杜绝干扰。为了怕有人闯来，在书室门外，还贴了一张条子，云：

熊十力外出办事，谢绝会客。

一天，胡佩九来看他，见到门边字条，哈哈大笑，说："真是此地无银三百两！熊三先生既然不在此地，客人来了，谁来谢绝？"他在字条边缀上数字："胡佩九来过，这次不会，我下次再来。"

转眼一个多月，蔡秀才来看熊十力，他通过和尚的指点，什么也不看，直接闯进了读书室，说："熊三先生，我就是蔡某，我叫儿子给送来的《十三经注疏》等在研读吧？"

熊十力霍地站了起来，向蔡秀才拱手说："谢谢！真对不起，未曾远迎！先生惠借的《十三经注疏》，我快读完了。"

蔡秀才说："上次儿子把书送出后，我有点担心，这是一套白文本，可能使先生读起来，耽误一些时间。"

"不不不！"十力回答说，"白文书好，能使我多动点脑子，还能增强记忆。"

蔡秀才说："哎呀，我算是遇上贵人！鄙人才疏学浅。"说到这里，忙向口袋里掏出一张纸条，上面写满了密密麻麻的毛笔小字，说："老朽知识有限，在《十三经注疏》上碰到一些拦路老虎，望三先生不吝赐教。"

蔡秀才看着纸条，提出的第一个问题是断句问题："《左传·成公二年》一段，'丑父寝于辀中，蛇出其下，以肱击之，伤而匿之。'不知对不对？"

熊十力看后说："这条我已经读过，最后一句'伤而匿之'，不妥，应断为'伤，而匿之'，则是合乎语义和文法的。从上下文看，'丑父寝'至'以肱击之'，都是讲受伤的过程，伤是结果，语义至此已完，'伤'应绝句。'而匿之'是讲受伤后的情况，'匿之'是匿其伤，'之'是代词作宾语，它的动词是'匿'而不是'伤'，因此'而匿之'，必须另作一句。"

蔡秀才连连点头说："有道理，有道理！"

熊十力又看纸条上的第二条：《论语·颜渊》："子贡问政，子曰：'足食，足兵，民信之矣。'子贡曰：'必不得已而去于斯三者'。"

十力说："这一条，我看了，觉得是书本上断错了，应该是：……子贡曰：'必不得已而去，于斯三者何先？'曰：'去兵'。书本上的'必不得已而去于斯三者'，十字为一句，是不正确的。因为从语法规律上看，'必不得已而去'，这句话意思已完，'于斯三者'这一词组不应作动词'去'的宾语，而应作动词'先'的状语。因为这段话不是去掉'食''兵''信'三者，只是选择其中之一。"

蔡秀才听后赞叹说："三先生，你真是学术大师呀！你完全把书读透了、读化了！使老朽茅塞顿开。"

熊十力读完《十三经注疏》之后，接着又研读了先秦诸子之书，重点研读老、庄之学说，还对佛家学说进行了潜心研究。

除读书而外，熊十力做的另一件重要的事情，就是于1918年秋，汇集了他从1916年以来的笔记二十五则，编成《熊子贞心书》，自行印刷。为什么叫《心书》呢？他在自序中说是书"实我生卅年心行所存，故曰《心书》"。书的内容比较驳杂，一部分是怀念已故战友的传记，如日知会成员、辛亥革命先驱王汉、刘敬庵、余仲勉、何见田、朱元成等人的传记。民国元年，黎元洪以副总统身份领鄂督事。是年冬，特设武昌日知会调查纪录所，创修《日知会志》。以孙武、蔡济民、季雨霖为主编，熊十力参与编辑。搜集未竟，而南北战事起，即行终止。王汉、刘敬庵、余仲勉、何见田、朱元成，皆天资过人，志行高洁，俱一时之俊也。特别是刘敬庵尤为卓越，但皆以少年遭惨变，不得竟其学，展其才，非常可惜。十力弱冠即同诸子相从忧患，感情浓厚，便为之传。此皆后学者之榜样也。除此而外，还有黄冈之同乡熊持危、贺然圭、马让三或以事功，或以发明，或以德义而立传。这些传记文字典雅，传述生动，感人肺腑。

《心书》所收笔札的另一部分，如《船山学自记》《张纯一存稿序》《复张君》《记梁君说鲁滂博士之学说》等。《船山自学记》是该书的首篇，文辞典雅，意境深沉，它反映了十力在人生道路上所遭遇到的坎坷曲折、烦恼和生命悲情，激发他探求人生真幻问题和安身立命之道，实际也是这几篇文章所贯穿的基本思想。他说：

余少失怙，贫不能向学。年十三岁，登高而伤秋毫，时喟然叹曰：此秋毫始为茂草，春夏时，吸收水土空气诸成分，而油然滋荣者也。未几，零落为秋毫，刹那刹那，将秋毫且不可得，求其原质，亦复无有。三界诸有为相，皆可作是是观。顿悟万有皆幻。由是放荡形骸，妄骋淫佚，久之觉其烦恼，更求安身立命之道。因悟幻不自有，必依于真；如无真者，觉幻是谁？泯此觉相，幻复何有？以有能觉，幻相斯起。此能觉者，是名真我。时则以情器为泡影，索真宰于寂灭，一念不生，虚空粉碎，以此为至道之归矣。既而猛然有省曰，果幻相为多事者，云何依真起幻？既依真起幻，云何断幻求真？幻如可断者，即不应起；起已可断者，断不复起。又舍幻有真者，是真幻不相干，云何求真？种种疑虑，莫获正解，以是身心无主，不得安稳。乃忽读《王船山书》，得悟道器一元，幽明一物。全道全器，原一诚而无幻；即幽即明，本一贯而何断？天在人，不遗人以同天；道在我，赖有我以凝道。斯乃衡阳之宝筏、洙泗之薪传也。

1915年夏至1916年夏，熊十力居德安，奋发读书，内容涉及较广，其中《船山遗书》，他作了苦苦研读，并抄录船山的许多语录，编辑成册，名曰《船山学》。船山道器统一观使他透悟真幻，贯通天人，坚持积极的人生态度。

《心书》还有一部分内容是他对当时政治败坏、社会风俗败坏，极为痛心、极为愤懑之作。如《某报序言》《与某参谋》《罪言》《读孟子》《思曾》《忧问》《至言》《箴名士》，等等。熊十力在《某报序言》中指出：

世之乱，先乱其是非。前清之世，朝廷无是非，而草野有之；小人无是非，而君子有之。故乱矣，而未至于极也。民国以来，上无道揆，下无法守，朝不信道，工不信度，君子犯义，小人犯刑，上无理，下无学，贼民兴，上下交征利，不夺不餍，是故上下之间，无是非可言。

越到现在，愈演愈坏，他说：

民国五年之间，各种制度，各种人物，无一不经试验，而无一可加然否。自三五以降，吾国之不道，而至于无是非，未有如今日。故乱极而不知反也。

造成这方面的原因，业报纸的士大夫负有重要的责任。他说：

……淆乱是非，实为戎首。以朋党之实，冒政党之名；入主出奴，则爱憎成乎心；利用势力，则得失昏其智。……黑白不分，搏击快意，习为挑拨，工于饰伪，流言孔章，而无在不与国民真意相反。虽托于舆论，群情固莫之许，贞士目以横议；而阴鸷之流，卑鄙之夫，反有以受报纸之责言为快意者矣。至此，而后举国上下，敢于为非。

其实，无是非的问题，不仅报纸而已，一切书籍都是这样，这是社会制度所决定的。熊十力说，他在 1918 年夏天在上海逛书市，想购一本汪容甫撰写的《述学》，遍索不可得，但见书市摆满了诲淫诲盗的小说。十力认为，灭绝仁义，自清代以迄民国，愈演愈烈，无论新党旧党，同怵于外人，而貌袭以相应，实无改其贪贼狡诈浊乱荒淫之心理。十力提倡民本主义的传统精神，所以他肯定孟子，赞扬孟子贵民、提倡民权。赞扬曾国藩，效法程、朱，国民蒙受其福。同时他还作了《读陆贽请还田绪所寄撰碑文马绢状》，肯定唐人陆贽不苟受绢马，不轻假碑文，静而自正，刚而无欲，使犷悍之徒，知名义不可犯，士大夫不可亵，则欲自姿不得也。

总的来说，读了这二十五则书札，使人感觉的是：当时的熊十力，思想非常驳杂，孔（丘）、孟（轲）、老（聃）、庄（周）、程（颢、颐）、朱（熹）、陆（九渊）、王（阳明）、张载、船山都有；还引《抱朴子》，引佛学《起信》《般若》《肇论》和章太炎的《大乘佛教缘起考》，等等。总之，他在时世、人事等方面遇到什么问题，他就有感而发，尽情发挥。

《心书》快要辑成时，胡佩九来到了寺庙里。他告诉胡佩九成书的情况后，征求胡的意见，想请人写个序言。胡佩九说"这很有必要"。但他建议要选好写序言的人，条件是：一在学术界有权威，因为中国思想力量往往无法体现在思想本身，而是体现在思想以外的其他因素，诸如名人、圣贤、行政力量、古老、历史悠久等。倘若你说，这鱼和肉不新鲜了，不能吃了。顿时，谤言四起，周围人立刻指责你，说你忘掉老祖宗，如此忘本，沾染上了某些恶习云云。但你这会儿说，孔老夫子说过，鱼腐了，肉坏了，就不能再吃了。有人就会问："孔圣人说过？"你回答："确实，你瞧，《论语》中某卷某条，有案可稽。"于是众人始信服，认为孔圣人都同意不食臭鱼烂肉，那自然该倒掉的。臭鱼烂肉最终同样被倒掉了，但是此时你却被认为是熟读经典、思想方法正确而被推上了学者、大儒的位子，受到他人的尊敬。

熊十力哈哈大笑说："妙哉！妙哉！"

胡佩九说："还有一条呢？看写序言的人跟你关系如何。关系好，他着意地加以肯定，浓墨重彩，人们一看，必吃一惊：'这本书是值得一读，你看权威学者是如何如何的看重他！'如果由一般的人写序

蔡元培

言,他轻描淡写,应付了事,必定调不起读者感情,你的书价值就不大了。"

十力又哈哈大笑说:"佩九呀,佩九!你肚子不仅有墨水,而且有油水哩。"胡佩九的一番话一下使熊十力想到了蔡元培身上。

蔡元培(1868—1940年),浙江绍兴人,字鹤卿,号孑民。1890年中进士,任翰林院编修。甲午战争后,开始接触西方资产阶级政治学说,同情维新派。戊戌变法失败后回绍兴,任中西学堂监督,提倡新学。1902年与章炳麟等创立中国教育会,任会长。同时以《晨报》为阵地,提倡民权,宣传反清革命。1904年与陶成章组织光复会,任会长。1905年加入同盟会。1907年赴法国留学。1911年武昌起义后回国。1912年,任南京临时政府教育总长,主张采用西方教育制度,废止祀孔读经。1913年赴法国考察。1915年与吴玉章等组织留法勤工俭学。1916年回国。1917年任北京大学校长,实行"思想自由,兼容并包"的办学方针,提倡学术民主,支持新文化运动。同年年底,蔡在北京大学创办了进德会,以培养个人高尚道德为宗旨,提倡不嫖、不赌、不纳妾乃至不作官吏、不作议员等,在校影响很大,成立时教员入会76人,职员入会92人,学生入会301人。其中教师中的李大钊、陈独秀、夏元等都是会员。熊十力亦欣然响应,远道遗书赞助,二人遂有文字往还。从此,共同的文化理想,共同的道德信念,共同的奋斗目标,将蔡元培、熊十力联系在一起。

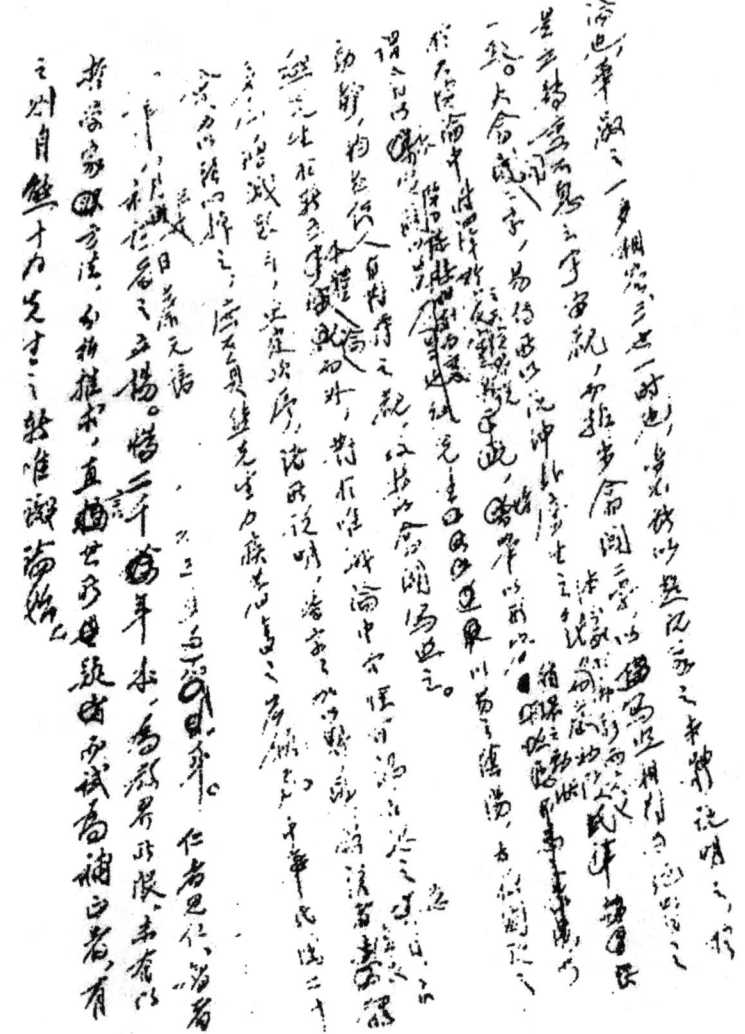

蔡元培1932年为熊十力《新唯识论》作序的手稿

这一次，经胡佩九一提示，点燃了熊十力心中的火光，随即将《心书》书稿邮寄给蔡元培，请蔡作序。蔡欣然命笔。序文云：

黄冈熊子贞者，盖绩学笃行士也。丁戊之际，余创进德会于北京大学，熊子由远道遗书赞助，极声应气求之雅，余固已识熊子之志行所在矣。已而复以其笔札所遗，汇而录之曰《心书》者，邮寄相示。

余开缄读之，愈以知熊子之所得者至深且远，而非时流之逐于物欲者比也。自改革以还，纲维既决，而神奸之窃弄政柄者，又复挟其利禄威刑之具，投人类之劣根性以煽诱之，于是乎廉耻道丧，而人禽遂几于杂糅。昔者顾亭林先生推原五胡之乱，归狱于魏操之提奖污行，而今乃什伯千万其魏操焉，其流毒宁有穷期耶？呜呼！履霜坚冰至，是真人的世道之殷忧矣。今观熊子之学，贯通百家，融会儒佛。其究也，乃欲以老氏清静寡欲之旨，养其志大志刚之气。富哉言乎！遵斯道也以行，本淡泊明志之操，收宁静致远之效，庶几横流可挽，而大道亦无事乎他求矣。是则吾与熊子所为交资互勉，相期为进德的阶梯者。其即以是编为息壤之誓言焉可也。七年十一月十五日蔡元培序。

熊十力一家从1906年迁入德安后，他有两次在德安住的时间较长，在外地读书和教书，寒暑假也曾回德安探亲访友。几位兄弟也先后生活在德安，最后还死在德安；几个侄子都生长于德安。骨肉之情和乡情友情，常常引起熊十力对德安的无限眷恋。而且这种眷恋，老而弥笃，越老越深。

民国二十九年（1940年）正月初四，熊十力住在四川璧山县来凤驿西寿寺。时值五十五岁生日，郭沫若、何季公、邓子琴等许多人去为他祝寿，要同他合影留念，他竟不同意，伤心地流着泪说："没有侄子在身边，他们在德安遭受着日寇的罪苦，我心里完全无法平静，更无法高兴。"

抗日战争胜利，十力写信给德安四弟晋痕，甚为同情他们在耕作上的劳苦，生活上的艰难，并征求晋痕的意见，家里的田地是不是都种得了？如无力全种，可以送一部分给当地无田地耕种的乡亲。

对子侄的成人成才常予挂怀。晋痕的次子熊世宇，在读书出来之后，被当地士绅推荐当了乡长，他却不以为然。因为他在外面见多识广，官吏的腐败，群众对官吏的怨愤，他看到听到的是很多的。特别是对基层的乡、保长那些小吏怨恨尤深。他写信给四弟，特别嘱咐世宇，一定不能再当乡长了，要回家做个好老百姓，种田种地，安分守己。

同时，十力对另一个正在读书的侄子熊世菩的儿子熊非武专门进行教育，他在写给非武的信中说：

非武，汝尚在做梦乎？不看旧书，不作日记，汝知识全无。长成一副小流氓样子，汝将来何以立身，何以吃饭？吾教汝课外暂将《曾文正集》《资治通鉴》各买一套，苦心攻读，请云谷讲。……

吾家几世好学守礼，若至汝而坠，真伤心事也。吾思汝父一生行善，将何以报之乎？

……

吾年十六七，便以革命从戎，狂野不学。三十左右，因奔走西南，念党人竞权争利，革命终无善果。又目击万里朱殷，时或独自登高，泪盈盈雨下。以为祸起于众昏无知，欲专力于学术，导人群以正见。自是不作革命活动，而虚心探求中印西方之学。自恨前此一无所知，至遇人不敢仰首伸眉，其丧怀之怆痛甚深也。余信学问之事，不由天启，不由人授，唯自心之诚，发不容已，将夙昔习染痛切荡除。而胸无滞础，则天地万物之理，自尔贯通，而不知其所以。古人所谓至诚所感，金石为开，至此始信其非妄语也。汝其念哉，及今愤发，其成就可限量哉！

1959年，熊十力在德安芦塘的房子因失火烧毁，侄子告诉他，他首先是问大人、小孩有无问题，知道人都无虞，才释忐忑。然后他向侄子寄出5000元，嘱其重建。

新中国成立以后，党中央的领导人对熊十力十分尊重，他就无所顾忌，和德安县委、政府的主要领导加强了联系。与县委书记朱宝荣、县长万瑞世时有书信来往，直到"文化大革命"。

1964年春，熊十力感到住在上海太嘈杂，想回德安静度晚年，著书立说，死后，好与兄弟们埋在一起。消息传到德安，县委、县政府领导十分高兴，表示欢迎。并通过会议决定，将县林业局的一幢两层的办公楼拨给熊十力居住。当时德安没有自来水，白天没有电灯（小发电机白天不发照明电），生活条件较差，但县委保证各种食品供应不会缺少。十力看到县委领导如此诚恳，立即将情况报告董老（必武），征求董老意见，董老劝他"再等两年回德安"。谁知"文革"浩劫来临，熊十力回德安养老的愿望终于破灭。

7. 学佛南京

1919年下半年,熊十力经朋友介绍,离开德安,到天津南开学校教国文。

十力每到一处,有三件事是非常之认真的:一是工作,二是治学,三是交朋友。在这里的工作就是教书,对他来说可叫得心应手,因为他在黄冈、德安从教多年了,有理论、有实践、有效果。治学,他非常勤奋、非常刻苦。在这里工作,他坚持每天早上四点钟起床读书。在同事们中,他和教理化的孙颖川很谈得来,尽管他是理科教师,但他对社会科学也很感兴趣,两人切磋讨论问题有共同语言。有一次,他们讨论这样一个问题:"中国何以向来无科学思想、民主思想?"你讲一讲,我讲一讲,争论得很热烈,最后统一到主要原因,是秦以来,两千多年专制之毒害,造成了学术思想锢蔽。两人感到思想愉快,收益很大。

为了使学术思想能够随着时间的推移而发展,十力还注意订报刊、购新书,使原有知识及时得到更新。这一天,十力在《东方杂志》上

梁漱溟

看到了梁漱溟 1916 年写的一篇文章，题目是《究元决疑论》。对梁漱溟这个人，十力很有印象，他是广西桂林人，原名焕鼎，字寿铭。早年加入同盟会。1917 年任北京大学印度哲学讲席。一看到他的文章，熊十力即被吸引住了，认真读了下去。没有料到，自己这样一个小人物，却被梁漱溟指名道姓地批评了一通。十力想起来，觉得这还是一个陈案：

1913 年，梁启超办的一个刊名叫《庸言》，熊十力写了五篇笔札，分别是《证人学会启》《答何自新书》《健庵随笔》(两则)《翊经录绪言》。这是十力见诸报刊的最早的一组文章。其中《答何自新书》是 1916 年何氏去世前熊与何往还尺牍之仅存者，所论批评佛学之说过高而不切于人事。证人学会是十力在民国初年发起的讲学修养的同人组织，目的在于组织讲论古学，以文会友，进而影响社会，左右政界。所谓"证人"即是"证明人所以为人之道"。"夫唯明乎人之所以为人，而学以致道，以道正习者，乃能为造化，主于以化民成俗，扶翌国运。其事由微而著，由小而巨，此证人学会之所勉企也。""或曰，天天熙熙攘攘，为利来往，道之废也久矣。且今国家多难，子无为于时，而侈言道学，不其慎乎？曰：恶是何言？王于（指王船山）不云乎？天下之不可一日废者道也。天下废之，而存之者在我。故君子不可一日舍其学而废于道。……君子自竭其才以尽人道之极致者，唯此为务焉。得志，行乎中国。不得志，而天下分崩，人心晦否之日，独握天枢，以争剥复，岂曰小补之哉？此证人学会之不可已也。""熊子曰：今民国初建，承清之弊，学绝道微。流俗既有所弊，慨莫能兴。而一二天资高旷者，又服异化而昧其本。中藏鲜实，乃竟智名勇功以误国。耆儒故老，嫉世太深，复以言为讳。甚矣，确乎不拨，任重道远之难也。斯学谁与振之？《诗》曰：'国虽靡止，或圣或否。民虽靡脱，或哲或谋，或肃或刈。'剥极则复，贞下起元。天其或者不欲斯文之丧乎！敢告卿士大夫，文武之道，未坠于地，贤者识大，不贤识小。勖哉勖哉，毋谓道远。"

熊十力研究专家郭齐勇教授说："从以上引文不难看出，熊先生早在民国元年即立志坚持道统，弘大旧学，以拯救世道人心。'独握天枢，以争剥复'，充分表达了熊先生的志向。"这个看法是很正确的。

《庸言》发表的另三篇是《健庵随笔》（二则）和《翊经录绪言》。郭齐勇教授说："健庵"是熊十力的书斋名，即"天行健，君子以自强不息"之意。说明十力倾向于孔学的刚健之德。从两则《健庵随笔》可以看出，熊十力当时和刘子通、熊省吾、方雪澄、李仲揆（四光）、殷子衡等时常相聚讨论学问，涉及耶教、佛教、道家与道教、杂家、儒家等各种思想与著作。而熊十力对孔子、孟子、《论语》《礼记》《老子》《周易》《淮南子》，对陆子静、王船山、顾亭林、李二曲诸书都有涉猎。其中说到孔子之道以天为根据。其"天"有三义，一以真宰言天，二以自然言天，三以虚无言天；此三义分别贯通景教、西方哲学、佛学；称美孔子确如庄子所言："六通四辟、大小精粗，其运无乎不在。"又肯定孔子系《周易》和王船山释《周易》时所阐述之道与器、形而上与形而下、乾与坤的统一观。对于宋学，他吸收友人沔阳张难先、孙雨初，特别是后者对心、性、情三字的界定："心者身之主，一以性为体而达其用者也。性，心之生理也。情者心之用，恨于性而贞夫一者也。"熊十力《翊经录绪言》，推崇周濂溪、张横渠、王船山三人对《易》道的发明："周元公濂溪作《太极图说》、张横渠张子作《正蒙》、船山王子作《正蒙注》《思问录》，皆本隐之见，原始要终，于《易》学有所发明，故余辑三子书为《翊经录》。翊经者，谓可以扶翊圣经云尔。""濂溪、横渠、船山，实三代后圣人也。其学之大者，在以道器为一源、形上形下为一体，有无虚实聚散为一贯，昼夜古今为一致、平陂顺逆为一途，旁行而不倚，园神而不流，所谓穷神知化，德之盛也。非天下之至精，奚足以语此。"他对周敦颐、张横渠、王夫之的易学特别感兴趣。但他对佛学却进行了大肆批评，说佛学"了尽空无，使人流荡失守，未能解缚，先自逾闲，其害不可胜言"。而梁漱溟批评熊十力为"此士凡夫""愚昧无知"云云。

熊十力在读完《究元决疑论》后，没有怒发冲冠，也没有骂人，倒觉得这还是个"对手"，他对孙颖川说："我要去找梁漱溟。"

孙说："不能太匆忙了，先要与他约好，看他愿意不愿意与你谈，愿意，你就去。"

熊十力说："你这个意见好，那我先向他写封信，跟他联系一下。"

《究元决疑论》是梁漱溟的杰作，时年二十四岁就写出了这样的文章，引起了京师学界的极大关注。他到北大任讲席，即缘于此文。经范静生先生的介绍，梁携带此文去拜访蔡元培校长，蔡非常赏识，便与文科学长陈独秀相商，聘梁讲印度哲学。

熊十力求学心切，暑假，他就由天津去到北平，时梁漱溟借居在北平广济寺内。他见到梁漱溟后，完全忘记了批评问题，而在切磋佛学上一下"接轨"。各自理论滔滔，依据充分，见解新颖，就是有些观点谁也说服不了谁。但因为他们都只有追求真理，而非以意气用事，尽管相争时面红耳赤，离开后已烟消云散，明日再见又和好如初。

熊十力和梁漱溟就是这一次的会晤，取得了两个方面的结果：一个是梁漱溟劝说熊十力研究佛学，得到熊十力的首肯；一个是梁、熊往后数十年的深厚友谊由此奠基。

在这年暑假，梁漱溟访问南京金陵刻经处研究部，向欧阳竟无大师请教佛学，并介绍熊十力前往求学，欧阳竟无欣然许诺。

支那内学院创建者欧阳竟无大师

金陵刻经处,是清末居士杨仁山创建的。谭嗣同、章太炎、梁启超、李证刚等国内学界名流与刻经处都有关联。欧阳竟无(1871—1943年)为杨仁山的传人,他与章太炎、陈三立等于1918年在金陵刻经处的基础上筹建支那内学院。1922年,该学院正式建立。它是近代中国法相唯识宗的大本营。当年,玄奘历尽磨难,西去取经,然而取回的法相唯识宗,因不合中国人口味竟两传而衰。千余年之后,这个久已衰微的佛学宗派经杨仁山、欧阳竟无诸大师的努力,竟奇迹般地活转于现代,并成为最有影响的佛学派别。

熊十力到南京学佛的消息传到黄冈,引起了较大反响。有的人说:"熊十力是不是疯了?原来见菩萨就要打,现在要进佛学院,学佛学,这是怎么搞的?"有的人说:"我们原来见他对革命那么积极,现在不革命,还要去学佛,岂不是一百八十度的转弯?"因为黄冈人记忆犹新:熊十力从幼小的时候,就不信鬼神,有时碰到不如意的情况,就对佛破口大骂,举手打碎。

黄冈人认为难以置信的事的确发生了。

1920年的8月,熊十力从北京回到天津南开学校,向挚友孙颖川报告了同梁漱溟交谈的情况，以及自己准备到南京向欧阳竟无大师学佛学的问题，孙完全赞同。他非常高兴，接着向校长辞了职。

他有半年没有回家了，很想念在德安的夫人以及兄弟们，还有一些乡亲。

一到家里，别的人都没什么问题，只有大哥仲甫，身体不好，低烧了一段，又厌食，近两天，脸上、眼睛都呈现黄色，因为缺钱，暂时还未请医生诊治。十力听后，非常之担心，马上去找胡佩九，和胡一同到城里去请了一个姓黄的医生。胡佩九说："这个医生系五代世医，学识渊博，经验丰富，遐迩闻名，请他治病的人很多。"黄医生看后，说仲甫患的是急性黄疸病，治得早，没问题，治迟了，没救了。现在还不要着急。须注意的是：此病有传染性，好人不能和病人共筷碗。黄医生把处方开下后，就叫马上去抓药。他说，这是采用汉张仲景《伤寒论》中的一个方子，叫茵陈加减汤，吃下去好得快。果真不错，吃了十剂后，仲甫身上的黄疸全退了，他想吃饭了，人的精神也旺盛些了。

一天晚上，十力陪大哥一起聊聊，仲甫说："三弟，该是我的命大，这次不是你回来，我可没命啦！"

十力说："我不是对你讲了，家里有什么重要事，就去找佩九先生，你找了他，他自有办法的。"

仲甫说："近来我手头比较拮据，病了，想拖一拖，有些病它到了时间也自然会好的。哪知道这一次病根本不同呢。"

谈完病后，十力就告诉仲甫，准备去南京从欧阳竟无学佛的事情。

仲甫说："三弟，你在外面闯得多，见多识广，学佛学儒，你自己决定吧，我没意见。"

1920年9月，熊十力即负笈到南京去了。

他到金陵刻经处研究部报到时，身上的衣服穿得很破旧，背上一床旧被絮，人家一看他那个寒酸相，就把他安排在下人住的地方居住。

这是一排低矮潮湿的平房，而且特别破旧，十力走进后，"家徒壁立"这个成语一下闪现在脑际。房里除有两件实物以外，别无他物，一件是一张木铺板床，一件是一套破旧课桌和板椅，油漆剥落得白一

杨仁山

块、黑一块。但他想的只是学习，生活条件困难一些，他倒不怎么介意。住下来以后，他就埋头学习，或则听欧阳竟无大师讲课，或则自己阅读。

熊十力并不是一个佛学的服膺者，他知道学佛学是很难的，但他要决心在这方面走出一条路子来，要狠心地向佛学中打进去，而又要努力地从佛学中杀出来。这是他进研究部、向欧阳竟无大师学习的根本指导思想。

佛书之难读表现在什么地方呢？十力在"打进去"的过程中有所体会，主要有以下几点：

第一是部头大。如原始教义的《四阿含经》就有一百八十一卷，小乘有宗的《大毘婆沙论》有二百卷，大乘空宗的《般若经》竟达六百卷，《大智度论》亦至一百卷，大乘有宗的《瑜伽师地论》一百卷；至于数十卷本、数卷本、一卷本的大小乘经论就不可胜数了。

第二是派别多。印度小乘的派别就有二十个；大乘的宗派虽仅两个（指空有两宗，密宗不关义学，未计在内），传到中国来又增加了三个（指天台、华严、禅三个宗派），而有的宗派又分出若干个小的宗派（如禅宗先有南北之分，继而南宗又分为菏泽、临济、曹洞等

玄奘

五六个宗派）。

第三是名相繁。唯识宗即以此著称，单是它的"五位百法"，就足令人头痛了。

第四是梵语章句结构特殊，词语含义无相对等。玄奘翻经，几全为直译；读其译述，如学一门外语，全与汉语著作的名词术语、章法句法异趣。要向这样庞大而艰巨的书堆里打进去，难度该要多大啊；还要从这个书堆里杀出来，难度就更大了。

但熊十力不怕这个硬骨头，在来到这里的时候，思想上已经准备得很充足，他认为：首先是要立下一个宏大的志愿。1947年他对《读书周刊》记者讲的一席话，既是告诫莘莘学子，也是他学有大成的自我写照：

> 读书必先有真实的志愿。前云须定趋向，然若无真实志愿，则不足以达其所趋向。凡人无志愿者，则其生活虚浮无力，日常为念无往不是苟且，无往不是偷惰，无往不是散漫，如是而欲其读书能有所引发以深造自得，此必不可能之事也。

人必有真实志愿，方能把握其身心，充实其生活，如诸葛武侯所谓"使庶几之志，揭然有所存，恻然有所感"，王阳明所谓"持志如心痛"。一心在痛上，岂有工夫说闲话，管闲事？人果能如此激发志愿，则心怀广大，鄙私尽消。象山所谓"才一警策，便与天地相似"。诚非虚语。如此，则神明昭彻，而观物虑事，必能极其精而无蔽，综其全而不乱。其于读书也，必能返之己所经验，而抉择是非，洞悉幽隐，曲尽书之内容，而不失吾之衡量。故其读书集义，乃融化的，而非堆集的；乃深造自得的，而非玩物丧志的。如此读书，方能助长神智，而有利创造与发明之望。若其人茫无志事，浑身在名利胶漆桶中，虽好博览载籍，增益见闻，要为浮泛知识，不可得真知正解，只是小知，不堪大受。社会上若只有此辈，其群必日益昏乱以趋于亡。故学者不徒贵读书而已，必先有志愿以立其本。

熊十力言行不二。他在佛学院读书就是一切，居住好坏他纯然不顾，生活好坏他全然不计。内院弟子中，十力最穷，当时他只有一条中装长裤，洗了之后要等它干了才有穿的。在那里没有热水洗澡，他就用冷水洗。有时城市停电，他就在路灯下去读。每天早上四点起床，或读书，或写作，雷打不动。晚上读书至深夜，肚子饿得咕咕叫，他就喝开水充饥。每天就是在斗室之中与佛书打交道，和佛讲话，和佛沟通，潜心苦修，独具慧心。在两年多的时间里，周围的人说他读佛书读呆了。这两年是熊十力极力苦学的时期，也是他学习大有长进的时期。然而大家并不知道，欧阳竟无对他并不重视。后来欧阳竟无听说蔡元培先生为他的《心书》作序，就要见熊十力。一位职员引欧阳竟无找到了熊十力的住室，熊十力连忙站起迎接说："欧阳大师好！"

欧阳大师环视他的居室，深感简陋而寒酸，书柜也没有一个，藏书也没有看见几本，问："熊十力，你读书怎么没有藏书？"

熊十力说："有，"他用左手指脑袋，"藏书在这里。"欧阳大师问他："你脑子藏了什么书？"

熊十力答："《四阿含经》一百八十一卷，《大毗婆沙论》二百卷，《般若经》六百卷，《瑜伽师地论》一百卷，《大智度论》一百卷……"

欧阳竟无真不敢相信了,把手一挥说:"行了。"

又问:"听说你原来出版过一本《心书》,蔡元培先生为它写了序言,有此事吗?"

"是。"十力点头答。

"此书这里有吗?"

"有。"十力向欧阳大师递上了一本。

欧阳大师翻了一下,说:"请给我看看。"

"还有,"熊十力接着又送上一摞书稿,说,"这是我在这里学佛学的笔记。"欧阳大师都给带走了。

此后,据说欧阳竟无对熊十力已是刮目相看。

1922年,是我国佛学界最热闹的一年。这年7月,南京支那内学院正式成立。夏天,梁启超、殷太如、蒋竹庄等聚集南京,邱晞明、汤用彤、熊十力、吕澂、陈真如等俱在内院,聆听欧阳大师讲《唯识抉择谈》,驳《大乘起信论》,论定《起信论》为伪经。欧阳大师可没料到,就在他讲授不久,武昌佛学院院长太虚法师唱起了反调,他在

欧阳竟无大师(左三)

武昌作《佛法总抉择谈》，批判欧阳大师的观点，维护《起信论》，并出版了研究《起信论》的专集。这是现代佛学史上的一大公案。从本质上讲，以欧阳竟无为首的南京支那内学院这一派，强调佛学的印度原旨；以太虚法师为首的武昌佛学院这一派，强调佛学的中国化，肯定《起信论》与中国佛学的联系。这场争论实际是坚持西土佛学义理还是主张中土佛学义理之论争。

  在佛学院，熊十力是欧阳竟无的弟子，然而他对欧阳竟无的学说有些异议。对欧阳竟无来说，这为大逆不道；在十力来说，则认为是很正常的。他曾讲过："有依人者，始有需制此依者；有奴于人者，始有鞭笞此奴者，至治恶可得乎？吾国人今日所急需要者，思想独立、学术独立、精神独立，一切依自不依他，高视阔步，而游乎广天博地之间，空诸依傍，自诚自明。以此自树，将为世界文化开发新生命，岂惟自救而已哉？"

8. 执教北大

1922年秋，在北京大学讲授佛教唯识学的梁漱溟，准备应山东王鸿一之请，赴曹州办学。而他在北大所担任的课程就无人接替，他征得蔡元培校长的同意，专程到南京支那内学院聘人。至于聘谁，梁意在当时任内学院学务处主任的吕澂。

吕澂（1896—1989年），字秋逸，江苏省丹阳县人。自幼天资聪慧，刻苦向学，初级师范学校毕业后，便能独立阅完大英百科全书，又利用业余自修，精通英、日、法、德、梵、藏等各国各地方语言。当时他的胞兄吕凤子任教于两江师范学堂，是江苏著名的画家，尤其喜欢绘画佛像，常往金陵刻经处听杨仁山居士讲学，返家后即向吕澂复述，使吕澂对佛学产生了兴趣。1911年，杨仁山逝世，欧阳竟无继其业。吕澂常往返于刻经处，与欧阳竟无论佛。吕澂才思敏捷，深得欧阳竟无赏识。1914年，吕澂同邱晞明、姚伯年、徐钟峻师从欧阳竟无，算是南京支那内学院的第一批学生。一年后，吕澂又去日本留学，成绩优异，第二年因日本侵略中国，吕澂罢学回国，协助欧阳竟无筹

北京大学第一院红楼今貌

办支那内学院。他除了做行政工作外，还努力从事佛学研究，先后撰写了《声明略》《佛典泛论》《佛学研究法》，等等。

梁漱溟说，他进北大开讲印度哲学始于1917年，后来增讲佛家唯识之学，写出《唯识述义》第一、第二两小册子，因顾虑自己佛学基础不深，怕有妄谈之处，所以到支那内学院聘请这方面的权威吕澂。

此时吕澂已是欧阳竟无的得力助手，怎么愿意送出呢？梁漱溟无法，就改聘了熊十力，他想："十力在佛学院头尾学习三年，应该对唯识论方面的知识懂得较多，并且同自己有过接触，研佛兴趣很大，可能没有什么问题。"

蔡元培校长听到梁漱溟的回报后，立即拍板同意，聘请熊十力为北大特约讲师，对熊十力的任何情况都未察问，梁漱溟不知道这到底是蔡校长对自己的信任，还是对熊十力早有了解，倒是完成任务一身轻。

蔡元培对熊十力早有了解倒是真的。

前面已经讲过，早在1917年，蔡元培任北大校长，创办进德学会，得到了熊十力惠书赞助，由是两人即结文字之交。

1918年，熊十力集1916年以来的二十五则笔札为《熊子贞心书》，请蔡元培作序，自行印刷。

1920年，熊十力在天津南开学校任教职，蔡元培向熊寄赠了《中国文学史》。熊接书后，曾致函蔡元培讨论"以美术（育）代宗教"的问题。熊认为，美术、宗教当相辅而行，不能相代。此外，他还提出了三件有关学术界的事，请蔡元培注意引导。第一，认为今日优秀人才多从事于办杂志，以东鳞西爪之学说鼓舞青年，对于精深之学术不能澄思渺虑，作有系统的研究。长此不改，将永远有绝学之忧。建议留学诸君刻苦自励，不求近效，翻译、专研西洋学术，如西方哲学史等，对西学有了精深而有条理的研究，我国学术才有发达之望。第二，对欧化主义提出批评。熊指出："今日稍有知识者，皆知吾国之痼疾，非输以欧化不足以医治，然诚欲输入欧化也，则必取法于隋唐古德。"熊十力认为，印度佛教哲学传入中国后，有魏晋玄学、僧肇四论，特别是玄奘、窥基、智凯、宗密等隋唐佛学翻译家和研究家的融通之业，"使佛学成为中国之佛学"，并启导宋明儒，遂使吾旧有学术、孔门儒学大放光明。他说："吾国治西学者，从未有独往之精神"，"每以中西强相比附"。十力评论胡适之在《新青年》发表的《新思潮的意义》，指出："《新青年》《新潮》诸杂志，号为极端的新派，然犹不舍其整理旧学之事业。夫旧学诚宜整理，特非主张欧化者所宜从事耳。诸君何不上追隋唐古德之风乎？夫以吾国政治之纷扰，学校之废弛，人民受教育者至少，而诸君日日空谈'新'，空谈解放与改造，不务涵养深沉厚重之风，专心西学而广事译书（昔类师归自印度，总理译场，凡译经论一千三百三十余卷）。则欧化未得入而固有之文化已失，欲无绝命可得哉？此真所为栗栗危惧者也。"第三，关于"文学史"名称的意见（此处从略）。

熊十力这一封信是针对"五四"新文化运动的浮浅而发的，希冀学界对西方学术作有系统、有条理的精深研究，首先是翻译；在学风上力戒清谈，而应涵养深沉厚重之风。

蔡元培接信后，致函罗家伦："有熊君来信，请一阅，不知有可采入《新潮》者否？"罗之答书排印在熊之来书之后，开头说："子贞先生：尊书由于师交下已久，因事忙未及即复，歉甚。"罗家伦（字志希）

罗家伦

主要就美育与宗教之关系问题畅述己见,又逐一回答了熊所提出的三方面的问题。关于"欧化",罗说十二分佩服熊之大见,特别是批评牵强附会的意见。但同时指出,现在的学问是活学问,研究方法日新,而比较的方法十分重要,有了比较的眼光,我们读起旧书来反而有趣。罗说,一般老先生以我们谈新的人就不读中国书,是错误的;不知我们换了一副眼光,换了一套方法来读中国书,反而可以比他多找一点新东西来。我们很想东西洋文化接触之后,酝酿出一种新文化出来。这是我们大概的主张。罗信是1920年5月28日复的。最后一段说:"写到一半的时候,友人王君来说先生现在南开学校大学部担任国文教授,以潜精旧学的国文教授而有这样积极的思想,谨为南开前途贺!"这虽不难看出熊罗之间的分歧,但在主张全面系统引进西学方面,二者甚为相合,因此新派人物罗家伦亦惊讶熊十力有如此积极的思想。

上述情况说明,蔡元培对熊十力的了解非一般之了解也,熊、蔡之间的情谊也非一般之情谊也。因为如此,所以蔡对接纳熊十力来北大顶替梁漱溟讲授唯识论,是十分之高兴的。

熊十力从1922年到北大至1954年定居上海,共为三十二年,其中除抗战时期寓蜀八年,外地讲学二年外,约有二十二年在北大,是北大最有影响、最有威望、人们谈论最多的传奇人物之一。

熊十力从进北大开讲的那一天起，就不断传出故事。

他反对"师生蚁聚一堂"，而采取师生朝夕相处、自由随和的书院式教学，力主道德与学问并重，生活与学习一致。

蔡元培校长在1916年底出任北大校长时就曾提出："循思想自由原则，取兼容并包主义"，囊括大典，网罗众家，允许和鼓励不同学派发展。熊十力有此教学方式的改革，他自然同意。

一天，上课的铃声响了，全校各系的同学都夹着书本，奔向自己的教室，只有哲学系的同学聚集在熊老师居住的地方。熊十力站在堂屋的中间，只见他身体清瘦，而头额圆大，目有精光，常放异彩，一身布衣袜屦，乍见有若乡愚。他见同学们都走进屋来，便操着黄冈方音，叫大家坐在已经摆好的椅子上。

开始，对北大同学讲授的是他在南京支那内学院起草的《唯识学概论》，共分二部：部甲境论，部乙量论；境论又分识相、识性二篇。这个讲义基本上依据佛家本文而写。他讲时，不看讲义，不窥书本，理论滔滔，洋洋洒洒，精力十足，声如洪钟，立论准确，依据充分，引经据典，无懈可击。他讲课站着讲，从不坐着讲，喜欢在听讲者面前指指点点，讲到高兴处，或者认为重要的地方，他随手在听讲者的头上或肩上拍一巴掌，然后哈哈大笑。有一次，张东荪在他面前，也成了学生，一巴掌拍在张的肩上，张东荪不得不眨眨眼，逡巡后退，以避其锋芒。后来，有的学生怕熊先生棒喝，找一个离老师远的地方坐下。

熊十力对学生的授课时间从不耽误、从不减少。他讲得得意时，可以一连二三小时、四五小时，不知疲倦，因为他讲得太好了，学生们像听故事一样，也不觉疲倦。

有一段时间，十力住在北京沙滩银闸胡同六号，前来拜访的人特别多，有名学者，有北大、燕大教授，也有南京政府高级官员和湖北党政要人。经常来的主要有张申府兄弟、方觉慧、张尔田兄弟等。罗常培、罗庸、郑奠、郑天挺等对熊执弟子礼，毕恭毕敬。他们知道十力爱吃鸡，时常带上炖好的全鸡，亲自送来。

因为白天的来人，影响了一定的授课时间，熊十力决不马虎，一定找时间补起来。所以，有时他在晚上给学生授课。说来也很有趣，熊十力在晚上授课时，总不开灯，学生坐黑处听，他坐在床上或站在走廊上讲。一讲二三小时，他不觉累，而且水也不喝一口。

时间长一些以后，吸引了不少学校的老师、领导和其他系的同学，都常打听他讲课的消息，摸准了讲佛学的时间，来听的人越来越多。

有一次，他在住所讲唯识论的时候，胡适探头探脑，"偷听"十力讲课内容。而十力对胡适的为人素有不好的看法，当他讲得正高兴时，发觉胡适那副样子，顿时大发脾气，连声怒斥胡适："滚，滚！"胡适不敢顶撞，非常尴尬地离开了。顿时教室内外听众相互耳语，对十力更加肃然起敬，对胡适报之一笑。胡适走后，十力继续大讲起来。

熊十力与学生们在一起，非常和谐，非常融洽，有问有答，教学相长。学生们对他的精辟论点，随听随记，饱受教益。后来印行的《十力语要》，就是学生们笔录的精华。它是熊十力个人的智慧结晶，也是师生共同智慧的结晶，是中华民族的宝贵精神财富。

熊十力有一个天才的脑袋，又是一个极为勤奋的读书人典型，他无今无古，博览群书，牢记不灭。他的同乡汤用彤说，熊十力尽管未留洋，但他对西洋哲学也很理解，经常捧读西方译著。别看他不通西文，但对西方哲学的理解，比一般留学生还强百倍。"熊先生不是封闭型的学者，他也读马克思主义的书。燕大明和我读《资本论》，读唯物主义，熊先生就让我们讲给他听。有一次，我看见他用心地圈点布哈林著、彭述之译的《唯物史观》。"

因为如此，熊十力讲课讲话，嬉笑怒骂，富于哲理，皆成文章，学生非常折服，极受启迪。所以，许多学生跟随他时，总是认真倾听，随时笔录，最后辑编成册。如1935年北京出版社出版的《十力论学语辑略》，就是由学生谢石麟（现为福建师范大学教授）与云颂天录存十力笔札编成的。这本书现编入《十力语要》卷一。谢石麟记得有两则是先生写给他的。"有一则比较中西哲学，指出：'哲学上的宇宙论、人生论、知识论，在西洋界虽如此区分，而在中国哲学，似不合斠画太死。吾心之本体，即是天地万物之本体。宇宙、人生宁可析为二片以求之耶？致知之极，以反求默识为归，斯与西洋知识论又不可同年而语矣。总之，中土哲人，其操术皆善反，其证解极圆融；西洋则难免庄子所谓小知间间，不睹天地之纯全。然西洋所以发展科学，其长亦在此。'这可以说是熊先生哲学的根本观点。另一则论读书，极有见地。他说：'任读何书，随在有足供吾之触类而融通者。若无规模，无计划，而茫然读古人书，读一书而死守一书之文义，读两书即死守两书之文义，是谓书蠹，何关学问？'同时，他指出，读书除了有主观方面之采获外，还应有客观方面之探求；即不以主蔽客，'方见吾与彼之异及吾与彼、并其他诸家之异。益证理道无穷，宇宙无量，而免入混乱或管窥之诮矣'。这可以反映熊师之博通气象。"

又如在1930年付梓的《尊闻录》，就是熊十力的及门弟子高赞非辑录刊行的。

高赞非亲聆十力教诲四五年（1924—1928年），坚持每天写日记，当天先生谈话的重要内容和精辟论点，当天与人的笔札，高赞非都及时地记录在日记，并予整理，交师审定。高赞非在这个时间内，共记有十多万字。本来这是一个个人进学历程的成绩，并没有广为流传的意思。可是自1926年以后，熊十力的身体起了变化，"脑病忽发，背脊且虚，心情焦苦殊甚"，亲近的朋友和学生都"深以先生未及著述为惧"。于是高和张立民就积极向先生建议，定将此书付印，以传后世，结果得到了先生的同意；亦根据先生的意见，由跟先生年事较长的张立民（湖北孝感人）对斯录"加以抉择"。经过张立民大刀阔斧的删节（把全部谈论时事及大半学问的材料概行删去），共保留九十九段谈话和三十通函札，约五万言，这都属于"高深学理之谈话"。经过高赞非定稿并作序，于1930年10月自行印行一百五十册，分赠蔡元培、梁漱溟及其他亲朋好友和学生。

《尊闻录》这本书，保存了熊十力思想本源形态，特别是有关《新唯识论》运思趋向的第一手资料，至为珍贵。而熊十力研究的专家郭齐勇教授提醒读者说，"全书可注意者有如下数端"：

第一，打破轮回说，批评佛学的非人生倾向，确立儒家的人本主义是大中至正的，肯定人生的价值和现世生活的意义。

第二，打破"生界为交遍""众生多源"说，强调"物我同体"，反对"另建一个公共大源叫做宇宙实体，我与一切人由之分赋出生"。作者申言："吾学贵先见体"，反对以唯科学主义的知性立场去推度、构造或肢解实体，强调做鞭辟近里切己工夫。不难看出，熊氏此时开始了本体论的重建。此体乃人的生命存在之本体，自身的主宰和安身立命之道。

第三，衡论中国文化史、学术思想史，新意迭出。在学术思想渊源上，强调自己的思想界从印度佛学出，但根底仍在大易，旁及柱下、漆园，下及宋明巨子，皆有所摄，决不偏枯狭隘。

第四，在学术思想的创发性上，强调"自得""体悟"，"我即是我"，决不依傍门户，对各家各派均有所取，亦有所破。如既肯定宋明巨子心性之学和性理之学，又批判他们"主静""绝欲"，缺乏"活力""活气"。诚如张立民《序》所说，熊氏思想："规模宏阔，神解卓特。不轻于信，不轻于疑；不蔽于先人，不摇于外来；不依于天，不依于地；不依于古，不依于今，入乎佛而出乎佛，同情乎儒而未专乎儒，卓然独得，寂然孤往。"

第五，充分反映了作者"求真""嫉俗"的人格特征，甘贫贱，忍淡泊，掉背孤行，独立不苟，堂堂巍巍地做一个人。作者与世俗浮浅习气决绝，鄙弃随波逐流、追慕声誉、震慑于权威的奴才性格。

总之，在《遵闻录》中，一个人本主义的、道德形上学的《新唯识论》体，简直要呼之欲出了。

读书要抓住"牛鼻子"。郭教授从那几万字的一本书，抓出这几个需注意的问题，非常准确，非常重要，它对读者掌握该书的主要内容和精神实质极有好处，也为了解熊十力的重要著作《新唯识论》奠定了基础。

熊十力在北大执教期间以其独行孤往、精专学业、永不满足现状的精神，不断使自己孕育出学术的新成果，也影响着北大一代学人的学风。

熊十力在北大讲授法相唯识学，原是在南京支那内学院起草的

《唯识学概论》稿本，基本依据佛家本义，遵从世宗、护法以及玄奘、窥基的脉络。所不同的是，他对佛学始终没有佛教徒式的信仰，而主要是一种理论上的兴趣，即使如此，他对佛学的理解，还是大有过人之处，或者说是有独到之处，因而受到佛学院师友的赞誉。不过，由于他当年曾深好船山易学，讲唯识学时又频频以《周易》为之会通，这样，对《易》的钻研又反过来动摇了他对唯识理论的信赖。所以就在《唯识学概论》印行不久，他又"忽感疑旧学，于所宗信，极不自安，乃举前稿尽毁之，而《新论》始草创焉"。

1924年，他为自己更名"十力"，表明他对自己创新说的自信。

1926年，他研究佛学的逻辑著作《因明大疏删注》与《唯识学概论》同时印行。这表明他已经离开了以世亲、护法到中国的玄奘乃至欧阳竟无的唯识学立场，而以儒家的《周易》来为其新说立基了。

这一年，是熊十力最劳累的一年。因为理论的创造不可能一蹴而就，尤其是以逻辑严密著称，经过一千多年发展的唯识学体系，要以批判改造的笔触在很短的时间内另出新说就更非易事。但熊十力苦苦钻研，从不松懈，结果体力不支，患了神经衰弱、遗精和胃下垂，几乎不能工作了。故于1927年到南方疗养，先住在中央大学，后移居杭州西湖。

在病中，熊十力仍未停止运思。在杭州，还获得佛学家马一浮的帮助，《新唯识论》(文言文本)经过1929年到1932年三年时间的修改才宣告完成，于1932年10月由浙江省图书馆出版社出版发行。

《新唯识论》出版，学术界给了很高的评价。时任北京大学校长蔡元培在为《新唯识论》所作的序言中，首先概括了自佛法东传以来，中国人的两种典型态度，其一即"对于经论，一字一句皆视为神圣不可侵犯，其有相互矛盾之点，则以五时说教方便法门等调剂之而已"。其二则要么"并不读佛教之书，而以佛教徒之无人伦无恒业为诟病，以焚其书，人其人、庐其居为对待方法"；要么"读佛家之书而好之，……而又以涉佛为讳"。显然，前一种是典型的教条主义，而后者则是一种明辟暗取的阳儒阴释态度。具体到当时，蔡元培指出："现今学者，对于佛教经论之工作，则又有两种新趋势：其一，北平钢和

以喻摧因墮對
勝論反自宗言
師有所規正。語
其暨籍則在
五分形式雖
更实质亦乘
善異也。

異法者若於是處說所立無、因遍非有、解異有三初總題次別指三釋成此初也處謂處所除宗已外有無法處謂若無體法但說無前所立之宗、前能立因亦遍非有即名異品理門頌云宗無因不有是名異法

相可
似證
聲之
由常
斯生
膽必
決滅
其其
於故
瓶應
定偏
觀
宗
外
於
餘
處

熊十力對《唯識學概論》的修改

泰、陈寅恪诸氏，求及藏文、梵文或加俐文之佛经，以与中土各译本相对校，胪举异同，说明其故，他日整理内典之业，必由此发轫；然今日所着手者，尚属初步工夫，于微言大义，尚未发生问题也。其二，欧阳竟无先生之内学院，专以提倡相宗为主，相宗者，由论理学心理学以求最后之结论，与欧洲中古时代之经院哲学相类似；内学院诸君，尚在整理阐扬之期，未敢参批评态度也。当此之时，完全脱离宗教家窠臼，而以哲学家之立场提出见解者，实为熊十力先生之《新唯识论》。这就是说，熊十力对佛教的态度，既不同于古代宗教家的教条主义，也不同于理学家的阳辟阴取的态度；其研究方法也既不同于没有发挥微言大义的考据式研究，也不同于未敢参批评的经院式研究，而是真正从哲学的角度有承有弃、有破有立的研究。"蔡元培这一溯古及今式的概括，充分肯定了熊十力《新唯识论》在思想史上的地位。

接着，蔡元培又总结了《新唯识论》的基本观点，即"以本体论为中心，而又认为本体与现象决不能分作两截，当为一而二、二而一之观照，《易》之兼变易与不易二义也。庄子之《齐物论》也，华严之一多相容，三世一时也，皆不能以超现象之本体说明之，于是立转变不息之宇宙观，而拈出翕、辟二字，以写照相对与绝对之一致"。正是从这一思想出发，才有对唯识学中"各种可以否认之德目，亦多为增减数目，更定次序式的批评"，而其批评，又是"字字加以斟酌"的。

最后，蔡元培补充道："惜两千年来，为教界所限，未有以哲学家方法，分析推求，直言其所疑，而试为补正者。有之，则自熊十力先生之《新唯识论》始。"显然，这是对熊十力《新唯识论》地位的再次肯定。

蔡元培的序言高屋建瓴，光照千秋。

而作为友人的马一浮，也为该书作了序言，他讲得比较具体一些。

但正如丁为祥教授所指出的："由于熊十力曾从学于南京内学院，而其《新唯识论》又本儒家大易以改造、批判唯识学，这对内院以及整个佛教界来说，无疑是大逆不道的行为。所以《新唯识论》刚问世，内院就首发其端，展开了对它的批判，一时间佛教界各宗各派，也都加入了批判的行列。这就形成了以《新唯识论》为焦点的长达数十年儒佛论战公案。不过，从熊十力思想的发展来看，《新唯识论》的问世，既是其哲学体系形成的标志，也是他十余年来所付心血的阶段性的总结。"

熊十力在北大执教，还值得特别指出的是他以学之求新教弟子，反对孙卿的"师云亦云"的陈旧观念，而推尊孔子教学生"各言尔志"的做法。

他在这方面的"解放思想"，是从受业南京支那内学院以来所得到的深刻启示。他师从欧阳竟无，是他对欧阳竟无学术的钦佩，在学习中和学习后，一直对欧阳竟无非常尊敬；十力离内院时携竟无之次子欧阳东入北大，数月后，又送欧阳东到同济大学读书。同人们谈论起欧阳竟无来，都尽说好，尽说称赞的话。可是十年后，熊十力《新唯识论》出版，竟无对所谓的"新唯识"十分不满，亲自为内学院弟子刘衡如的《破唯识论》作序，批评熊十力"逞才智"，"惟非尧舜、薄汤武是事"。晚年，竟无竟不认十力为弟子，在临死之前，十力到江津看望他，被竟无命弟子赶出门。

在北大工作时，十力常为此事揣摩，有几天竟长夜失眠，他想，他对竟无在任何方面俱无有失之处，只有在学术观点上不一致（任继愈说：我和熊先生相处三十年间，熊先生谈起欧阳先生，总是带着十分敬意，认为他是一代伟人，有造诣的学者，没有不满的言辞，只是在学术观点上不一致）。他觉得欧阳竟无这样认识，是心胸狭隘的表现，在学术面前，应该师生平等，共同追求真理，辨是与非，不能单靠老师，必须要有学生参加。一个脑袋不及多个脑袋，个人智慧不如集体智慧。有些书我没有读到，学生可能读到；有些问题我没有想到，学生可能想到。所以，他在教学中，公开明令学生如认为哪个问题讲得不对，可以当面提出来，或者用文字写出来给他看。当时有个学生叫吴林伯，后在武汉大学中文系当教授。他在 1985 年写的《忆十力师》中讲道："熊先生曾为我讲《道德经》，有的论点与我有分歧，但先生并不要我唯师是听，只教我退而三思，果为真是，就居之不疑。教学相长，是确不可拔的。"

福建师范大学的教授谢石麟，在《往事历历在眼前》文章中说：

"熊先生对我比较器重,他写书的时候也让我参加。我提出的意见,他往往采纳。熊先生把佛学融会贯通了,我建议他把佛学纳入近代哲学范畴之内,写成本体论、认识论。他也接纳了。""熊先生的伟大之处在于,他不像其他学者总要依经傍传。熊先生后来倾向儒家,我就对先生说:您在佛学方面创立新体系,在儒学方面也不要依经傍传,也要创体系。我建议他借用庄子的内圣外王,写内圣篇,外王篇。周易内圣,春秋外王。先生晚年著的《原儒》,就采纳了我的建议。""1935年左右,为谋生计,我到郑州一所中学教书,暑假则到北京,时熊先生在二道桥,我帮助熊师誊抄他著的《佛家名相通释》,零零星星地参加了一些意见,都受到了先生的重视。"

9. 养疴杭州

43岁的熊十力，因殚精竭虑修订《唯识学概论》，患了严重的神经衰弱及其他疾病，无法工作，于1927年立春后，就由学生张立民护送到南京中央大学休养，时汤锡予、李石岑等一批朋友亦在该校，颇不寂寞。

汤锡予（1893—1964年），号用彤，湖北黄梅人。出身书香门第，"幼承庭训，早览乙部"。1912年考进清华学堂，1917年毕业，次年留学美国，先后就读于汉姆林大学、哈佛大学研究院，攻读哲学及梵文、巴利文，1922年获哲学博士学位。回国后，在南京东南大学（南京大学前身）和南京中央大学任教。

汤用彤在佛学上奠定学术地位是他对佛学史的研究。"九一八"事变后，日本帝国主义对中国的野蛮侵略和残忍蹂躏，使众多的爱国知识分子极为愤慨。当时日本学者在佛教史方面的研究很有成绩，国内有不少人追随日本学者。汤用彤认为这是妄自菲薄，决心以他在佛教史方面的深厚素养及其精通梵文的优势，担负起挽救祖国文化的历史

汤用彤

任务，愤然撰写《大林书评》。他以对该书的史料运用是否得当，考证是否严密，断句是否正确，以及是否注意佛教兴衰的社会历史背景等方面，对日本著名学者常盘大定、场本善隆、足六喜六、高井观海、矢吹庆辉的研究专著作了批评，一一指出他们的疏忽和错误，使日本学术界大为震惊。

由于以上原因，更加之是故乡人，熊十力和汤用彤很谈得来，对有些佛学问题，熊还虚心向汤请教，两人相互切磋，比较默契。

但熊十力由于病较重，再如此动脑，对养病极为不利。住上一个多月以后，情势更为不好，终于在朋友和学生们的规劝下，由张立民护送，移居杭州西湖。时间大约是阴历二月下旬。

熊十力这次来住的地方是西湖法相寺。

它位于南高峰，俗称长耳相。后唐时，有僧法真和尚自天召国请来游钱塘，吴越王待以宾礼，延居寺中直至圆寂。法真有异相，耳长九寸，上过于顶，下可结颐，号长耳和尚。宋乾祐四年正月初六日，无疾，坐方丈，集徒众，沐浴，趺跏而逝。弟子们漆其身，供佛龛，谓是定光佛后身。妇女祈求子嗣者，悬幡设供无虚日，以此法相名著一时。

此时，刚刚辞去二十一师师长的北伐名将严重亦在法相寺。严重，

杭州法相寺

号立三，亦号劭园，麻城人。1916年入保定陆军军官学校，与邓演达、叶挺等志趣相投。1924年，严重先后任黄埔陆军军官学校战术教官、总队长、训练处处长、训练部主任。1926年，国民革命军北伐，严重任二十一师师长。其师誉为"模范师"。12月，他率部进击福建，后入浙江，同年进入杭州。

宁汉分裂，严重与邓演达私交甚厚，亦受蒋介石的疑忌，被变相夺去师长职务。他心情十分抑郁，只身去杭州天竺寺为僧。

熊十力来法相寺养疴，一见如故，他们都对政治心灰意冷，只有在佛学上相论投机。

> 湖上春来似画图，乱峰围绕水平铺。
> 松排山面千重翠，月点波心一颗珠。
> 碧毯线头抽早稻，青罗裙带展新蒲。
> 未能抛得杭州去，一半勾留是此湖。

在一个春光明媚的早晨，张立民一个人站在天竺寺的门前，远眺西湖大好景色，不禁高声朗诵起白居易在杭州做刺史时写的这一首七律诗来。这诵声打动了十力。他没有来过西湖，于今是养病才来此，白居易如此赞美西湖，自己来西湖应该到处走一走、看一看啊！

他精神好像一下昂扬起来了，高声喊道："立民，你念什么诗啊？"

"我念白居易做刺史时写的诗。"张立民答。"熊师，你来西湖就甘在寺里蛰居吗？养病，先要养心，到大自然里面去，你的病一定会很快地好起来的。"

"是是是，明天我们去欣赏西湖的风景名胜去，要把严先生邀出来！"十力吩咐着。

严重来西湖也不久，因心情不好，他就蛰居在寺里。见老乡相邀，他爽快地答应了。

第二天上午，张立民给每个人雇一乘轿。熊十力根据张立民介绍的几条线路，决定游湖中区，这里有断桥、白堤、平湖秋月、文澜阁、三潭印月、湖心亭、苏堤，等等。严重说："听熊先生的，我没意见。"

张立民说："我曾在西湖游过两次，景点情况我比较熟悉，就由我来当导游吧。"

杭州西湖，断桥残雪

第一站是断桥，张立民引着他们边走边看边说：这是白堤的起点"断桥残雪"，是"西湖十景"之一。断桥的名字最早起于唐代，诗人张祜游西湖时写了《题杭州孤山寺》的五言律一首，说："楼台耸碧岑，一径入湖心。不雨山长润，无云水自阴。断桥荒藓涩，空院落花深。犹忆西窗夜，钟声在此林。"从"段桥荒藓涩"句来看，当时这座桥非常古老，行人也不多，所以有苔藓斑斑之痕。冬天站在桥上赏雪，特别有趣：远山近水，银装素裹。如果飞雪骤停，红日初照时，桥的阳面冰雪消融，阳光暖人，阴面仍是铺琼砌玉，洁白晶莹。这时，从远处眺望，真是"断桥不断"。这就是断桥残雪的意境。

十力说："我国民间故事《白蛇传》，白娘娘和许仙不是在这里相会吗？"

张立民说："熊师说得是。"

一会儿，来到白堤。走下轿来，严重问张立民："立民，你考证没有？这里叫做白堤，人们以为是白居易在杭州做刺史时修的，其实，在白居易来杭州之前就有白堤了。"

张立民说："是，早在白居易来这里做官之前就已经修筑了，但不叫白堤，是叫白沙堤。"

熊十力接着说："白居易在杭州做刺史是唐穆宗长庆二年（822年）至长庆四年（824年），可是白居易在这里做官，游览白堤写的一首诗说：'孤山寺北贾亭西，水面初平云脚低。几处早莺争暖树，谁家新燕啄春泥？乱花渐欲迷人眼，浅草才能没马蹄。最爱湖东行不足，绿杨阴里白沙堤。'既然白沙堤此时已是风光旖旎著称，自然就不是新筑堤防的面貌。"

严重和立民都点头同意。

熊十力急于要去文澜阁，三人上轿就走。文澜阁在孤山南麓。孤山在杭州西湖的里湖与外湖之间，又因多梅花，一名梅屿，地广约20公顷，这里是风景胜地。

一到文澜阁，张立民想要找一个行家来向熊师和严师长作介绍。经过说明情况后，请来一位姓杜的馆员。他在这里工作了近30年，对这里的藏书十分熟悉。

文澜阁今貌

文澜阁在浙江省博物馆内，是我国珍藏《四库全书》的七大书阁之一。这七大阁是：北京宫内文渊阁，盛京（沈阳）宫内文溯阁，圆明园内文源阁，热河避暑山庄内文津阁，以上为内庭四阁即北四阁；扬州文汇阁，镇江文宗阁，杭州文澜阁，以上为南三阁。

《四库全书》是我国古代最大最重要的一部丛书，卷帙浩繁，情况复杂。由于七部全书抄成的时间不一（在乾隆四十六年二月至五十二年六月先后抄成），抄成后因检查所谓"违碍"书籍，期间撤毁、抽毁、补入等情况复杂，加上当时办理工作的疏忽，各阁入藏存在程度不同的缺书缺卷等情况，所以各阁藏数不完全一致。

文津阁本：文津阁本完成后，乾隆四十九年（1784年）十一月二十六日"上谕"宣称："现在四库馆全书四分告竣，该馆书籍每分三万六千册。"1920年清点文津本，计经、史、子、集四部共103架，6144函，36257册，2290916页。

文溯阁本：《钦定盛京通志》卷20"宫殿"，记文溯阁云："内贮四库全书共103架，6144函，36000册；又经、史、子、集四部各有总目5函30册，考证3函，18册。"

文澜阁本：据嘉庆六年（1801年）《重修两浙盐法志》卷2《文澜

阁图说》载：原藏共6191函，35990册，另有总目和考证40匣，227册。1861年太平军攻克杭州时，文澜阁书有所散失。以后多次收集旧本和补抄，至1926年补抄结束，文澜阁本总数达3459种，36278册。

文渊阁本：1917年查点，发现缺9种23卷，即依文津阁本抄补。

熊十力、严重听后都饶有兴趣，希望能实地看看。

杜馆员首先领他们到文澜阁的外观进行了观瞻，它的建筑形状是仿效浙江宁波范钦（明嘉靖进士，官至兵部左侍郎）的著名藏书楼——天一阁，两层，每层六间。他们往内走去，见两侧一间的宽度只有其他各间的一半，并不用作藏书而是安排楼梯的地方。表面看来，这半间房似乎有些多余，其实这种故意凑成六间的格局是有讲究的。因为宁波的天一阁是按照《周易》中"天一生水，地六成之"的说法建造的，其目的就是借这种观念"以水克火"，避免藏书楼失火而使珍贵的书籍受到损失。

三个人边走边听杜馆员的讲解。熊十力看得特别仔细。文澜阁外观为两层，内面为三层，其中第二层是在五大间的北侧和东、西两阁加构的"凹"形的"仙楼"，这样既扩大了一层中前部的高度空间，又增加了摆放书架的面积，并与两层的外观相适应，设计得十分精妙。阁内书架都是专门制造的，上面刻有"四库全书某部""第某架"，按次序排列在各层。下层放四库全书经部，中层放史部，顶层放子部和集部。下层放《四库全书》总目、考证、简明目录、分架图等辅助类书籍，以便于查找和阅读。

文澜阁内所藏《四库全书》，不仅内容丰富，也是难得的文物和艺术品，抄书所用的都是洁白柔韧的特制开化榜纸，印有红色的框界和栏格，墨书字体工整娟秀、一丝不苟。首末页盖有"文澜阁宝""乾隆御览之宝"墨印。书册为仿古的软包背装，封面绢质，经部绿色，史部红色，子部青色，集部灰色，以便区别。每函外又盛以特别的楠木书匣，既考究又便于保管。对于一部数万册的书，能达到如此精美的程度，熊十力非常感慨地说："太好了，太好了！不枉此行矣！"

张立民想到熊师身体不好，就跟严师长商量，参观就此打住，到附近餐馆吃饭，然后回家休息，严、熊都表示同意。

梁漱溟、王平叔、黄艮庸、朱谦之（从左至右）合影

张立民说："西湖胜景太多了，待以后再安排时间游。由我安排，只要你们同意就行了。"

大家都说行。

下午归来，虽然比较累，但熊十力心情很愉快，病好像也好多了。躺在床上，马上就睡熟，不失眠了。

熊十力到杭州，原是为养病来的，出去转一转，并不能解决根本问题。过几天后，旧病复发。张立民去请来了中、西医，诊断以后，说："这要慢慢来。"西医给开了针剂，中医给开了中草药。西医院的护士不愿意天天上门打针，于是张立民就同医院领导商量，向护士学习两天，以后就由张立民来打，因为是肌肉注射，比较容易。中医开的是中草药，张立民就天天为熊师煎制。立民对熊师照顾备至，每天都按时按量地给熊师送药，并视喝完为止。

5月，梁漱溟由王平叔、黄艮庸陪同，取道上海赴广州。梁在上海会见了陈铭枢，陈特意陪梁到杭州西湖南高峰上看了熊十力，大家相聚了数日，熊十力与严重、张难先、梁漱溟、陈铭枢等聚会畅谈，叹息人才凋零。

熊十力在此虽然天天打针，天天吃药，但几种主要疾病未见大的好转。此时还加了一种咳嗽，每天半夜常大咳不止，简直急得张立民坐立不安。

一天，张立民到法相寺附近的一个小村庄访问几个老农，有一位农民说："我原来也有这个咳嗽的毛病，就是半夜咳得很，你说的情况同我那时有点相似。当时有个医生告许我一个办法：每天晚上用两个雪梨，去皮去核，和着适量冰糖，放在砂锅里慢慢地熬，梨子熬熟后，等病人睡熟把他叫醒，令其吃梨喝汁。我只弄了三晚，咳嗽就好了。"张立民回来如法炮制，搞了四五个晚上，十力咳嗽真的好了。两人都非常高兴。

但神经衰弱等还未解决，十力很焦急。

一天，他跟张立民说："我在这里长久地待下去，无异于坐牢。立民，那天我们看到文澜阁的《四库全书》，你想办法给我借一借，经、史、子、集四大部类，你先给我借经部的书来，看完一部分还一部分，让我有事干，就好办。"

张立民去试了试后，馆方口气很死，无法解决，后来还是通过严重找当地政要才得解决。

熊十力如饥似渴地翻阅，尽管他病得严重，但他总不愿废学。大约在1928年的秋季开始，两年多时间，《四库全书》文澜阁本35990册，全部一过，而且记得较牢。

就在1928年的一天，蔡元培校长来看熊十力，十力心里非常激动。

他和蔡元培的缘分简直令人意想不到。从内心深处体会到蔡元培是他的大恩人。从蔡元培来说，不拘一格，发现人才，重用人才，真正是具备胸怀广阔、慧眼识珠、国家至上的难得时代英杰；从熊十力来说，没有蔡元培的知遇之恩和关怀备至，他也不可能成为一个著名的哲学家。

就比如他在这里养病，生活上还尽承蔡元培关照，教育部让北大每月发给熊十力工薪二百元，才使他生活无虞、治病无虑。

此次蔡元培来看他，真使他心潮澎湃，激动不已。两人坐在一起，便谈起复兴传统文化、培养国家栋梁，以振兴中华的问题。熊十力以十分恳切的态度，要求蔡校长在养材方面殚精竭虑，并创办一个哲学

1930年中秋前于杭州西湖广化寺

研究所。这是熊氏第一次提出来的要求。正如张立民所说:"熊师和蔡元培校长谈论,只有国事,没有家事,只有公事,没有私事。"诚哉斯言!

也可能是因为药物的治疗,也可能是因蔡元培来浙的精神鼓舞,蔡元培离开西湖后,熊十力的病情有所缓解。同年8月,他应南京中央大学汤用彤的邀请去讲学。当时唐君毅是哲学系的学生,开始与熊师交往,尔后成为熊十力最有名的学生之一。

病根未除,健康仍难持久。1929年,熊十力的老病又死灰复燃了。

此时,熊十力想换个地方改善一下环境。恰巧连襟王梦荪来函邀请,于是他从西湖转入武昌黄鹤楼下宋子巷居住,张立民继续陪侍。一天,辛亥革命老友、时任浙江省主席的张难先寄来十元钱,说是给他买肉吃,聊表惦挂之心。十力为之开怀大笑,对世侄何小龙说:"你岂能知道,这是千里送鹅毛,老友情深啊!"

十力怎么也闲不住,在张立民的精心护理下,他一面吃药,一面继续他的著述,倾其心力再次修订《唯识学概论》。

1930年元月17日,中央大学日刊登载汤用彤的讲演,汤郑重指

马一浮

出:"熊十力先生昔著《新唯识论》,初稿主众生从元,至最近四稿易为同源。"据说,整个内容较之1926年《唯识学概论》变更了十分之三四。卒见熊十力带病工作的成绩了。

同年,熊十力又回到杭州,住在浙江省图书馆馆长单朴庵处。他因为钦佩马一浮之学问,想通过单朴庵的介绍,往见马一浮。单认为马不易见,劝缓图之。

马一浮,又字一佛,晚号蠲叟,浙江绍兴长塘(今属上虞)人。1901年,曾与马君武、谢无量在上海合办《二十世纪翻译世界》杂志,介绍西方文学。1903年6月,赴美国主办留学生监督公署中文文牍,后又赴德国和西班牙学习外语。1904年东渡日本学习日文,回国后定居杭州。辛亥革命后,潜心研究学术,于古代哲学、文学、佛学,均造诣精深,又精于书法,合章草、汉隶于一体,自成一家。应蔡元培之邀赴北京大学任教,蒋介石许以官职,均不应命。

熊十力听说马一浮上述情况,更加思慕。于是他将自己在原唯识论讲义基础上形成的书稿作进一步的修订,并定名为《新唯识论》,他想:见不了这位传奇人物,我就把《新唯识论》书稿寄给他,并附函请教,看他反响如何。

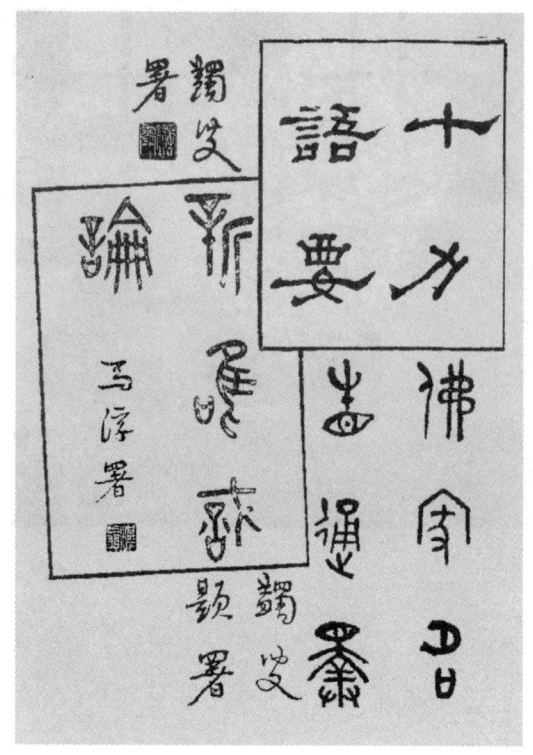

马一浮为熊十力著作题署书名

可是寄去以后，几个星期都没有信息，此时他等得有些急了。

一天，忽有客人来访。只见他个子不高，身着长衫，头圆额广，长须拂胸，自称要找熊十力先生。

熊十力不亢不卑，上前问道："先生何人？愿闻尊姓大名。"

"马一浮。"

熊十力大喜过望，他埋怨道："看我盼你好久啊！不知什么原因，信件竟石沉大海。"

马一浮说："你应该理解，你寄给我的不仅仅是一封信，还寄了大著，我未必看也不看，就向你退稿？"

"就是盼你看啊！"

"是呀！因为要看，就要花点时间，我在拜读以后，有点思想准备，才来见你哟。"

说后两人哈哈大笑。互相寒暄过后，就言归正传了。

熊十力除了听取马一浮对"新论"的意见外，还请马作序。后来，十力修订的《新唯识论》文言文本的末章《明心》部分，也吸收了马一浮的许多意见。特别是在心、性、天、命、理等宋明理学范畴的同一性疏解上，得到了马一浮的启发。

接着马一浮将为《新唯识论》写的序言送给了熊十力，兹录如下：

夫玄悟莫盛于知化，微言莫难于语变。穷变化之道者，其唯尽性之功乎。圣证所齐，极于一性。尽己则尽物，己外无物也；知性则知天，性外无天也。斯万物之本命，变化之大原，运乎无始，故不可息；周乎无方，故不可离。《易》曰："乾道变化，各正性命。"性与天道，岂有二哉？若乃理得于象先，固迥绝而无待；言穷于真际，实希夷而难名。然反身而诚，其道至尽，物与无妄，日用即真，暌而知其类，异而知其通，非天下之至精，其孰能与於此！惑者缠彼妄习，昧其秉彝，迷悟既乖，圣狂乃隔，是以诚伪殊感，而真俗异致。见天下之赜，而不知其不可恶也；见天下之动，而不知其不可乱也。遂使趣真者颠沛于观空，徇物者沦胥于有取。情计之蔀不袪，智照之明不作，哲人之忧也。惟有以见夫至赜而皆如，至动而贞夫一，故能资万物之始而不遗，冒天下之道而不过，浩浩焉与大化同流，而泊然为万象之主，斯谓尽物知天，如示诸掌矣。此吾友熊子十力之书所为作也。十力精察识，善名理，澄鉴冥会，语皆造微。早宗护法，搜玄唯识，已而误其乖真。精思十年，始出《境论》。将已昭宣本迹，统贯天人，囊括古今，平章华梵。其为书也，证智体之非外，故示之以《明宗》；辨识幻之从缘，故析之以《唯识》；抉大法之本始，故摄之以《转变》；显神用之不测，故寄之以《功能》；微器界之无实，故彰之以《成色》；审有情之能反，故约之以《明心》。其称名则杂而不越，其属辞则曲而能达，盖确有见于本体之流行，故一皆出自胸襟，沛然莫之能御。尔乃尽廓枝辞，独标悬解，破集聚名心之说，立翕辟成变之义，足使孙肇敛手而咨嗟，奘基挢舌而不下。拟诸往哲，其犹辅嗣之幽赞《易》道，龙树之弘阐中观。自吾所遇，世之谈者，未能或之先也。可谓深于知化，长于语变者矣！且见睍则雨雪自消，朝彻则生死可外，诚谛之言既敷，则依似之解旋折。其有志涉玄津，犹萦疑网，自名哲学，而未了诸法实相者，睹斯文之昭旷，亦可以悟索隐之徒勤，亟回机以就己。庶几戏论可释，自性可明矣。彼其充实不可以已，岂曰以善辩为名者哉？既谬许予为知言，因略发其义趣如此，以竢玄览之君子择焉。

马一浮

作为朋友的马一浮，对《新唯识论》的深刻思想和重大意义作了高度的评价。

自此以后，熊马往复通信，情真意挚。北大陈百年聘马为研究导师，马举熊代，二人终都未去，但相互尊重之情可以想见。

10. 复性书院与熊、马分手

熊十力和马一浮自1929年于杭州结识后，非常默契，自古是"文人相轻"，他俩却是"文人相亲"。1932年，熊十力的《新唯识论》付梓，马一浮为其作序言大加肯定。这一次马一浮要到四川乐山办复性书院，首先就把熊十力列为创议人，让十力作为自己的得力助手，熊十力也表现了浓厚的兴趣。

1937年"七七事变"后，东南半壁沦于日寇之手，杭州亦随之沦陷。马一浮不能再安于书斋禅舍，不得不于当年10月，带着他视为珍宝的藏书万卷避兵于安徽桐庐（今枞阳）。12月，又迁往浙江开化（邻接江西、安徽两省），日子过得非常艰苦，据学生们回忆说，他常常是吃上顿愁下顿。浙江大学校长、大气物理学家竺可桢，早就仰慕马一浮的学问，几次派人同马联系，延聘一浮为浙大讲席，均遭婉拒。后来，一方面，可能是被竺可桢的诚意所感动；一方面，也是为爱国热忱所驱使，马一浮随浙大先后在江西泰和、广西宜山讲授"六艺"之学。

关于开设这门课程的意义，他是这样说的："……在于使诸生于吾

竺可桢

国固有之学术得以明了认识,然后可以发扬天赋之知能,不受环境之陷溺,对自己完成人格,对国家社会乃可以担当大事了。"他引用宋代大哲学家张载的四句话"为天地立心,为生民立命,为往圣继绝学,为万世开太平"来教诸生立志,希望大家"竖起脊梁,猛著精采","养成刚大之资,乃可以济蹇难"。说明他一开始就把对学生的抗战爱国教育,贯穿于自己的讲授之中。

然而这种教育方式却不是马一浮所追求的,因此,他越教越烦,越教越觉得枯燥无味。他所追求的是古典书院式的教育方式,他认为,只有像宋明时代的古典式书院,有着优美宁静的山水、充足的供给和从容闲暇的环境,才能和宣讲儒家学术相一致。

为此,马一浮追求了二十余年,向有关人员宣传了二十余年。他还记得,那还是1912年蔡元培当教育总长的时候,他和蔡元培促膝谈心,就坦率地提出了这个设想,说:"设通儒院,以培国本,聚三十岁以下,初明经术小学,兼通先秦各派学术源流者一二百人,甄选宁缺毋滥,优给禀饩,供给中外书籍,延聘明师宿儒和外国学者若干人,分别指导。假以岁月,使于西洋文字精通一国,能为各种文辞,兼通希腊、拉丁文,庶几中土学者可与世界相见。国本初张,与民更始,一新耳目。十年、廿年之后,必有人才蔚然兴起,此非一国之本,亦世界文化沟通之先声也。"可蔡元培说"为时尚早",不了了之。

马一浮不信这个邪,同年,他自费考察了南洋群岛(今新加坡)。这里由闽人办的道南学堂,就是他所追求的古典书院,以兴儒为宗旨,搞因材施教,他非常赞赏。回国后,由于当时国内黜儒的氛围和学校废止经科，他一概谢绝来聘。

但一个名人热衷于办古典书院式教育的信息，通过其弟子辗转传到国民党最高当局。1939年，教育部长陈立夫奉蒋介石之命，请马一浮到四川讲学。他一方面感到这是一个机遇，机不可失；另一方面，又不能擅自改志，必须是办古典书院式的学校，才能就范。在同蒋介石和陈立夫接谈以后，他坦率地亮出了自己的条件：

一、书院不列入现行教育系统；二、除春秋祭奠先师外，不举行任何仪式；三、不参加任何政治活动。政府与学校始终以宾礼相待。并拨开办费三万元，月给经费三千元。

在常人看来，这些条件是难以使国民党当局答应的。孰料，蒋介石及陈立夫、孔祥熙、陈布雷等都表示赞同。

为什么他们会赞同呢？这是有背景的。"七七事变"后，蒋介石、孔祥熙等人认为：日寇之所以敢于长驱直入，就在"人心不古"，多有附逆。因此，痛感新式教育之偏，如果能够办一书院，读古圣贤之书，崇古圣贤之德，必能匡革时弊，补救人心。所以，在马一浮提出办古典书院式学校后，正好不谋而合，对所提条件，也都一一同意。

1939年1月底，马一浮奔赴四川。3月，书院董事会成立，正式聘请马一浮为主讲，总揽书院事宜。

接着，马一浮即向国民政府行政院报送《书院之名称旨趣及简要办法》，他写道：

书院，古唯以地名，如鹅湖、白鹿洞是也。近世始有以义名者，如诂经、尊经之类是也。今若取义，鄙意可名为复性书院。学术、人心所以纷歧，皆由溺于所习而失之，复其性则然矣。复则无妄，无妄即诚也。又尧舜性之，所谓元亨，诚之通。汤武反之，所谓利贞，诚之复。自诚明，谓之性。自明诚，谓之教。教之为道，在复其性而已矣。今所以为教者，皆囿之于习而不知有性，故今揭明复性之义，以为宗趣。

马一浮确立以"复性"为其教育宗旨，与他对所处时代的理解息息相关。他所处的时代是我国饱受外敌侵扰，政府腐败无能，内部社会动荡，人心堕落的时代。与春秋时代的孔子一样，面临着"礼崩乐坏"的局面。在这种情况下，马一浮认为要挽救儒家道德和人心，挽救国家，作为儒生只有通过研究儒术，讲述和弘扬儒术去达到。

他认为现代教育由于受西方的影响，有着一个根本缺陷，这就是使学术成为获利的工具，它使人沉溺于世俗社会和现象世界，导致人性的堕落。马一浮提出以"复性"为宗旨，因为他笃信孟子的人性本善，生来就具有恻隐、辟让、羞耻、是非之心。人之所以有善有恶，都为习所凿。复其性则同然矣。所以他在心性问题上，又十分重视义理之性与气质之性的区别。他认为："义理之性，无有不善。气质之性，有善有恶。善者为义理之显现，不善者为义理之障蔽。然义理之性，虽有隐现，并无增减。"

马一浮还对如何恢复义理之性，作了一个形象的比喻。他说："义理之性，有如泉水。当其发于山谷，本自清明，迨后流入田野，则渗入许多泥沙，遂成混浊了。如下一番功夫，将泥沙滤净，则水清明，还是原来的水。学者用力，要在去蔽复初，古人所谓变化气质是也。"

马一浮从"复性"这一教育宗旨出发，规定书院不授学生以资格。认为这样，可以避免书院沦为"取得资格之途耳"。

马一浮还明确规定：复性书院是社会性学术团体，筹委会、董事会、基金保管委员会均由赞成书院宗旨的社会贤达和知名人士组成，如陈布雷、屈映光、梁漱溟、谢无量、赵熙、熊十力、寿毅成、沈尹默、贺昌群、梅迪生、沈敬仲等。

1939年6月，马一浮一行即由重庆前往乐山考察选址。

古时君王礼贤下士，用高车驷马迎接，为使车子行驶平稳，还用蒲草包裹轮子，称为"安车蒲轮"。这次，马一浮去乐山也十分风光，当局特给他们安排大汽车迎接，当地组织民众夹道欢迎。

到达乐山的这一天，晴空万里，虽然已进入夏天，但天气还不算太炎热。一行人在乐山有关官员的陪同下进行校址勘定。马一浮一眼看中了乌龙山中的乌龙寺。乌龙山古称青衣山，位于川西南的岷江、

乌龙寺今貌

大渡河（古称沫水）、青衣江三江汇合处，与古城乐山隔江相望。据《史记》《汉书》记载，乌龙山原与凌云山相连，秦蜀郡太守李冰治理沫水，开凿江道，使凌云山与乌龙山分开，于是乌龙山便成为孤岛，也称之为青衣别岛。乌龙寺坐落在乌龙山顶，为唐代高僧惠净法师所建。

与马一浮同来乐山的有叶圣陶、贺昌群等人。他们一同首先参观考察了乌龙山。叶圣陶是著名的作家，目睹这山明水秀，风景宜人，宁静而不寂寞，是一个天然的读书地方、研究地方、著作地方，一下对此充满爱慕之感。他一拍马一浮的肩膀说："马兄（马一浮比叶圣陶大11岁），天助你也！像这样的好地方，哪里找得到啊！"贺昌群更凝视着四周，朗诵起清朝钱中枢的《嘉定州》五律诗来：

地势九峰合，人烟四望稠。
江流清见底，木叶翠无秋。
渔父獭为网，山家竹作楼。
亦知汉家守，真个胜封侯！

叶圣陶笑着说："马兄，钱中枢的这首诗切情切境，好像是为你来此写的。亦知施教地，真个胜封侯！"

乌龙寺尔雅台今貌

三人都同时会意地大笑起来。

对于这个峰丹岩翠、林木葱茏、三江汇流、碧波荡绿的风景宜人之地，马一浮满心高兴，认为这是天下难得的治学养性的好地方。

随即由陪同人员领入寺里。一进四幢、梁栋纵横、雕龙画凤。有天王殿、弥勒殿、如来殿、大雄殿，均系明、清建筑。大雄殿内释迦牟尼、文殊、普贤像系香樟木精雕细镂而成，全身镀金，高约3米。寺中有尔雅台，相传是汉代郭舍人注释《尔雅》的地方。郭舍人所注《尔雅》虽早已失传，但在晋人郭璞注释中可见。北宋诗人苏辙《初发嘉州》诗亦有"云有古郭生，此地苦笺注。区区辨虫鱼，尔雅细分缕"之语。后人因筑尔雅台，以为纪念。明袁子让知嘉州时，再修尔雅台，树碑作记。

马一浮看了尔雅台，更喜不自禁，诗性勃发，在尔雅台旁的旷怡亭赋诗一首：

> 流转知何世，江山尚此亭。
> 登临皆旷士，丧乱有遗经。
> 已识乾坤大，犹怜草木青。
> 长空送鸟印，留幻与人灵。

1948年春，马一浮（前排右四）与复性书院同人欢迎熊十力（前排右三）、叶左文（前排右五）先生于杭州西湖葛荫山庄复性书院庭院

叶圣陶、贺昌群都说此诗写得好，为其鼓掌。

马一浮对在此寺办学很有兴趣，他对每幢每间房子都仔仔细细地考察，发现空闲僧舍共有 25 间。马一浮想，目前资金困难，可暂借这些僧舍为师生住宿、生活之用，以旷怡亭为讲习之所。

参观完毕后，方丈请他们小憩。当方丈了解马一浮的姓名后大为吃惊，连忙比手，表示歉意说："阿弥陀佛，弟子失礼，请大师用茶。"随即命僧徒取墨恭请大师赐宝。马一浮略一沉思，即用小篆体为乌龙寺方丈室撰书了一副哲理颇深的楹联：

要使鱼龙知性命
不妨平地起波涛

马一浮在乌龙寺的选址确定以后，经过一阵张罗，首先成立了书院董事会。1939 年 3 月经董事会正式聘请马一浮为复性书院主讲，总

旷怡亭今貌

揽复性书院院事;"监院"负责具体事务,内部设办事、讲习、编纂三处。书院设主讲、讲友、都讲。被聘为讲座的有赵熙、谢无量、叶左文、梁漱溟、张真如、黄离明等。住院的讲座有熊十力,讲友有贺昌群、沈敬仲,通信讲友有龙松生,都讲有乌以风、张立民、刘公纯、王星贤等。

好事多磨。原简章规定于1939年8月1日开课,因故延误,到9月1日才正式开讲。那天,书院举行了简单而又隆重的仪式。马一浮斋庄盛服,立于乌龙寺旷怡亭的讲舍前正中,讲友、都讲及诸执事分立左右。学生在后依序而立。由引赞王静伯唱先行谒圣礼,师生向先师位北面三礼,焚香读祝复三礼。谒圣礼毕,次行相见礼。礼毕,主讲马一浮开示。

马一浮的开讲词为《开讲日示诸生》。他就抗战时期设立书院讲学之旨趣,阐明时势常变因应之理。他讲道,外敌侵扰、社会动荡、人心堕落,与春秋时代孔子面临"礼崩乐坏"的局面一样,要挽救儒家道德和人心,挽救国家,只有通过研究儒术,讲述和弘扬儒术才能达到目的。

此后,主讲每次开讲前,都要先写好讲稿,然后嘱人将尔雅台前的旷怡亭扫除干净,将鲜花一束置瓶内虔诚放置讲桌上。待学人齐集,由都讲捧讲稿,随侍左右,候主讲讲座定位,再将讲稿双手捧持,顶礼以献,后成通例。

书院教学以自由讲习与悉心体究为主，授课仅每周讲习一个上午，另外四个半天安排学生向主讲自由请教，请益者告诉典学，由典学具体安排敬谒请益时间，一般每半天安排3人。请益时由学生自由提问，主讲作引导式的回答。其余时间各人自习，写读书札记。札记每半月呈阅一次，由主讲阅批。每半年举行一次课试。

1940年1月公布第一次课试题，题目自拟，时间不限，篇幅不论，成绩不定，各言其志，以观其趣。当年6月20日公布第二次课试题也是开卷考试，规定"勿抄袭讲录中语"，要求学生在深入体究以后，用自己的话来回答问题。

袁心粲是马一浮最早收录的大弟子。从师马一浮时，他就带了一本自撰的《阳明学说浅释》前去求教，马一浮察其有矜意，故意不客气地说："你懂什么王阳明！"袁自然不服，当下辩论。马一浮博引旁征，从孔孟程朱至康德杜威，时而古文，时而洋文，时而举例，时而辨析，袁心粲从此心悦诚服，一心向学。

张德钧是复性书院的高才生。1941年秋，谢无量到书院向诸生开示，张德钧骄矜自负，想考考谢先生的学问，首先发问："什么是无明？"谢无量微笑未答，马一浮代谢先生答道："你这一问，便是无明。何不返躬自省！"张惭而失色。

王伯尹人聪颖，懂诗道。马一浮有意培养他入作者之林，经常为其改诗，直至病重前的最后一首《秋阴》。王伯尹去世后，马一浮甚为惋惜，曾作《哀王伯尹》诗一首以志怀念。他在诗前的小序中写道："病前曾以《秋阴》五言属为点定，余和以短律，不谓未及旬日，遂成绝笔。因作此以志吾哀，使死而有知，亦冀抒其悒郁耳。"

马一浮重视心志教育。书院开办后，一时找不到合适人员掌管事务，就派学生乌以风兼任。乌认为自己是为学义理而来，不大乐意接受这种琐碎之事。马一浮开导他："理是无形的，但不是空洞。理虽在事上见，不可离事求理，亦不可悖理以治事。高明离事求理，世俗悖理治事，把理事割裂开，同是错误。"乌以风茅塞顿开，高兴接任，乐此不疲。

学生们受马一浮及诸讲数年教育，对六经义理之学，有较深的理

1942年,四川复性书院留影,中坐持拐杖者为马一浮

解,不少人在通治群经的基础上,专治一经,写出高水平的著作。书院刻印有学生论文专集,名《吹万集》。

复性书院虽然办得较有成绩,基本实现了马一浮的夙愿。但在前进的路上,总使他感到荆棘丛生、步履艰难。

一是受惠于人,亦受制于人。在办学的过程中,马一浮深深地体验到当局批准他办复性书院,绝不是让他自由讲学,远离政治,而是冀望"天下英雄尽入吾彀中"。

不是吗?就在马一浮的案头,他向国民政府行政院呈上的《书院之名称旨趣及简要办法》同政府领导接见时他提出的三个先决条件,都似乎像昨天的事情,但在实行中几乎一个一个的都不能令人满意,都行进得很不顺畅。

比如复性书院是官办私办的问题,这早已心照不宣,可是政府总在干预控制:基金保管委员会,他们要由教育部委派,董事长要由行政院委派;还提出开讲式要请国民政府主席林森光临;后来甚至要马一浮为孔祥熙、何应钦写寿辞……这无异于给马一浮套上鞍辔成为"御用文人"。对讲学内容的掌握则更加严厉,蒋介石侍从室和蓝衣社直接派人以院外参学人员名义到书院听讲。

这一切,使马一浮觉得已经身陷窘境了。不由心情烦躁,愤愤不平，于是他拿起笔来给副董事长刘百闵写了一封信，说："前日得教部电，似以隶属学校视之……若此，是无异于驱之使去也。"

一天，马一浮凭栏远眺，见一翠鸟掠过江面，意志悠闲，翠鸟虽小，但天性快乐。及物伤情，他写了《翠鸟》一诗，云：

> 王母云裈下汉畿，侏儒常饱朔常饥。
> 江湖满地流离泪，草木空山散垢衣。
> 石有能言惊物变，鸟来集会月人稀。
> 独怜翠鸟烟波外，犹向晴空立钓矶。

写鸟无异于自怜。马一浮自己身心疲惫，朋友相继离散，最难过的是熊十力抽身远去。

熊十力与马一浮由相契到分手，我们从熊马二人的若干往来信函，以及他们向别的朋友写的信中可以看出，他们的分歧主要在办学的指导思想和做法上。

一是书院规制亦即规模问题。熊十力希望复性书院办得很大，能像北大校长蔡元培那样"循思想自由原则，取兼容并包主义"。同时广招学生，甚至于将书院办成国立研究院。马一浮则考虑要循序渐进，应缘而作，从实际出发。熊十力则认为马的这种指导思想和做法，是狭隘的，一开始就这样束手束脚，没有一点开拓思想，日后必然难以扩大学校规模，结果可能是用黄冈人的话说："花生米雕菩萨——越雕越化。"此外，熊十力还指责马一浮搞的是仿丛林制度，只能培养出少数几个住庙和尚。还有，熊十力认为马一浮取人太严，也不利于扩大书院规模。

这些看法，熊十力在致贺昌群的信中讲得非常清楚：

> 吾岂欲于此时弄一大的架子乎？草创之初，不能多集生徒，吾何尝不知耶。顾吾侪始事之精神，总不宜以寺院遗规为是，务必顺时之宜，得罗高下大小之材，使一般人不以是为畏途而皆愿至。材之下与小者多至，而较高较大者行将出于其间。天道不遗靡草薄物，化育所

以宏也。……即此时不欲遽更章则，要当蓄意图之。否则如少数和尚住庙。吾虽老而颠沛，敢忘沟壑，不容不舍去也，谁复能于死灰中过活耶？虽曰此时不及拓开，要当宏兹意愿，具个萌芽。作始也简，将毕斯巨。始之简者，造端也；而所以造端之心，未始简也，故毕也巨焉。如其始之心也简，则欲将巨之效，而不可得矣。是以举事贵谋始也。

今兹书院，宜上追孔孟之规，一切兼容并蓄。是在吾侪造端时，有此博大精神，方免后来流弊。……吾于马先生，大端上无甚异同，唯书院应采何种办法，始堪达到吾侪期愿，恐马先生犹将执古之道以御今之事，未得无碍耳。

马一浮鉴于时势及当时学界风气，自开始时就对规制比较注意，以为一切随缘，不可强为，因为对于马一浮来说，书院之成与不成，于道并无损益，更何况书院之规制小大？在这方面，马一浮同人通信中都说得很明白。他说：

今方在塞难之中，规制不求过广，学人不求过多，务令损抑示以处变之节。

抗战期间，内地民生疾苦，百物凋敝，此创立书院，规制不求大备，但所在地点极需审慎选择，务以不受军事影响为第一要义。匕鬯不惊，然后可弦歌不辍。

书院规制大小，从缘而定。大则择地营构，可立多师，可容学生多人，可附设印书处，流通古籍，且可设分院，以便学者，扩大充之，亦可设置于国外。小则无力营构，或买人家旧宅为之，不能容多人、立多师，不能附设印书部，但极简陋之图书决不可少。若无基金，但有临时费，不能持久，不如其已。政府捐助基金过于寒酸，不能集事，不如却之为上，如象山精舍、武夷精舍之例，何必惊师动众？并此而不能，则亦已矣，不可强为。

据统计，1939年马一浮同熊十力通信有十余封之多，大都与书院

规制有关。他在一次信中说:

> 书院方萌芽,能否引蔓抽枝,不被摧折,殊难逆料。欲使遽成大树,复荫天下人,实太早计。弟总思为众竭力,不为身谋。然风之积也不厚,则其负大翼也无力,水浅则胶。

马一浮还表示,书院扩大与否,并非由他一人可以决定,关键还在于创议者愿力之大小及政府扶持之气度如何。"熊先生斥吾狭隘,不求扩充,然书院前途,关系实在贤等,此非老夫坐而论道所能为力也。"

熊十力斥责马一浮安于狭隘,欲其效仿蔡元培兼容并包之举,又或改为国立研究院。马一浮于1939年7月17日回信,一一作了详细问答。他说:

> 扩大之计,第一即要经济条件,泥多佛大,水涨船高,俚语有之。弟既无福法,亦无神通,所谓风之积也不厚,则其负大翼也无力。创议筹备诸人,对书院无认识,即对弟个人,亦何尝有认识?弟不能强其认识也。

关于书院改为国立一事,马一浮道:

> 若因缘之广得大助,未能取信,何由自然而集,是不可以强也。……以目前经济毫无基础,欲言扩大,其道未由。兄意欲使变为国立,此亦无从提出。纵使或有可能,则当隶属于现行学制之下,而弟前此所提之三原则,全成废话。欲不受干涉,必不可得矣。此书院立场不可改易。欲求扩大,须得社会助力而后可。此岂望空祈告所能致者?或者能支持数年之后,渐为人所信,亦须时局不发生剧变,庶几足以及之,此时焉能骤几?若遽大吹大擂,所持者寡而所望者奢,岂非近夸而少实耶?兄谓弟始意即不欲扩大,不唯无此理,亦无此情,但此是事实所限,非空言愿力所能济。兄若有实在办法,弟虽至

愚极陋，岂有拒而不纳之理？但今即日言扩大，亦是空言。

这一条实际上与前面所论书院立场相同，这一立场若是改变，书院也就没有存在意义，因此马一浮并不愿意改为国立。

关于不想仿效蔡元培一事，马一浮道：

蔡孑民之兼容并包，弟亦深服其度，但其失在无择。彼之所凭者北大也，以今书院比之，其经费乃不逮十分之一，而兄乃以孑民期我，吾实有惭德。非不能为蔡孑民，乃愧无吕洞宾之点金术耳。

马一浮指出两条理由：其一，蔡元培兼容并包精神本身之弊端在于无择，而书院宗旨与学校迥异，绝对不能无择，这与回答熊十力安于狭隘之责意思相同；其二，蔡元培当年在北大实施兼容并包改革，经济条件与时局都能容许，而此时不仅国难当头，复性书院又不为国人所熟悉重视，在政府以及国人心目中，其地位远不如当年之北大。因此二者，马一浮指出书院不当仿效蔡元培。

二是讲学内容问题。熊十力在《复性书院开讲日示诸生》中讲道：

今兹书院之设，本为研究哲学与文史诸学之机关。但研究的旨趣，自当以本国哲学思想为基本，而尤贵吸收西洋学术思想，以为自己改造与发挥之资。主讲草定书院简章，以六艺为宗主，其于印度及西洋诸学，亦任学者自由研究。

从这段话中，我们可以看出，在书院学习内容上，两人大同小异，同者以六艺为主，即以本国学术思想为主；异者"贵吸西洋学术思想，以为自己改造与发挥之资"。这正是和马一浮发生冲突之所在。

熊十力又谓：

马先生道高识远，吾非虑其有所拘也。前见所议书院草案，归本六艺。吾国诸子百氏之学，其源皆出六艺。马先生所见甚谛。今后如欲哲学新文化之启发，虽不得不吸收欧化，要当滋植国有根荄，方可取精用物。吾于马先生，大端上无甚异同。唯书院应采取何种办法，始堪达到吾侪期愿，恐马先生犹将执古之道以御今之事，未得无碍耳。

总的看来，熊十力不赞成马一浮效仿丛林制度，也不赞成采取宋明传统书院形式。而在这里，熊十力再次凸显欧化之重要性。这确实符合中国现代社会走向。但就义理本身言之，书院讲习不必如此。而且马一浮六艺论思想也已经标明西来学术亦可统于六艺，同时书院简章也明确表示，要添置西方学术著作，"使学生得兼明外学，通知外事"。实际上冲突之主要表现在缓急轻重之上。

下面还选录马一浮的数段文字，以示马一浮当时的思想。《复性书院简章》云：

书院以综贯经术，讲明义理为教，一切学术皆摄于六艺，凡诸子、史部、文学之研究皆为诸经统之。

书院确六艺之教，昌明圣学。始于读书穷理，反身修德，终于穷神知化，践形践性。其教学方法，体验重于思索，涵养重于察识，践履重于知解，悟证重于讲说，务令深造自得，不贵一偏一曲之知。

马一浮在拒绝熊十力推荐延聘贺麟、张真如二人进复性书院时，给熊十力的复信云：

自昭才自可爱，然彼于西洋哲学，已自名家，且深任大学教授，在大学地位已优，书院淡泊，或非所好，将来自当请其居讲友之列，但使延居讲座，则浅薄之帛恐无以待之。且书院讲习所重在经术义理，又非西洋哲学也。兄意以为如何？

不延张真如事，昌群深致不悦。然弟非不敬张真如，不重黑格尔也。……书院力不能购西方参考书，学生并未注重外国文字，使听黑格尔哲学，亦毫无凭借，无受教之资，则讲者必乏兴。张真如及昌群均未顾虑及此。兄以是责弟之隘，似亦未之思也。……弟诚不能无过，过不在拒人，乃在不肯因利乘便而求人耳。大凡处事，但问义理之当与不当，安能尽人而悦之哉！且书院所讲当自有先后轻重，并非拒西洋哲学不讲，以西洋哲学学生当以余力治之，亦非所亟也。凡前书所已及者，今亦不及分疏，总括言之，兄之所诤者，皆出于爱书院爱弟之厚，即有未能苟同者，何能不接受兄之善意？乃若以狭隘为弟之意志，因而弃之而不肯来，则弟实不能承此过。

可见马一浮与熊十力在办学思想上的分歧，自书院之创议发起不久，就已经开始了。因为拒绝延聘贺麟、张真如都是在书院开讲之前的事。当时熊十力能够来书院，恐怕是马一浮恳请之结果。

三是关于丛林制度问题。这也是熊十力所不满意之事。所谓丛林，就是僧众聚居的佛教寺院制度。马一浮欲使书院仿效丛林教会，以为大有可法之处。其一，马一浮认为，中土二氏之学，较之儒有一明显的优点，那就是佛老二家之学超然于政治之外，不会被禁止。而儒家则因其与政治时局关系较密，往往会遭到禁止或迫害，如宋明时代之书院即是如此。其二，书院要维持独立地位，经济上必须能够自主，需变为社会性，而不能同于国立省立诸学校。开始可以倡议个人筹集，以开筚路蓝缕之功。为长远计，宜设基金会。基金来源，由个人志愿捐输，略如佛氏丛林及济度教会之制，不由政府支给。但政府为扶持文化，酌予资助，义同檀施。其经济完全属于社会性。

马一浮进一步阐述此举的优越性，说："向来儒者讲学不及佛氏出入人众多者原因有二：一、儒者不得位，不能行其道，故不能离仕官。其仕也，每为小人所排抑。佛氏不预人家国，与政治绝缘，世之人为但为外护，有崇仰而无畏忌，故得终身自由。二、儒者有室家之累，不能不为生事计。其治生又别无他途，不免徇微禄，故每为生事所困。佛氏无此。丛林接待十方，粥饭不须自办，故得专心求道。大德高僧安坐受供养，然其法施无穷，饶益众生不为虚费信施，世俗亦不以为非。因此二端，比儒者缘胜。今欲学者深入，纵不能令其出家，必须绝意仕宦，方可与议。"

熊十力对马一浮的设想与做法不以为然。熊十力道："吾敢欲于此时弄一大的架子乎？草创之初，不能多集生徒，吾何尝不知耶。顾吾侪始事之精神，总不能以寺院遗规为是，必须顺时之宜，得罗高下大小之材，使一般人不以是为畏途而皆愿至。……否则如少数和尚住庙。吾虽老而颠沛，敢忘沟壑，不容不舍去也，谁复能于死灰中过活耶？"看来熊十力担心的就是马一浮教人坐禅入定，使得书院"如少数和尚住庙"。事实上，熊十力始终是倾向于研究院形式，书院都已不合其意，遑论丛林寺院？

四是学生出路问题。就是学生在书院学习之后，是否授予相应资格，为学生明定出路。熊马二人在这方面分歧较大，可以说是背道而驰。熊十力说："吾欲予学生以研究院同等资格者，庶几可以集天下之才耳。即此时不欲遽更章则，要当蓄意图之。"熊深知，儒学自清末以来，不为国人所重视，复性书院创办之时，儒家心性之学除了少数学者尚在研究，其他人早已漠然视之。又，当时大学教育已深入人心，书院并无出路，与当时青年人志趣相违，恐怕来学者寥寥无几。如果再不授予相应资格，谁也不会来学的。

但学生出路问题，却不在马一浮考虑之列，他认为学生来书院是为求道，而非谋食。书院之宗旨亦在此，"欲造就学者使个人可以为王者师，方是儒者本分"。且《复性书院简章》中也有规定："来学者须遵守三戒：一不求仕宦，二不营货利，三不起战诤。"

所以，他在给熊十力的信中强调："至于学生出路一事，弟亦非有成见，必令其与世绝缘。但无论古制时制，凡规定一种资格，比于铨选，此乃当官之事，书院实无此权。若令有之，则必须政府授予，如中正之九品论人而后可，否则为侵越。未闻先儒讲学，其弟子有比于进士出身者。""学者若不能自拔于流俗，终不可以入德，不可以闻道。"

复性书院一开始就出现了上述的论争，最后熊十力负气而去，这对马一浮来说算是一个沉重的打击。开办之后，未及数月，政府的补助金又迟迟不发。尤有甚者，到得次年，书院立于现行学制之外，宾礼相待一节又为政府所破坏。政府要求书院将情况上报备案，更使得马一浮感到尴尬，以致陷入两难境地。

11. 在抗日战争中

熊十力一生总是牢记和实践乃父"与天下庶民同忧患"的遗训，爱国家、爱民族、爱人民、爱传统文化。这"四爱"贯穿他三百余万字的著作，贯穿他全部的精神世界，贯穿他毕生的实践。有位乡亲在纪念熊十力一百周年诞辰的时候献了一首七律，云：

> 耻随流俗共沉沦，禹甸云衢道自尊。
> 学术精深言侃侃，胸怀坦荡节棱棱。
> 殚思竭虑缘忧国，沥血呕心只为民。
> 风物宛然神不死，欣留书卷照乾坤。

这恰当地概括了熊十力的精神风范。

从 1931 年 9 月 18 日日本帝国主义悍然侵略中国以后，给中华民族带来了深重的灾难。为挽救民族的危亡，解救人民的苦难，全国人民和广大的爱国知识分子，都义愤填膺，热血沸腾，敦促国民党政府

陈铭枢

带领人民同日寇抗战到底,团结奋斗,共御外侮。熊十力以一个赤忱的革命知识分子的民族气节,表现了可贵的爱国主义精神。此时,他在杭州养病。面对国难当头,东北、东南沿海危急,熊十力心中十分愤懑,请照顾他的学生张立民为其护送,专程赶往上海劝老友陈铭枢率领军队积极抗日。时陈铭枢受任京沪卫戍司令长官。十九路军被调到南京一线,正好归陈铭枢指挥。

熊十力到上海卫戍司令部,已经是下午五点左右了。他要求司令部的官兵马上报告陈铭枢,立即接谈。陈接电话后,从闸北赶了回来。他看见熊十力后的第一句话:"真没有想到你老兄来到这里。你不要急,在我这里住两天。今天晚上吃了晚饭就休息,听说你在杭州养病,要悠着点啊!"

熊十力说:"我今天不是为了玩儿来你这里,是要向你进谏的,'卧榻之侧,岂容他人鼾睡'!在大上海,日寇在海上虎视眈眈,太猖狂了。你是司令官啦,一定要倾听人民的呼声,一定要维护中华民族的尊严,率领部队狠狠地痛击他们,把他们赶出我国的领海、领空!"

"你的心情我理解。"陈铭枢在老友面前郑重承诺,"我不会忘记你的嘱托,一定会率领军队狠狠地打击敌人,保家卫国。"

熊十力连连点头:"那就好,那就好!明天我就可以放心地回杭州去了。"

"一·二八"淞沪抗战时,十九路军在闸北八字桥坚守阵地

陈铭枢熟悉熊十力的"牛脾气",在目前这种形势下,挽留也是挽留不住的,就热情地陪他用了晚膳。

由于蒋介石的不抵抗政策,"九一八"以后,日本侵略者得寸进尺,先后向榆关、天津、塘沽、青岛、厦门、福州、汕头、上海等地挑衅,人民要求抗击日本的呼声响彻云霄。就在这时,陈铭枢临时到杭州办事,顺便看看老友的病情如何,同时也要告诉他十九路军的准备情况。刚一进屋,熊十力就劈头盖脑地给了两个耳光,怒发冲冠地批陈:"在这个时候你不率军人打击日本强盗,有闲心来杭州游山玩水!"

张立民迅步上来拉开了熊十力。

陈铭枢红着脸说:"没事没事,我理解他。"

"你说,看你有什么理由,这时候跑到杭州来?"

陈铭枢说:"你坐,我说。这次我是奉命来的,就是为的抗击日寇的事情,顺便来看看你。"然后他把来办的事情向熊作了具体报告,同时也讲了他对十九路军抗战所做的安排。并说,他马上就要回到上海。

熊十力听了之后,疑虑冰释,笑嘻嘻地道歉说:"铭枢,我错了!哈哈,冤枉你了!冤枉你了!"

陈铭枢见熊没事了,离开座位,高兴地说:"我走了,胜利后再会。"

十九路军奋战淞沪俘获的日军战利品

熊十力把陈铭枢送出门外好远，才握手说："胜利后再会。"

上海的形势一天比一天吃紧。日寇1932年1月20日就开始滋事，侵华陆军和海军陆战队在上海引翔港纵火焚烧三友实业社毛巾工厂，杀伤华捕。同日下午，又在北四川路捣毁中国人开设的商店。日本驻上海总领事村井苍松口头表示遗憾，并无具体禁止暴行措施，反于同月21日上午，借口日本僧人五名被殴伤，提出书面抗议，要求立即解散上海各界抗日救国委员会及各种抗日团体。22日驻沪日本第一舰队司令部声称："如果答复不圆满，将采取严厉的对付行动。"25日，日本驻上海总领事催促国民党上海市政府对日方提出针对抗日救国会等无理要求作出答复。27日晚8时，竟向上海市政府提出最后通牒，限于48小时答复，最迟于28日下午6时，否则日本海军将采取行动。国民党上海市政府28日下午2时完全接受总领事提出的最后通牒，公然命令解散抗日救国会。市长吴铁城亦令市公安局局长温应星和市社会局局长李朝枢，分别查封上海各区抗日救国分会，至下午5时查封完毕。到当晚11时，日本第一遣外舰队司令官盐泽本一却又发一通牒，强迫我上海驻军让出防地，并在当夜12时率领海军陆战队和便衣队向十九路军防地闸北进攻。当时驻闸北的七十八师翁照垣旅张君嵩团毅然抵抗。蒋介石下令十九路军退让，官兵拒不执行。由是，战争于1月28日凌晨发生。地点在上海闸北吴淞一带,所以叫"一·二八"淞沪抗战。

"一·二八"抗战是人民的抗战。1月29日,中国共产党通过地下组织,发动上海人民给十九路军以极大的支援和鼓舞。党领导下的总工会发动工人抗日并宣布抗日总同盟罢工的命令。左翼作家联盟组织抗日会,并发表宣言。童子军、学生军、义勇军、战地服务团,纷纷奔赴前线,参加战争和服务。妇女界宋庆龄、何香凝,医务界颜福庆、牛惠生以及工商界史量才等积极组织救护队、伤兵医院和难民收容所等,支持抗战。对此,十九路军大受感动,人人奋勇作战,视死如归。结果使日军节节败退。在一个多月的时间内,打出了十九路军的威风,打出了上海人民的威风。

1934年《天羽声明》发表以后,日本帝国主义公开叫嚣它是"亚洲的主人""中国的保护者"。一方面提出"中日经济提携"的口号,从经济上逐步控制华北;另一方面则在军事压力下,配合政治阴谋活动,企图吞并华北五省(冀、鲁、晋、察、绥),进而独占整个中国,于是在1935年又对华北发动新的进攻。

5月29日,日本关东军天津驻屯军参谋长酒井等借口中国当局援助义勇军孙永勤部进入滦东非武装区,破坏了《塘沽协定》,又借口天津日租界汉奸报《振声》社白逾桓、《国权》社长胡恩溥被杀,是中国政府的排日行为,向国民党北平军分会代理委员长何应钦提出了种种侵略华北主权的无理要求,并由东北调遣大军开入关内,进一步威胁平津。驻津日军甚至赴河北省府及北洋大学示威。日军重要将领也在天津集会,扬言如不接受日本的要求,就要采取"自由行动"。

在日本新的军事进攻面前,国民党政府又采取卑躬屈膝的态度。南京政府电令河北省政府由天津迁往保定。6月4日亲日分子何应钦代表国民党政府与日本华北驻屯军司令官梅津美治郎进行秘密谈判,然后,即签订了一个丧权辱国的《何梅协定》。其主要内容是:(一)取消河北境内一切党部,包括铁路党部在内;(二)撤退驻河北的东北军第五十一军、国民党中央军及宪兵第三团;(三)解散国民党军分会政训处及蓝衣社、励志社等机关;(四)撤免河北省主席于学忠及日本

胡适

指定的其他中国官员;(五)取缔全国反日团体及活动。这个卖国协定,使中国丧失了河北的全部主权,极大地加强了日本在华北的势力。

当时,熊十力住在北平,每天忧心如焚,如坐针毡,特别爱发脾气,大骂蒋介石是"王八蛋",是"脓疱",是卖国贼。因急不可耐,一天,他到朋友、墨子研究专家邓镜及其弟弟邓高僧家相商,说:"国家到了这种地步,我们一无权,二无枪,坐着等当亡国奴怎么行!"

邓镜兄弟也和十力一样急,商量的结果,决定由十力向汤锡予写一封信,寻一批志同道合的爱国人士联名,敦请胡适领头,公开声明反对《何梅协定》。

熊十力、邓镜等要胡适领头,有三个考虑:一是胡适为当时新文化运动的著名人物,在群众中影响比较大;二是1928年以后,胡适领导发起人权运动,反对国民党独裁与文化专制主义,倡导自由主义,说明他对蒋介石的态度同人民大众有相通之处;三是胡适对熊十力很钦佩。1933年5月9日,十力致胡适五千言的长信,胡将此信加上标题《要在根本处注意》,刊发在与傅斯年、丁文江、蒋廷黻办的《独立评论》上,加上《编者附记》说:"熊十力先生现在北京大学讲授佛学,著有《新唯识论》等书,是今日国内最能苦学深思的一位学者。""熊先生此次来信,大约五千字,殷殷教督我要在根本处注意,莫徒作枝节之论。他的情意,最可感佩,所以我把全文发表在此。"

他们这个点子真还有用。原本胡适对抗日确实唱的是低调，但不可因此说他是投降卖国。他主张与日本妥协谈判，也有一定考量，认为要把他们赶出中国，还不是容易事，故他坚持以"取消满洲伪国"为目标。1933年2月14日，日本在答复国联的书信中叫嚣"日本政府深信'满洲国'独立的维持与承认是远东和平唯一的保障"，在这种情况下，胡适便认为"决没有和日本交涉的可能"。他说：

此时中国全国的人民都应该明白这一点：交涉的目标是要取消满洲伪国，恢复中国在东北三省与热河领土及行政主权的完整；除了这种条件之外，中国决不能和日本开始交涉。……无论如何我们决不应该自己首先跪下来承认日本用暴力造成的而整个世界拒绝承认的局面。

胡适在揭露日本政府提出"解决任何悬案"，实现所谓"中日亲密"为欺人之谈的时候，也指出："任何悬案"，当然应该包括"满洲国"为第一个必须解决的中日悬案，这个第一个悬案如无法解决，其他的"任何悬案"即使有解决的方法，也不可能消除两国之间的仇恨。他还突出强调说：

我们对日本，对世界，决不可回避这个满洲问题。……我们决不可因敌人忌讳而就忽略了这三千万人民所在的失地，让他们去让日本军阀随意宰割！

从这里可以看到，胡适唱低调的时候，并没有忘记在日本铁蹄蹂躏下的同胞，也没有忘记被侵略者占领的我国的神圣领土和主权。

到1935年，日本帝国主义向我国华北发动新的进攻，策动一些亲日派汉奸发动所谓"五省自治运动"，阴谋变华北五省为"第二个东北"。国民党政府竟指派宋哲元、王揖唐等酝酿组织"冀察政务委员会"，以迎合日本提出的"华北特殊化"的侵略野心。

对此，华北人民都愤怒起来了，全国人民都愤怒起来了，全国各界人民的斗争一浪高过一浪。

一天，胡适正在家里转悠，思考面临的抗日形势，突然有人给他送来一封信，是熊十力、高镜、汤锡予等给他写来的。阅后，知道他们是敦促自己领头，组织北平教育界人士发表反对《何梅协定》的宣言。这是催化剂。胡适思索一番以后，把信往桌上一放，说："现在是该要这样做了！"

隔不几天，胡适收到以宋哲元的名义发来的通知，请他参加在北平居仁堂举行的谈话会。会上，胡适慷慨陈词，反对所谓"冀察自治"。会后，又与北平教育界人士发表联合宣言，坚决反对任何脱离中央、破坏国家统一的阴谋。同时，他还撰写了一篇《华北问题》专文，指出：

决不能容许任何区域在此时机脱离中央而变成受外人卵翼的独立区域。在这个全国统一的时候，若有任何破坏统一的事变出现，主持的人必定成为全国人民痛恨的对象，必定成为历史孝子慈孙永远不能洗刷的大罪人。"一失足成千古恨"，正是我们今日最应该牢记的一句话。

况且华北当局诸公要深切觉悟，在今日形势下，一切委曲求全的计划都是空谈，……诸公岂不知道他们逼迫华北"自治"，正是一百分的侵略我主权，正是一百分的干涉内政，正是一百分的谋我疆土！

胡适的上述发言、"声明"、专文发表以后，北平媒体很快宣传了出去，熊十力看后，烦躁心情有所缓解，不管效果如何，意见要求总算有了着落。

日军过高地估计自己的力量，过低地估计人民的力量。不管中国人民如何愤怒，如何反对，他们还是要玩火到底的。自认为做好了战争准备以后，日本侵略军于1937年7月7日，在卢沟桥发动了全面侵略中国的战争。这就是"七七"卢沟桥事变。

卢沟桥位于北平西南十五公里处，属宛平县境，是北平的重要门户。7月7日夜10时，日本侵略军在卢沟桥附近进行军事演习，诡称一名士兵失踪，硬要进入宛平县城搜索。日军的这一无理要求遭到中国驻军的拒绝，日方马上威胁说，中国方面真不同意，日本将以武力

中国驻军在卢沟桥抗击日军

保卫前进。经反复交涉，约定双方派员前往调查。8日晨4时，中日双方代表到达宛平。正在交涉间，日军竟开枪射击，并炮轰卢沟桥和宛平县城，中国驻军奋起抵抗，卢沟桥事变爆发。

驻北平的二十九军广大指战员基于民族义愤，给敌人以迎头痛击，终因力量悬殊，二十九军副军长佟麟阁在南苑指挥战斗中以身殉国，一三二师师长赵登禹在突围中光荣牺牲。28日到30日，北平、天津相继失陷。

卢沟桥事变发生后，熊十力抱着誓死不当亡国奴的信念，于7月8日冒险出逃。他由弟子刘公纯陪同，装成商人，从南城出城，乘着一辆运煤大货车去往武汉。路遇倾盆大雨，师生两人用一块雨布遮身，结果衣履尽湿，饥寒交加，不知有多痛苦。

入冬，熊十力回到家乡黄冈，住在团风粮道街。

熊十力在当地是个传奇人物，他的特别聪明、特别胆大、到处打菩萨、参加辛亥革命等，多年来一直在百姓中流传。这一次从北平回来，许多人都来看望，有的是想听听新闻，日本人究竟打到什么地方来了？黄冈这里有没有危险？在这些人中，有一位省六中的学生叫段亚杰（后改名文祥），常来请教国事，十力总是尽情揭露：蒋介石和广大人民群众走的不是一条道，施行不抵抗政策，致使大片国土丧失，人民受难。谈起这些，熊十力常常泪流满面，声音哽咽。他大骂蒋介石是王八蛋，是卖国贼。要求段亚杰加强民族观念，提高民族自尊心、自信心，号召段亚杰等找到共产党，参加共产党，说共产党是真正抗日的队伍，要跟他们去打倒日本帝国主义。段亚杰在熊十力的教导鼓励下，以一个学生的身份，参加了共产党，参加了英勇的抗日斗争。

还有一个乡亲陈亚三的儿子陈道堂也经常去请教熊十力。后来熊十力给他写了一封信，使他从家乡奔赴延安，参加了革命。

熊十力从1937年10月回到家乡黄冈，到1938年2月离鄂入川，在团风住了四个月左右。

熊十力入川后，先住重庆，旋到璧山。璧山县中学校长钟芳铭为他及他的学生们安排房子，欢迎他们住下。相随的学生有刘公纯、钱学熙夫妇、邓子琴、陈亚三、刘冰若、王绍常、任伦芳等。

从入川到出川，熊十力共度过了八年。在这八年中，大约是1938年春到1939年夏住璧山县；1939年5月至10月住乐山复性书院；1939年11月至1940年秋，先住重庆南温泉鹿角场周朋初家，后又返回璧山来凤驿；1940年秋，梁漱溟在北碚金刚碑创办勉仁书院和勉仁中学，邀请熊十力来此共事，直至1945年8月15日日寇投降，抗战胜利结束。1946年由重庆返回汉口。

在这国难当头、居住无定、生活异常艰苦的情况下，熊十力始终不辍学、不废讲，表现了极为可贵的爱国主义精神。

一是始终把自己的生命和民族的命运熔铸在一起，以自己的生命浇铸民族的命运。

熊十力跋山涉水、千里迢迢地来到重庆璧山以后，和一群生死与共的学生在一起，教他们的第一课不是一般的文化知识，而是讲的民族精神，他动情地对学生们说："吾有一坚确信念，日本人决不能亡我国家，决不能亡我民族，决不能亡我文化。"正如郭齐勇教授所说："熊十力的民族气节，从辛亥革命到抗日战争是一以贯之的。""九一八"事变之后，他在《答某生》中说：

中国自汉以后学者，类皆无民族思想。盖史家实播此毒。魏收（506—572，北齐史学家）诸贱竖，为胡虏作史，谄颂凶猘，上拟虞夏，刘知几尝讥之，然亦谓其记载失实耳，非真能辨华夷之类也。大抵两汉盛时，群胡内附，天下一家，学者喜张《春秋》太平之义，遂缺乏民族观念。典午以降，士大夫屡屈于强胡，浸假则以豢养于外人为乐，而自残其类，此真吾民族之危机也。尝谓世界未能遽跻大同，则民族思想无可遽泯，只须导之以正。大抵各民族间必各有其民族思想，即各能自爱其类，各图自立自存，自强自创，乃能共进于太平。故民族思想善导之，乃所以促进太平，实与太平之理想不相背也。若使有甲民族焉，绝无民族思想，则必涣散乱亡，以招他民族之侵略；又或有乙民族焉，过持狭隘自私的观念，专以侵略他民族为事，终必有弗戢自焚之忧。甲本不及，乙又太过。过与不及，皆为世界进化之阻碍，为人类理性发达之障害，人类幸福的绝望即由于此。"春秋无义战"，诛侵略也；书虞亡，罪被侵略也。中国汉以后儒者不通《春秋》之义，而民族思想日益式微。南宋之儒常持《春秋》以呼号复仇。复仇者，复赵氏一姓之仇也，于民族何与？故民志终不振，则胡人又起而乘之矣。若乃明圣挺生，独知民族思想之可贵，而以哀号于族类者，其唯衡阳王子，郑所南、吕晚村亦其亚也。今外侮日迫，吾族类益危，吾人必须激发民族思想，念兹在兹。凡吾固有之学术思想、礼俗、信条，苟行之而无敝者，必不可弃；凡有利于吾身吾家，而有害于国家民族者，必不可为；凡有益于公而有损于私者，必不可不为。日常服用，除药品外，有可不需外货者，宁崇俭素，而誓不买外货，以此誓于皇天后土，慎守终身，是则吾平生持奉麟经之志也。凡吾之所自期与期诸人者，皆人之所易知易行，然而人多莫知之莫之行也。

熊十力这种正确的民族思想，真是难能可贵！

随着日寇侵略的猖狂推进，蒋介石政府之不抵抗主义，并视全力抗日的中国共产党为仇敌，实行所谓"攘外必先安内"的政策，令熊十力极为痛恨，于是脾气变得更为暴躁。他在《答牟宗三》的信中说：

《中国历史讲话》在中央陆军军官学校刊印

……鼎革以还,默察士气学风,江河日下,天无生人之气,吾益思与后生有志者讲明斯学斯道,上追先圣德之精神,冀吾族类庶几于灭亡。佛言救众生,吾觉族类且未能救,遑言乎众生?吾识量不欲狭,而德度实未弘,忧世之思深,愤世之情急,忧愤急而亦不忍离世,故求人也殷,责人也切。

唯其如此,他不能仅限于口头上对学生们教育,因那是有限的,其面不可能广,其人也不可能多,于是他将对学生、对群众的抗日救国讲话,编成一本书——《中国历史讲话》。他认为:

发扬民族精神,莫切于史。

这本书于1938年写成,由中央陆军军官学校石印出来;与此同时,他还写了一本《中国历史纲要》(未发表)。

在这本书里,熊十力主要讲"种源"和"通史"两大内容。大谈汉、满、蒙、回、藏五族是同源的,尽管人类学与民族学的依据不足,

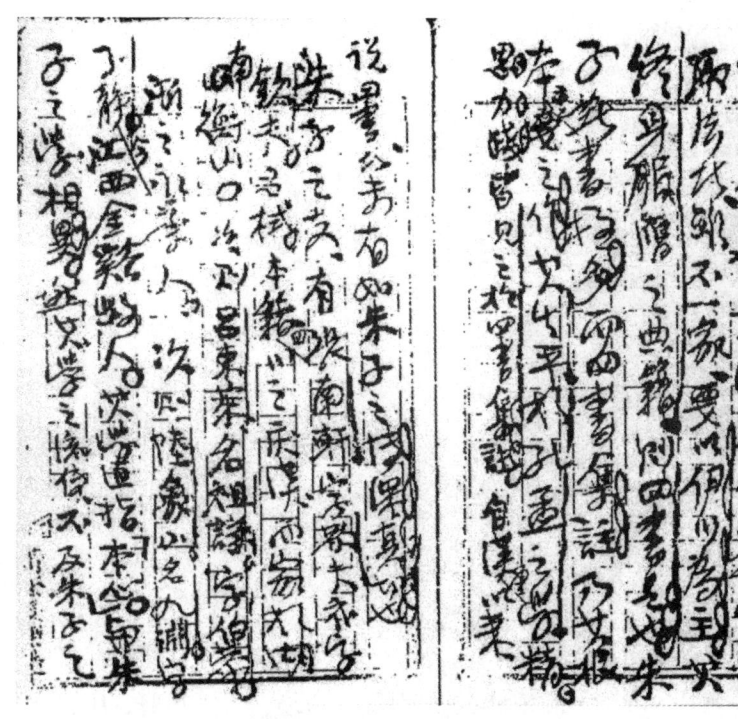

熊十力《中国历史纲要》手迹

但高扬了全民族团结抗战的精神，对动员各族人民外御其侮非常有价值。我们可以说，这本书充分体现了熊十力的忧患意识和民族感情。在他看来，历史上把中华各民族融合为一个整体，具有钢铁般的意志和力量，是任何外族势力都不可动摇的，对付日本帝国主义是一定没有问题的，胜利终归是属于中华民族的。

二是穷不丧志，需不妄取，明辨是非，爱憎分明，表现了典型的中国知识分子的高尚气节。

熊十力应蔡元培之邀到北大哲学系任讲师，每月薪水120元。后来蒋梦麟主持北大，因十力的为人，不会与人俯仰，只是做自己的学问，他的这个讲师职称一直延续了下去。"七七"事变后，教授可以到西南联大报到，仍能教书，不致失业，而十力不是教授，迁到大后方，学校拒绝收容他，所以他漂泊西南八年之久。在这八年中，熊十力生活很不安定，物价飞涨，民不聊生，他只好投靠朋友、学生，艰难度

居正

日,和家属也不在一起。他看到国民党横行霸道,胡作非为,外战外行,内战内行,常指名道姓骂蒋介石。但他从来不显得灰心丧气,给人的印象是勇猛精进,自强不息。

因为熊十力的名气,因为熊十力胸怀坦荡、古道热肠,国民党、共产党,老朋友、新朋友常有人关注他、关照他。梁漱溟在重庆北碚金刚碑创办了一个勉仁中学,就邀十力到他那里去住,并讲授哲学课。消息传到了重庆郭沫若那里去,郭说:"熊先生是60岁的人了,生活太苦,他怎么受得了啊!"怕他因为生活艰苦,搞坏了身体,又听说熊十力爱吃鸡,郭沫若就在滑竿上捆了两只鸡去看他。他高兴得像小孩似的,说起来没完。

居正是湖北广济人,和熊十力算是同乡,又是辛亥革命的战友。居正当时是国民党的中常委、司法院院长,住在重庆歇马场,得知熊十力住在北碚,相距不是太远,便常到北碚去看熊十力,并给熊送一些食品。有一天,居正去看熊十力,熊十力向他借车去红岩村。那时,汽油很紧张,国民党高官们用的小车的汽油都是限量供应,而且很少,是不轻易借给别人的。由于熊十力在居正心中的分量很重,他就不得不借了。北碚到重庆市道路坎坷不平,非常耗油。熊十力往返一趟,几乎耗去居正一个月汽油配额的一半。过了几天,熊十力见到居正,居正对他开玩笑说:"你跑一趟重庆,耗了我一个月的汽油,我这个月

郭沫若

再办不成事了。"熊十力听了,风趣地回答道:"那对不起,这个月办不成的事,就留到下个月办吧。"

蒋介石对一些著名学者、文人,非常注意拉拢。抗日战争开始,国民党迁都重庆,蒋介石对来川的学者、文人的职业、住址等都调查得清清楚楚,准备随时进行收买,为其政权装点"门面"。

1939年,马一浮与熊十力在乐山创办复性书院,蒋介石马上先会晤了马一浮,再欲会晤熊十力。一天,蒋介石特派侍从室的两名高官开着一辆小车来北碚,请熊十力到重庆林园谈哲学问题,并要马上就去。熊十力听说蒋介石要请他,心里很不高兴。对前来的一名国民党高官问道:"蒋先生要请我?"那名官员说:"是的,这是熊先生的福分。"熊十力对他们说:"我是一个普通之人,蒋先生日理万机,忙得不亦乐乎,何必要请我呢?"那名官员见熊十力不想去见蒋介石,很不理解,他心想:别的学者一听说是蒋介石要召见,高兴得不得了,熊十力却一点也不感兴趣,真是奇事。另一位官员又问:"如熊先生不便到蒋委员长那里去,那蒋委员长来看先生行不行?"熊十力不冷不热地说:"我再说一遍,我只是一个做学问的人,不懂政治,哲学也研究得不好,没有那个必要。"两个国民党高官见熊十力不愿见蒋介石,觉得回去不好向蒋介石交代,便劝熊十力说:"委员长是一国领袖,希望与熊先生见见面,这是熊先生的光荣,还是见见好。"熊十力有些不耐烦了："我这个人从来是说一不二的，你们再不要讲了！"两名官员还想再劝几句，熊十力终于忍不住了，大吼道："你们说说，是不是蒋先生不要我在重庆待？要是这样，我马上去昆明！"其中一位官员对熊十力解释说："熊先生，不要发火，你不见委员长，我们回去就说熊先生太忙，身体不适就是了。"两名国民党官员怕扫了蒋介石的兴，使蒋介石难堪，回去确实未向蒋说实情。蒋介石以为此次熊十力未到林园，真是身体不适。

随后不久，蒋介石派肖赞育送了两百万元到复性书院，肖说："蒋委员长交代，这两百万，一百万是给马一浮主讲，另一百万是给熊十力先生。"熊十力拒不收蒋介石的钱，他说："我的生活简单，又不办什么大事，不需要蒋先生的钱。"肖赞育无法，只好将给熊十力的一百万带回去了。

1945年，熊十力的学术著作《读经示要》由重庆南方印书馆公开出版。1946年6月，熊十力的弟子、蒋介石侍从室机要秘书徐复观（湖北浠水人）将此书送给蒋介石。蒋介石看过书后，对徐复观说："熊十力先生是当代大哲学家、佛学家，在时局如此混乱之际，能潜心写出此书，颇为不易，你代我送200万法币给他，以示关心，使他更专心著述。"徐复观以为，他把熊十力的著作送一本给蒋介石，蒋介石又送一笔巨款，熊十力一定会很高兴的。没想到，徐复观把200万法币送到熊十力手上，并告知事情的经过时，熊十力非常恼火，怒斥徐复观说："你送书给蒋介石，为什么先不对我讲一声？你做事太鲁莽了！我不要蒋介石的臭钱！"徐复观受到训斥，感到很不好意思，他觉得，蒋介石的钱已经送出来了，再不好退给蒋介石，便劝熊十力说："熊先生，这笔钱你还是拿着，你如不要，我很不好办，也使委员长不好看。"

"怎么不好办？"

"我退给委员长，委员长一定要训斥我办事无能。"

熊十力仔细想了一下，感到徐复观带钱回去，不好对蒋介石交代，就说："这笔钱，我肯定不能收，你要觉得不好办，就把钱送给流徙于四川江津地区的学校吧，他们正愁没钱呢。"

徐复观没有办法，只好按熊十力的意见办。

抗战胜利后，熊十力回到武汉。蒋介石以为熊十力刚到武汉，又无正式工作，正缺钱用，此时是拉拢熊十力的绝好机会。1946年春的一天，蒋介石就对熊十力的同乡、国民党著名理论家陶希圣（湖北黄冈人）说："听说熊十力到武汉去了，你打个电话给湖北省政府主席万耀煌，要熊十力在武汉办一个哲学研究所，并代我送一百万给他，以示关怀。"陶希圣马上给万耀煌打了电话，传达了蒋介石的指示。万耀煌根据蒋介石的意见，派人带巨款到汉口葆元里向熊十力转达了蒋介石的"问候""关怀"。熊十力听说是蒋介石送来的钱，十分气愤地说："我乃读书正直之人，不能受此黯昧污秽之财！"送钱的官员还想劝说熊十力收下，熊十力火冒三丈，举起拐杖，说："快给我滚出去，不然我要用拐杖打人了！"送钱的官员赶快灰溜溜地走了。

1946年6月7日，熊十力致函王孟荪、徐复观（信写到最后，决定不通过王而直接寄徐了）。此时熊十力住汉口三新街市立中学杜曜如处。信云：

孟兄：转示佛观信已收到。研究所已决定罢论。弟禀气实不厚，少壮已多病，兄自昔所亲见也。只平生独处成习（此为保命之原，曾告佛观），又常游心义理之中，故未遂殒年。然去年以来，衰象急增。今春回汉，所闻所见，无非乱人损人刺人伤人之事。前年由金刚山上往返北碚，毫不觉苦。今市中与公园咫尺，每往一次，腰部胀痛。此等衰象，确甚险也。生命力已亏也，中医所云元阳不足也。弟因此决定不办研究所。北方如可去，定回北碚。否则，亦早另觅一静栖之所。觉老（即居正）十日或可到，但亦决不与之谈此事。佛观以师事我，爱敬之意如此其厚，其愿吾早知矣。研究所事，千万无复谈。吾生已六十有二，虽不敢曰甚高年，而数目则已不可不谓之大，不能不自爱护也。何敬之先生款，既不办研究所，自须璧还，否则将成笑话也。此信千万即日看后并转示佛观。希圣先生，亦烦佛观转之一看。六月七日午后。

另附在该信上的一纸云：

研究所不独今日无精力，以事势论，亦宜罢。昔时本意，原专藉乡谊，纯是民间意味，则讲学有效，而利自在国族矣。若声气渐张，在我虽无夹杂，而如斯浊世，人心险如山川，妄猜妄诬，吾个人不足惜，其如所担负之学术何？章太炎一代高名，及受资讲学，而士林唾弃。如今士类，知识品节两不败者无几。知识之败，慕浮名而不务潜修也；品节之败，慕虚荣而不甘枯淡也。举世趋此，而其族有不奴者乎？当局如为国家培元气，最好任我任安其素。我所欲为，不必由当局以财力扶持。但勿干涉，即是消极扶持。倘真有意扶持，正当办法，则毋宁由教部以国立方式行之。如中央研究院，专为国家学府，则无所不可。但今之教育当局恐未足语此耳，吾顷当有依止，容一二月后相告也。又及。

亦可与希圣先生一看。

……

这一封信最清楚不过地表明熊十力像爱护眼珠一样爱护名誉、自尊和学术生命，保持气节操守，坚持人格。虽然他非常想办哲学研究所，但因为是政府当局的资助，他宁可不办，也不会拿这笔钱。说身体不好，决不办研究所，那是托词。熊十力不为五斗米折腰的精神，如此可见。

三是在流亡困厄中，为肩负起振兴中华文化的责任，以大无畏的豪迈气概，勤思苦索，笔耕不辍，继续发展、扩充自己的哲学体系。

熊十力对于中国的传统文化有其深刻的理解，认为它是中华民族的精神支柱，有了这个精神支柱，就能够战胜一切艰难险阻，就能够巍巍挺立，光芒四射，就能够胸怀全局，放眼世界，对人类作出较大贡献。

因为如此，熊十力孤往直前，在一些大学进行教学的同时，仍笔耕不辍，著书立说。特别是对于哲学著作，情有独钟。在1937年到1938年期间，他完成了《中国历史讲话》和《中国历史纲要》以后，

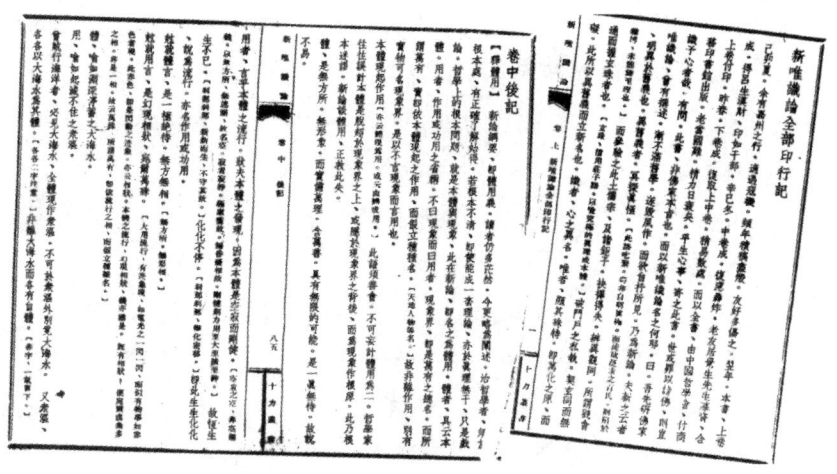

熊十力《新唯识论》1947年湖北十力丛书举隅

于1938年冬，即着手将《新唯识论》的文言文本译成语体文本。因为它是意译，对内容有所增删，熊十力就自己口授，学生钱学熙记录整理。在译到文言本第三章、语体文本第四章的时候，钱学熙因事离川暂停。到1939年冬，熊十力另一个诚朴敦厚的学生韩裕文，接着翻译。在熊十力的直接指导下，将"新论"完成，于1940年夏由学生吕汉财资助印行二百部。

1941年到1942年，熊十力在勉仁书院工作。

1943年，熊十力《新唯识论》下卷改写完工。1944年1月，熊十力语体文本《新唯识论》三卷（全一册）由中国哲学会作为中国哲学丛书之第一部著作由重庆商务印书馆出版。

这部著作凝结了熊十力二十年的心血，标志其哲学体系最终成熟。如果说《新唯识论》文言文本是融《易》以儒佛的话，那么语体文本则是宗主在《易》了。语体文本不仅是文言文本的改写，实际上已逐渐脱去了原有佛学架裟，完全是一部独立的博大精深的哲学巨著。

郭齐勇教授认为：

熊十力在《新唯识论》语体文本中，发挥《周易》哲学义理，依据先秦儒学和宋明儒学精义，创造性地重建了哲学思想体系。全书宗旨为"体用不二、心物不二、物质不二、吾人生命与宇宙大生命本来不二"。作者以本心为绝对主体，遍为万物实体，不仅主乎吾身，而且遍为万物之主。"本心"是作为万化之原、有万之基的仁体，是永恒绝对之本体。此体又是每个物的主体，又是流演变化、化生万物的过程。刚健的本心之显现，有摄聚而成形象的动势，名曰翕；有刚健而不被物化的势用，名曰辟。翕辟相反相成，是一个整体的辩证历程之两个方面。所谓心物万象、文明建制，都是仁心本体的展示、显现、流行、过程。熊十力发挥王阳明、王船山的体用观，反复论述"无体即无用，离用原无体"，认为"离用言体"，即于"性体无生而生之真机不曾领会"。工夫要在即用显体，从用中悟出本体。宇宙一切原是大用流行，大用流行即是体之显现。我们既不能执著此流行者为真实，谓其别无有体；亦不能离弃这流行者，而外流行以求体。熊十力在本书中凸显天地万物一体之仁，以生意盎然、生机洋溢、生命充实言本体，赋予此本体以生命创造的特质。由此看来，仁心本体亦是一切文化现象和道德行为的根源和根据，是开发创新、社会进步、人格完美的原动力。此体就在我们心中，我们每人都自足自满地拥有这一个大宝藏。熊十力以这一理路建构了道德理想主义的形而上体系，为现代新儒学奠定了基础。

美籍华人学者、美国哈佛大学历史及哲学教授杜维明在《重印〈遵闻录〉序》中说：

《新唯识论》是当代中国哲学界以纵贯旁通、辨析入微的系统结构来阐明推扩体验身心之学的奇书。这本书从"明宗"点题起步，以性智的反观自照，考索"唯识""转变""功能""成物"四大课题，历经无数曲折，而归结到"明心"章"自性毕竟能成"的结论。其弘扬"即用显体""天人合德"以及"性修不二"的大易精神，一气呵成，足证数十年的深思熟考果是以"变化的，创造的"初机解决哲学发端的根本问题："宇宙实体之探寻"。熊先生在四十多岁的时候曾发宏论说，俟《新唯识论》成书后，还要撰写评判佛学、论述中国哲学思想以及略论中国文化三部大书。熊先生提出这个宏愿时正当卧病医院，濒临个人生命"虑将不起"的危险关头。他一方面以"不及著述为惧"，但同时对自己的文化使命亦处之泰然："吾即著书，天地间何尝增得些子；吾不著书，天地间又何尝减得些子。"

郭齐勇、杜维明两位教授都说到了实处，说到了要害。所以熊十力对这本书的阅读理解问题都作了很好的强调，他在《十力语要》卷三《答谢随知》一文中讲：

《新唯识论》，勿粗心看过便了，须理会吾用心深细处。此等书乃妙万物而为言，与西哲从某一科学为基础而出发以推演成论者，迥乎不同，非趋悟之资，深微之思，未能读之而不厌也，望汝细心临之。

到1944年，熊十力又开始起草他的另一部大著——《读经示要》。从正月初一开始，迄秋冬之际而毕。这本书是在极为艰苦的条件下完成的。熊十力所在的北碚镇镇长卢子英，很豪爽，很重视文化，为了支持熊十力办哲学研究所，曾将镇里的一栋房子捐了出来。后因种种原因，研究所没有办成，这栋房子成为熊十力的写作场所。其实这里什么也没有，熊在一个破旧的小桌子上，用两只粗泥巴碗当砚台，一个盛墨汁，一个盛朱红，用一管掉毛的秃笔，将这部书慢慢写成，于同年12月由重庆南方印书馆印行。是为中国哲学丛书之三。全书共分三讲：一、经为常道不可不读；二、读经应取之态度；三、略谈六经大义。共计三十万字。这是熊十力文化哲学、政治哲学、历史哲学和思想史专著。

熊十力认为，六经是中国文化根底，《易》为五经之源，《大学》为六经之宗要，作者特拈出《周易》《春秋》《周官》《礼运》加以疏释，发掘其中自由、民主、社会主义思想和科学精神，批判秦及以降的君主专制制度及其思想钳制。作者认为，先秦儒学经典中的"天命""天道"与"性"是一非二，而为万物之本和吾人所以生之理。"夫道，生生也，生天生地生人，只是此道。……尧舜以来，历圣相承，逮于孔子，皆从人生日用中敦笃践履，而后旷然默喻于斯。至哉道也！生生不息，真常维极。反己自识，则万化在我，万物同体。仁覆天下，而我无功名。本性自足，而脱然离系。""夫经之所明者，常道也。常道如何可废？"

在本书中，熊十力肯定汉学、朱学各自的贡献，尤其推重宋明儒者反己体认的内圣之学，又批评其守静去欲主张，病其拘碍。对朱子学和阳明学多有发挥，在"心即理"上认同阳明，在格物学上认同朱子。作者赞扬王船山、黄宗羲等的革新精神和实学风格，认为晚明是继晚周之后中国文化又一黄金时代，足以接植西学。在文化观上，熊氏既不同意"西化派"，又不同意"国粹派"，主张以民族精神为主体融贯中西。郭齐勇教授认为：熊氏把汉学、宋学打通了，把朱熹与王阳明也打通了。

信哉斯言！

12. 围绕"新论"展开的论战

熊十力的《新唯识论》(文言文本)于1932年刊行。它像一石击水,激起了无数浪花,立即引起学术界、佛教界的评论。而佛学界反应最为强烈。1932年12月,支那内学院刘定权(衡如)率先在《内学》杂志著文《破新唯识论》,欧阳竟无为其作序,痛斥熊十力"灭弃圣言"。次年2月,熊十力忍不住了,作《破破新唯识论》予以反驳,从而拉开了现代儒佛之争的序幕。1933年,太虚法师在《海潮音》杂志发表《略评新唯识论》一文,批评熊十力。同年,周叔迦《新唯识三论判》一书出版,对《新唯识论》《破新唯识论》《破破新唯识论》一一评判。1937年,巨赞(万钧)法师在无锡《论学》杂志上发表《评熊十力所著书》,五十年后再续文陆续在《法音》上刊出。1939年,欧阳竟无有《答陈真如书》《再答陈真如书》《与熊子贞书》三札,批评熊十力《新唯识论》。1943年,欧阳竟无病逝,以撰文悼念为由,吕澂就唯识学与熊十力往复数信争论。1948年,印顺法师发表《评熊十力的新唯识论》文,熊十力假黄艮庸作《申述新论旨要平章儒佛摧

巨赞法师

惑显宗记》长文答辩。后经改定成书，于1950年由大众书店出版。其他批评熊十力的还有王恩洋、陈真如等。

从20世纪30年代至今，这场儒佛之争颇有影响，实是中国现代学术史上的一大课题。下面将双方争论的论点及理据分别加以叙述。

首先说刘定权的《破新唯识论》（以下简称破论）与熊十力的《破破新唯识论》（以下简称破破论）争辩的主要观点。

刘定权是欧阳竟无的学生。刘定权对熊十力的《新唯识论》的批评，实际是欧阳竟无的批判。

刘的文章发表得很快，在熊著出版仅两个月，刘定权的批判文章就在《内学》杂志上登出来了。"破论"与"破破论"，主要是围绕"三性""四智""种子""真如""本体"等方面的问题进行的。

关于"三性"的争辩。

刘定权在"破论"中说：三性之说，佛口亲宣，诸经备载，而熊十力"今谈三性，则存善、恶，而废无记"。

三性之说，即心性染净问题，如刘定权所言，确是佛教"诸经备载"，尤其在唯识学上占有极重要的地位。心性染净思想在大乘论师中有着多种解释。刘定权在破斥熊十力时未指明依据哪部经典，不过以支那内学院师生宗主法相唯识学的思想取向来看，刘定权批评熊十力"废无论"的理据，应是心性无记论观点。即以道德判断一切时，有善性、恶性，无记性，而无记性乃是指不可断为善也不可断为恶，而是非善非恶的。另外，据《成唯识论》所云："俱非者，谓无记。非善不善，故名俱非。能为此世、他世顺益，故名为善。人天恶果，虽于此世能为顺益，非于他世，故不名善。能于此世、他世违损，故名不善。恶趣苦果，虽于此世能为违损，非于他世，故非不善。于善不善益损义中，不可记别，故名无记。"此说无记是对善、恶的结果来看的，不是现世一念来判断的。

刘定权对熊十力的批评，大概是指熊十力将"性"视为"本心""本体"，而强调"吾人本具光明宝藏"。尽管人限于形气（习心）所蔽，终能反身而诚，舍暗趣明，当下即是，战胜自己。这种从三性谈善恶、废无记，而又立心性本善、任情取舍，不能不说是违背佛教意旨。

熊十力于"破破论"申辩："说到本性，善不可名，恶亦奚立？然本性难以善名，却无妨说之为善。"熊十力认为本性善即是佛经所云"清净"，故不可说本性恶。佛教所言三性说，是从缘起说立论的，而熊十力的说法直是哲学本体论证。因而熊十力又说："佛家所云三性之性字，与吾上言本性之性字，原不同义。以三性之性字可训为德性，乃言乎吾人习心所具之德性也。"熊十力以习心不同本心，本心固善，习心有善有恶，人只需保住、扩充本心之善，即令恶习不见。经此区别，熊十力说："吾所异夫旧说者，唯不许有无记耳。盖非善非恶，方名无记。吾意此或诸佛菩萨顺欲之谈，未为了义。须知习心动处，不善即恶，未有善恶之境。"显然熊十力是以儒家性善论诠释佛家三性说。在《新论》中，他以此理据反批评佛家是"鄙夷生类，坚持恶根"。

自佛法观之，熊十力的诠释并不应理。故他调侃道："此理虽于自身求之，宗佛与否，吾何问哉？设令诸佛现世，吾以此理求证，又安见其不蒙印可哉？"熊十力以己意进退佛说，还要佛祖赞同其说，这自然就不能不遭到佛门弟子的拒斥了。

关于"四智"的争辩。

转识成智，在佛教修行法上，有它特殊的意义。依《成唯识论》

所言，四智是：一、"大园镜智"（镜智），此智"离诸杂染，纯净固德"。二、"平等性智"（平等），此智"观一切不自他有情，悉皆平等"。三、"妙观察智"（观智），此智"善观诸法，自相共相，无碍而转，（中略）断一切疑，令诸有情皆获利乐"。四、"成所作智"（作事智），此智"为有利乐诸有情故，善于十方示现种种变化三业"。此四智是经修行由识转成。"有漏位中，智劣识强。无漏位中，智强识劣，为劝有情依智舍识，故说转入识而得四智。"

刘定权批评熊十力谓："四智之说，佛所证得。今熊君挟私逞妄，于净位中不许有四，是其自恃己贤于释迦矣。"刘定权所言"于净位中不许有四"一语，是针对熊十力在《新论》明心章所讲的有情能反本心之论。

熊十力在三性说上，废无记，立本心固善，所以，他认为法护"谈一种子义，并建本（本有种）新（新熏种）则由其本有种义而推之，似直认妄识以为本心，而说为染净混，其邪谬不堪究诘"。

依熊十力看来，世界护法的错误即是，于染位中妄分入识为各独立之体，故于净位亦折智成四。照熊十力的解释，佛经上所言智，就是本心。"此心至明，发之于五官取境，不蒙昧，不倒妄，名'成所作智'；发之于意识思维，于一切法称实而知，如理如量，名'妙观察智'；不妄计我，我所故名'平等性智'；远离无始戏论言说习气故，名'大园镜智'。如是言四，即汝本心亦是分子聚集而成，宁非戏论？"熊十力以心体（智体）原本纯净无染，"浑然不可分之全体"，虽处染位中，但其能创生净习不断，以承随顺固有之本心。显然，熊十力是以儒家"变化气质、尽心以成性"的工夫论来诠释大乘诸经所言转识成智的修行法。正如他自己所言："难言哉智也！虽做过鞭辟近里切己工夫，自明自了，断非守文之徒，依名辞训释可以相应。"

其实，佛家唯识宗等法虽不言"鞭辟近里切己工夫"，但其所指示的修行法亦能导人循阶而是。如五重唯识的修观法所示：第一遣虚存实识，第二舍滥留纯识，第三摄末归本识，第四隐劣显胜识，第五遣相证性识。佛家证会本体的一套周密的方法，其所开示给人的是一条登阶可循的路。

儒佛两家于修身上的分野：儒家为率行五德，佛家为勤行六度（布施、持戒、忍、精进、定、智慧）。依熊十力所判定："佛氏言六度多明事相，不及儒家言五德克指本体于义为精。"

难怪，刘定权责难熊十力"自恃己贤于释迦。尚曰不乖宗极，其谁欺乎"。

关于种子、真如、体用义的争辩。

种子与习气，真如与性空，体用与功能，都是唯识学上的要题，也是唯识学各派争论最多、歧义最多的名相。

刘定权批评熊十力完全不了解佛家缘起性空之理，因此对真如、种子、体用义产生三种误解：一是误现界以种子为体，二是误现界以真如为体，三是误两体对待有若何关系。

熊十力于"现界以种子为体"争辩道，此一问题关乎三方面的问题：一是种子前后自类相生。依护法之说，既然建立种子为现界本因，就要回答此种子为体，是恒常法还是生灭法，无疑是生灭法，因而必定是种子前后自类相生，前念种子与后念种子作因缘。二是种子生起现行。护法建立种子，本为说明现界。如经现行无因而生必不应理，因此必以定法为根源，故说种子能生起现行，这样种界与现界作因缘。三是现行生种子。护法要解决种子的来源，说现行前七识所熏习气，潜入本识（阿赖耶识）而成新种，因此必定认为现行与始起种子作因缘。据以上分析，熊十力认为，护法说种子前后自类相生，现行生种子，种起现行，都是因缘法，故护法以功能为现界本根，名曰因缘。其错误即在以功能为能生之因，现界为所生之果。将种界与现界列为二重。

刘定权则指出：护法说现行生种，种起现行，种子前后自类相生，皆是因缘。功能现行互为因果，互为能生，互为所生，皆待缘生，并未以功能为现界本根，字曰因缘；也未以功能为能生之因，现界为所生之果。护法种现近生之义，是来自《成唯识论》卷七所载："有为法（案：生灭法）亲辨自果。"这即是说因缘之体有二：一种子，二现行，种子现行统谓之体。《成唯识论》中确有以本识为体，种子为用之说，但护法是以种子"与本识及所生果不一不异，体有因果理应固尔"。种子与现行相生互为因果，种子与现行互为其体。

熊十力与刘定权在这里的分歧，其根本点在对"体用"的理解不同。

熊十力认为"体用"一范畴，有玄学与一般通用两种不同含义。就玄学意义，"用为表示真实之词"。所谓"真实"，就是本体。体必有用，所谓用即是本体流行。体用是不可分的，体不是"能变因"（种子），用不是所变果（现行）。护法世亲的认识学"所谓现行与其种子是生灭法，是能变因，是用，而真如是不生灭法，是不变法，是体"，这就是将体用裁成两片之失。在熊十力看来，体与用是不可以因缘加以说明的。否则将导致体用、因果两实的错误。如哲学家所言实体与现象之说，将世界判为两重，而不知现象界是依大用流行而施设的假名。

除此，就一般通用意义上所言"体用"有两类含义：一类是"随举一法而斥其自相，皆可名之为体。言其作用，皆可名之为用"。这是就实体和功用言，宇宙万物皆有体有用，如瓶的自相（自身规定性）是体，其盛贮作用是用。另一类，是"思想所构种种分剂义相，亦得依其分剂义相，而设为体用之目"。此即依吾人思想中的概念范畴，及概念范畴间的关系来设定体用之名称。如言事物之间的不同差别其主次、轻重、本末、缓急、先后等，均可以体用来表述。由此，熊十力以为《成唯识论》卷二所言"本识为体，种子为用"，其义只是以体用之名称，表示本识与种子两个概念不同及其两者间的相互关系。护法以种子是本识之相分，则称种子为用；以种子依止本识中，则称本识为体。此类体用名称是一般通常意义上的使用。

总而言之，通常意义上的体用说与玄学意义上的体用说是判然不同的。熊十力强调他的哲学根基即在本体论。他以大乘空宗破一切实相的空观及缘生、刹那生灭等法，蠲除实体观念，进而以大化流行言体，即用显体。熊十力的体用说，无疑是接受了佛家空有二宗的思想影响，然其本质仍是儒家道德本体说。

关于"误解真如为体"，熊十力争辩道，佛家所言"如所有性"，是谓真如遍为万法实体，实体即无变异，在净法中常如其性，不增不灭。易言之，即一切净染法所本具实性，恒如常故。因而佛法于变易法中见不变易，而称不变用为体，并没有以体实存，真如为体是方便假设。熊十力这一解释，应该说最符合唯识学的说法。所不同的是，佛家唯识学于"真如"上不讲流行两字，因为一讲到流行就是谈用，而不是言体。而熊十力是以流行言体，他说："吾书则就本体之流行处立言，体不可直揭，而从其流行强为拟似。""本书以方便显示本体之流行，但假有施设，而实无建立。"正因以流行言本体，熊十力才有"一翕一辟所以成变，此即流行之妙"的翕辟成变说。照熊十力的讲法，流行即主宰，才可称真如（法性），才可说真如为体。

于此，还须提及一个重要问题，即熊十力关于佛家本体意，批评佛家虽主张"破相显性"，体不可直揭，但以体用绝然分殊对立是一个失误。更为重要的是，佛家证会主体的时候，只能证会到空寂一面，而不能体认到本体生化创生的一面。熊十力这一责难，是不满佛家体证本体的"止观"方法及出世精神。这当然反映了熊十力站在儒家大易刚健不息的立场，表达了不同的价值取向。

熊十力的诠释及立场，与支那内学院师生以法相唯识学为核心的佛教思想取向是背道而驰的。为此，欧阳竟无大师极为恼火，痛斥熊十力"灭弃圣言"，愈聪明愈逞才智，愈弃道远。命他"应降心猛省以相从"。熊十力非但不相从，继而将《新论》改用语体文重述之，于1944年再行刊布，彻底走上了"背弃师说"的不归之路，如他所说："新论文言本犹融易以入佛，至语体本，则宗主在易。"

和熊十力争辩激烈、影响较大的第二个人是吕澂。近五十年来，大陆的吕澂和旅台的印顺法师，被视为佛学研究上的"双璧"，是成就非凡的两个高峰。

吕澂，1914年到南京金陵刻经处从事佛学研究，接着从欧阳竟无学习佛学，1915年东渡日本，专攻美学，次年回国，受聘为刘海粟创办的上海美术专科学校教务长。1918年协助欧阳竟无在南京筹办支那内学院。1922年内学院成立，任教务主任，欧阳大师去世后继任院长。中华人民共和国成立后，历任第三、四、五、六、七届中国人民政治协商会议全国委员会委员，中国科学院哲学社会科学学部委员。他对

吕澂

佛教典籍的校勘整理和佛学义理的研究作出了巨大的贡献。

吕澂对熊十力的批评和争辩的导火线,是 1943 年 2 月,欧阳竟无病逝于江津的支那内学院,吕澂将讣闻函告熊十力,要熊撰文悼念。熊以"传师之日浅,又思想不能为佛家"委婉拒绝,同时又附有一封熊寄梁漱溟的论欧阳信稿,批评欧阳之学,是"法相唯识",虽愿力大,惜其"原本有宗,从闻熏入手"。熊不客气地说,欧阳一生鄙宋明儒,其实宋明儒的"鞭辟近里切己",无资外烁,正是欧阳所短,而要学习的。熊还本此立场,指出欧阳谈禅,"不得真得于禅";欧阳学解以"闻熏"入手,故内里有"我执"与"近名"等许多"夹染";胸怀不够"廓然空旷",有"霸气",为文"总有故作姿态痕迹,不是自然浪漫之致也"。最后熊自称自己的《新唯识论》,融通儒佛,自成体系,是"东方哲学思想之结晶",和欧阳学问的宗旨相比,就像陈伯沙(1428—1500 年)之于吴康斋。亦即熊认为自己是"青出于蓝,更胜于蓝"了。

熊十力这封信是 1943 年 3 月 10 日寄出的,不久熊即发觉信中言语及附信甚不妥当,于同年 3 月 16 日再寄一封,说自己"施之僭妄,幸勿示人",但已晚了。吕澂在接到 3 月 10 日的信后,十分气愤,于同年 4 月 2 日,即针对"闻熏"一词,提出强烈的质疑。于是双方正式展开对佛学精义的热烈争辩。两人往来信函共 16 封,熊为 9 封,时间分别为 1943 年 3 月 10 日、16 日、4 月 7 日、17 日、18 日、5 月 21 日、6 月 3 日、21 日、7 月 19 日;吕澂函 7 封,时间分别为 1943 年 4

月2日、12日、13日、22日，5月25日，6月12日，7月20日。

吕澂致熊的第一封信只作了简单的答复，他说："《瑜伽论》说净种习成，不过增上，大有异乎外烁。至于归趣，以般若为实相，本非外求，但唐贤传习晦其真意耳。"接着便极为尖锐地指出，熊论"完全从性觉（与性寂相反）立说，与中土一切伪经同一鼻孔出气"。此正是"病根所在"。

吕澂显然是意识到了熊之菲薄闻熏论与倡导性觉说的内在理路关联。不过，吕澂于此似乎语焉不详的是，闻熏义异乎外烁之处究竟何在？考诸《瑜伽论》卷52，事实上有一段文字倡导此义颇明，现引之如下：

……答：诸出世间法从真如所缘缘种子生，非被习气积集种子所生。

问：若非习气积集种子所生者，何因缘故建立三种般涅槃法种性差别补特伽罗，及建立不般涅槃法种性补特伽罗，所以者何？一切皆有真如所缘缘故？

答：由有障无障差别故。若于通达真如所缘缘中，有毕竟障种子者，建立为不般涅槃法种性补特伽罗，若不尔者，建立为般涅槃法种性补特伽罗……若出世诸法生已即便随转，当知由转依力所任持故，然此转依与阿赖耶识，名无漏界离诸戏论。

此段要义有三：其一，出世法由真如所缘缘种子生，此种子当泛指因果之因而言，亦即所谓"希望过去诸行即此名果，若望未来诸行即此名种子"之种子义，换言之，正闻熏习于出世法之生起乃为所缘缘。其二，闻熏作为所缘缘仅为增上（所缘缘可摄于广义的增上缘），虽一切众生皆得以真如为所缘缘，然并非一切均能证得圣果而无差别，其根本原因便在于，在众生作为一切种识的赖耶中有具不具三菩提种之差别，此三菩提种也就是于通达作为所缘缘的真如有障还是无障，有一分障还是毕竟障。因此，多熏习必得借助于净种的生成、增长而起作用，两者交互为用，并非单单靠所谓外烁便能滋生出世间法。

其三，由此引出的一个更为重要的结论是，出世法的初创（此唯能就"能"边之菩提种而言，"所"边之真如平等一味，无有初创之可言），乃是一个关键的转折点，在此以前众生为无始无明所熏习，从来就没有清净过，此后则"由转依力任持故"，不断地转染成净、转迷成悟，成就菩提，证得涅槃，这是一个不断向上、向前的奋进过程，而非返本还源式地去捕捉一个现成的所谓本心。换言之，智如一味的般若实相就证得而言尚在未来，已然的所谓本心正如吕澂所言，"说到一个究竟处，不过一血气心知之性"，唯是无明流行而已。

可见对于唯识闻熏一义，熊的逻辑是，首先要把握住的是自性本心，然后才有闻熏修习之可言，换言之，"净习"须"依自性发生，始非外烁"，否则乃是无本之学，这恰恰就是中土典型"性觉"思路。因而吕并不愿在闻熏的问题上与熊多做纠缠，而是直接把分歧引向了"性寂"与"性觉"的原则分判。于是他极为详尽分疏了"性寂"与"性觉"之辨的多重含义。

其一，从根本上来说，两者"一在根据自性涅槃（即性寂），一在根据自性菩提（即性觉）"。何为自性涅槃？吕澂解释说，"由西方教义证之，心性本净一义，为佛学本源，性寂乃心性本净之正解（虚妄分别之内证离言性，原非二取，故云寂也）。性觉亦从心性本净来，而望文生义，圣教无证，讹传而已。"心性本净就其作为性寂的本来意义是说，心之本性本不与烦恼相应，也就是说，由虚妄分别所产生的二取执着并不是心的本来状态，这里心就是众生当下的平常心，并非离此之外更有一个真心。这一远离烦恼执着的心之本性法尔如是，所谓"有佛无佛其性常住"，因此它是自性清净，而不是在证得意义上的分位清净。概言之，就其与烦恼之嚣动相反而本来如是，故名之以性寂或自性涅槃。以"性觉"来解释心性本净，它就为众生本来就是觉悟的，即本来就是菩提之智，虽现在有妄念遮蔽，然此作为万法本源的真心则依然觉性自存，只要息灭妄念，原本先天具足的真心即可朗现其明净。

其二，此一相关，"由前立论，乃重视所缘境界依；由后立论，乃重视因缘种子依。能所异位，功行全殊"。虽然就自性言，心之本性本来寂静自性涅槃，但就分位之证得言，现实的众生无始以来唯有无明熏习，从来就没有清净过。因此由染转净、由迷转悟的关键在于以真如为所缘缘的正闻熏习，这一方面能知净种由习成而增上，另一方面于习成增上的功夫中所知的又是般若实相。概言之，此即由得之清净还显自性之清净。吕澂所谓"习起知归（归趣般若实相），无容先后"，正是在这一意义上，《般若》说"观空不证"，《楞伽》说"妄法是常圣人亦现"。盖凡圣之别，唯在能否证得此迁流诸行之性寂实相而已，证则迁流诸行如如显现，否则如此二取执着妄现非真。如以性觉立论，则如《起信》所言之真如无明互熏，一切修习由本已具足之真如内熏而直接产生，真如由所缘缘一变而为能生万法的亲因缘。

其三，吕澂认为更重要的是，两者的区别在于"一则革新，一则返本"。佛家之所以土根本义曰心性本净，是因为其"重在离远转依，而由虚妄实相（所谓幻也，染位仍妄），以着功夫"。也就是说，性寂概言之，乃是"就所知因性染位而言"，正由妄法之本寂实相与妄法之嚣动不相应而知妄法之为妄，然后才有离染去妄之功夫。因此它是"鹄悬法界，穷际追求。而一转捩间，无住生涯，无穷开展。庶几位育匪托空谈"。此革新之谓。性觉则认为菩提之智已为众生所本具，即认为"能知果性已净"，因此它的整个修习路径是返本还源。吕澂尖锐地指出，这实际上是"误妄念为真净，极量扩充"，"毕生委身情性，纵有安排，无非节文损益而已"。

对性寂与性觉的分判本源自于吕澂对整个中国佛学的看法。他认为，六代以来，讹译惑人，离言法性自内觉证者（不据名言，谓之曰内），一错而为自己觉证，再错而为本来觉证，从而衍生出"由《起信》而《占察》，而《金刚三昧》，而《园觉》，而《楞严》"等一系列伪书，皆一脉相承以性觉义立说。吕澂激愤地写道："流毒所至，混同能所，致趋净而无门。不转转依，遂终安于堕落。慧命为之芟夷，圣言因而晦塞，是欲沉沦此世于黑暗深渊万劫不复者也。稍有人心而忍不深恶痛绝之哉？"在随后如《起信与楞伽》《大乘起信论考证》《起信与禅》《楞严百伪》《试论中国佛学有关心性的基本思想》等一系列论著中，吕澂都对这一问题有过更进一步的阐发，可见他于此是极为重视的。

　　面对吕澂如此精严有力的批驳，熊十力显得有点招架无力。他于此一个基本看法是性寂与性觉相辅相成，实不可分，所谓"即觉即寂，即寂即觉"是也。在他看来，如只言性觉固然不可，因为那只是"以乱性为自性"，但如只言性寂，那亦只是如同数论自性之德之阇钝，"以无明为自性"而已。性体乃一浑然不可分之大全，即空寂即生化，若滞寂而不知化，是"未识性体之全"，"断性种矣"。熊十力强调指出，"治经论是一事，实究此理，却须返在自身找下落"。而此即寂即觉之性体大全恰是他"反己用过苦功"所见得的。

　　熊十力显然是有意规避了吕澂提出的问题，于闪烁其辞之余，使他唯一充满信心的乃本觉性体的朗然显现。至于他所批评的佛家知寂而不知化，大约也是臆解强加之辞。吕澂指出："迁流诸行，佛家全盘功夫，舍此又何所依？问题所在，乃是此流行染净真妄之辨，与相应功行革新返本之殊耳。"这里关键在于，熊的整个思路就是宋明儒"尽心成性"的道德心性论，而他却偏又要以佛理来会通之，这自然不免捉襟见肘了。

　　熊十力与吕澂的争辩，因其治学的目的有所不同，吕澂是一个虔诚的佛学家，潜心佛教义理，由佛教文献学出发，循思想史脉络，以谈唯识思想；熊十力不是一位纯粹的佛学学者，而是一位思想家。批评佛学并不是他的目的，而是借助于批评法相学去批评乃至回应西方哲学，借助于批评佛学阐发自己的思想体系。所以往往凭记忆印象，以论佛学。看他在最后的一次答辩中（1943年7月19日）的一段话我们就完全清楚了。

　　总之，佛家之学，毛病甚多，我愿你照他的真相讲明算了，不必有意为他维护。佛家尽有高深而不可颠扑处，但以吾所见，其妄诞处实不少，而无著之徒尤为甚。印度人最喜弄名词，许多地方弄得甚好，其弄得不好者也不少。中国先哲最不肯弄名词，其长在是，其短亦在是。我对于佛，根本不是完全相信的，因此，对于伪不伪的问题，都无所谓。我还是反在自身来找真理。

因为如此，双方在辩论中，吕澂获得了全面的优势场面。

前后双方论学，经历四个月之久，但终究还是白讲。用郭齐勇教授的话说，熊十力的此种态度，叫做"王顾左右而言他"。吕澂除了将双方论函稿，全部披露，让读者自行判断之外，又能如何呢？

吕澂与熊十力的论学函稿，在1984年才全貌发表。在此之前，熊十力也以改作稿，收入《新唯识论》语体文版的"附录"中。此两种文献的问世，到底对学术界投下什么影响，实难断言。因为"性觉"与"性寂"的思想争辩，并未构成当代思想界重新再检讨的大问题。

研究熊十力思想的郭齐勇教授，曾在《熊十力与中国传统文化》一书中，列举了"五十年来佛教界的批评"，针对熊著《新唯识论》谈佛学的缺失，作了各种角度的检讨。但是，佛学方面的缺失，并不影响熊十力新儒家思想的高度。例如杜维明认为，"熊十力先生是中国当代'规模广阔，神解卓特'的哲学家"。"《新唯识论》是中国哲学界以纵横旁通，辨析入微的系统结构来阐明扩充体验身心之学的奇书"。陈荣捷则认为："熊十力哲学的特征，是把仁作为本性，把天人合一作为目的。""熊十力从佛学中所获益的与其说是唯心主义，不如说是瞬息变化的概念。他把这运用于《周易》的生生不灭学说，并予以强化。这个能动的变化的观念，在新佛学特别是在王阳明那里，已经很显著。但是，熊十力为之提供了一个形而上学的基础。""除冯友兰和熊十力以外，在20世纪还有其他人，特别是欧阳竟无和太虚两人只是复兴唯识论哲学，而没有增加任何新东西。梁漱溟给孔夫子的仁的概念以能动的直觉的新解，对20世纪20年代的新文化运动产生了极大的影响，但是他没有形成自己的哲学体系。熊十力则建立了自己的哲学体系。除此而外，他比同时代的任何一个哲学家影响了更多的中国年轻的哲学家。"

13. 典型的真人，特殊的性格

近现代学人中，熊十力可以说是一个真气感人、性格特殊的学者。尽管他同少数人不谐，但赢得了多数人的敬仰和爱戴。

胸怀坦荡，古道热肠。曾在北京大学同他共事的邓高镜，抗日战争时期，多数教师都到了大后方，他没有去，一直守在北大，其生活贫困可想而知。为了生存，邓高镜将家庭的微薄财产几乎卖尽、当尽。国难当头，何以聊生！抗战胜利后，熊十力又回到北京大学，当看到邓高镜生活潦倒，吃穿用都极为困难的时候，顿生恻隐之心。他首先把自己省吃俭用而节约下来的一点工资资助给邓高镜，同时又联络林宰平、汤用彤诸教授按月资助。邓高镜每次接到这些资助后，总是感激涕零。

其实，当时熊十力也是非常困难的，但他关心别人胜过关心自己，任继愈回忆说："几十年来，就没见过他穿过一件像样的考究的衣服。""人们认为值得留恋的生活方式，熊先生却毫不沾边。……一般学者都有藏书，可他手头藏书很少，甚至可以说没有藏书。我认识的

1958年秋，熊十力在上海与家人合影。中排右三为熊十力，右二为熊夫人，右四为连襟王孟荪，右五为王夫人；后排自右向左为长女幼光、长子世菩、媳万玉姣，前为孙子、孙女

学者中，熊先生是唯一没有藏书的学者。"这说明他生活之艰难。他的儿子熊世菩、长女熊幼光教授说：父亲一生生活俭朴，他的衣被上真是补丁摞补丁，终身布鞋布袜，都由我母亲动手缝制。他出门用的一只柳条箱，已经用了几十年，破旧不堪。新中国成立后，生活条件好了，熊十力每次到京开会，还要让女儿给他补补衣服。1959年北京开会后，幼光护送他返沪，替他买了一条床单，到1968年父亲逝世后，还看到那条床单仍是完好地放在那儿，可见他一直是舍不得用它……父亲对儿女总是以忌私戒贪、俭可养廉教导他们，印象极深。直到现在，儿女们还受到影响，在生活上从不追求奢侈，不铺张浪费。

1943年到1944年，熊十力和学生李渊庭都在勉仁书院和勉仁中学。当时学校经费十分拮据，教职员工工资待遇很低，仅可糊口而已。李渊庭和夫人阎秉华（时年26岁）养着三个小孩，大女儿七岁，二儿子三岁，还有小儿子，经济特别困难。可巧祸不单行，因为营养不足，已怀孕五个多月的阎秉华，一天昏倒在厨房。在这种情况下，李渊庭

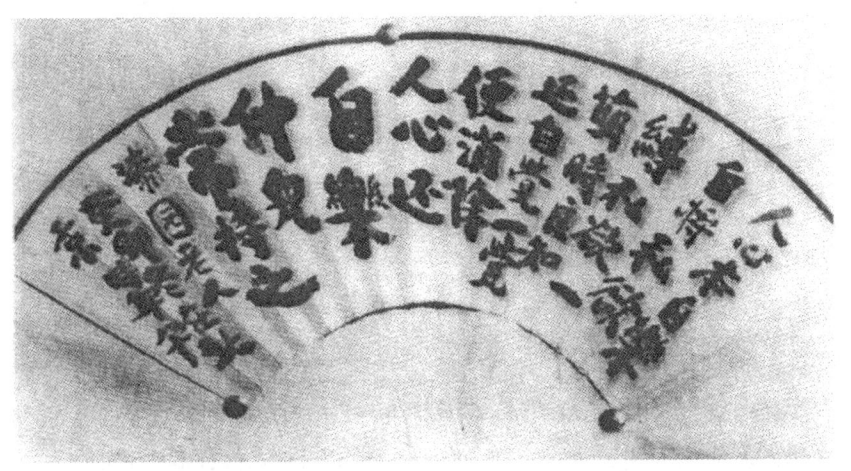

熊十力1963年冬去京开会期间为熊仲光题书的扇面

雇滑竿将她抬到十来里远的北碚城内一家医院，经妇产科检查，婴儿已死在腹中，医生取出死婴，却不取出胎衣，要让先交清费用才行。可李渊庭没有钱，直看着阎秉华流眼泪。阎秉华醒来后，非常难过，马上将一岁半时父亲临终给她母亲戴上的一枚金戒指取下来让李渊庭去卖。待交了钱后，医生才给取胎衣，打止血针。

熊十力对李渊庭的家庭困难十分同情。就在这年暑假的时候，熊十力突然收到了一个叫刘汉的学生的来信，说他接办了重庆捍卫中学，请熊先生派几个学生去帮他办学。熊十力马上找到李渊庭说："你们孩子多，在这里生活既不方便，又太艰苦，到重庆去工作，待遇要高一些，生活方便些。"李渊庭一答应，他就向刘汉发了介绍信。从此李渊庭一家的生活困难有了明显的改善。由是他们念念不忘。

1948年春天，熊十力的安陆好友池师周在武汉患肺疾逝世。安葬已毕，池师周的女儿际安就到杭州大学随侍十力，听其讲学。十力欣然执笔写文一篇，云："自惟平生孤陋，垂老析薪，何幸得仲女为吾子，学惭伏老，传经无待于男；道愧庞公，闻法居然有女。"又云："儒家有在三之义，佛门有法寺之规。"将文在杭州油印多份寄给亲友，说明收际安为义女，并命名"仲光"，和自己亲生的女儿幼光、再光排行。仲光喜静，爱读佛书，帮助十力料理家务，抄写稿子。熊十力一生很少和夫人在一起，子女也不学哲学，在北京及四川都是独立生活。晚年有一女作为弟子，又能听他讲学，十分满意，他说："伏女传经，班女爱史，庞女传道，得仲光，又多了一个可以传道的人。"熊十力南下后，仲光留在北京九十一中当教师，未随去。

不媚俗，不媚权，爱所爱，憎所憎。抗战爆发不久，熊十力从北平回到了武汉，住在汉口葆元里连襟王孟荪家。当时亲朋好友，达官贵人，常有来访。一天，去的人比较多，其中有刘虎生、杜耀如、汤济川、陆逵九、向心葵、谈瀛，等等，屋里挤得满满的。大家就抗战前途问题进行议论，有问有答。因为熊十力是从北平来的，在政治上又是颇具远见的人，大家向他提问的多，熊十力随即回答，有时也摇头叹气，表示大敌当前，此诚危急存亡之秋，不可盲目乐观。向心葵不以为然，率尔而对，说："现在蒋委员长领导抗战，我们应有必胜信心。"没待向讲毕，熊十力就变了脸色，拍案而起，气愤地指责向说："丹忱（向的别号），你读了这么多年的书，为什么到现在还分辨不清是非黑白，竟把民族命运寄希望于蒋某，他是什么东西！荒淫、狡诈、专擅、忮刻、贪财、怕死、无知、无能……"还说了一些很不好听的话。抗战初期，蒋介石正处在他一生声望的高峰，大家听了十力这一番严辞厉语的指责，都感到有些吃惊和迷惘，不敢置喙，均沉默以对。幸而有位聪明人及时提问："熊先生，您看，我们应该怎么办？"由此话题一转，房间空气才缓和下来。熊十力意味深长地说："天下兴亡，匹夫有责，大家都应反求诸己，要有王船山、顾亭林、黄梨洲那种精神。只要中华民族文化传统不绝不灭，人心不死，即使日军一时得逞，我们中国还是能够振兴起来的。"接着，他举了一些事例，反复说明，最后还补了一句："然蒋氏，非其人也。"

熊十力这一席话，给在座的人印象很深。到抗战后期，尤其是抗战胜利以后，这些人看到蒋介石倒行逆施，坚持反共，再次发动内战，才逐步理解到"熊先生独具慧眼，洞察深远"。

陈铭枢和熊十力都师从欧阳竟无，是南京支那内学院的同学，是非常好的朋友。一度，陈铭枢深得蒋介石的器重，成为"红人"，朋友们相聚，都对陈铭枢有所畏惧，陈铭枢讲话或对或错，大家都不作声，

吴稚晖

随声附和。熊十力却不然，发现陈铭枢言语有失，必当面指斥，不稍掩饰。有次，陈铭枢藉十九路军在福建闹闽变时，报载致胡汉民电中有"胜广揭竿于先，沛公继起于后"语，熊见之连说："放屁，放屁！必出于某人（亦熊十力学生）的手笔，小子们，可鸣鼓而攻之。"此后，即与陈铭枢少有往来。

曾任浙江省主席的张难先，同是辛亥革命的战友。民国二十年（1931年），熊十力在杭州养病时，偕学生张立民造访。见面时，张难先以轻薄口吻连说："圣人来啦，圣人来啦（湖北有称熊圣人的），嗯嗯。"熊大为不悦，亦连说："么事圣人？么事圣人？"坐下又道："你今已做了一省的高官，为何对故人如此轻忽苟且？"于是两人就吵起来了。

张立民大急，遂附熊耳轻声道："我们系宾客地位，此间吵嘴，恐碍观瞻。"熊遂含怒静坐，张亦不言。有顷，张难先似自觉失态，乃微笑道："笑话已经说过了，架也吵过了，我们还是来正正经经地谈一谈吧！我很挂念你，你的身体近来可好？胃病已痊愈么？"熊亦露笑颜道："很好，很好。多亏得立民替我天天打针，所以精神又复健强起来。"

张难先转向立民道："原来立民兄还会看护先生，真是难得！"

张立民道："肌肉注射，至为简单，不值称道。"于是气氛变得和谐起来。

"五四"运动后,韩浚、刘子通、熊十力都在北京,并住在一起,政界、学界常有人来闲聊。吴稚晖当时任国民党中央监察委员、中央研究院院士。有一次,他也来到熊十力的住处。韩浚当时比较年轻,以这些人为师,常求教于他们。熊十力是韩浚的姐夫,曾建议韩浚看王阳明的集子。吴稚晖听说后对韩浚说:"多看书是好事,但青年人应多看些吃饭穿衣的书。"

熊十力听后,甚为反感,当场骂了起来:"没有看到你是个翰林,我看你没有学问,简直是无知……"吴稚晖当时气走了,但第二天又来了,彼此照常谈得很火热。

在学术问题上孤往探寻,服膺真理。熊十力曾说:

中国人有一个不良的习惯,对于学术根本没有抉择自己所愿学的东西,因之于其所学无有不顾天不顾地而埋头苦干的精神,亦无有自甘受世间冷落寂寞而沛然自足于中的生趣。如此而欲其于学术有所创辟,此彼孟子所谓"缘木求鱼"及"挟泰山超北海"之类,殆又难之又难。吾国学人总好追逐风气,一时之所尚,则群起而趋其途,如海上逐臭之夫,莫名所以。曾无一刹那,风气或变,而逐臭者复如故。此等逐臭之习,有两大病:一、各人无牢固与永久不改之业,遇事无从深入,徒养成浮动性。二、大家共趋于世所矜尚之一途,则其余千途万辙,一切废弃,无人过问。此二大病都是中国人的死症。

熊十力在学术上完全克服了其所言中国人所固有的弊病,孤往探寻,依己不依人,所以就多有创新。例如1933年,他在北大代替梁漱溟授佛教唯识学,并且印发了《唯识学概论》,但不久,他就怀疑旧学,于是毁了旧稿,创《新唯识论》。一般来说,他这是离经叛道的行为,所以就有人写了《破唯识论》反驳他。但他对于自己失去所得的东西毫不含糊,因而便写出了《破〈破唯识论〉》,一时成为学界佳话。

辛亥革命后,有人介绍他到武昌文华大学(美国教会所办)教书,待遇也不错,但他在学校常常公开骂洋奴,骂美国人,虽然得到大多数师生的拥护,却得罪学校当局而遭到了排斥,他不得不回家闲住。

废名

可他闲不住,在家研究佛学,一搞几年。有一次,岳父傅晓榛听说有一个和尚来武汉讲学,人称大仟法师,前往求教的很多,便对他说:"你研究佛学,去听听大仟大师的讲学吧!"开始他不愿去,经岳父再三劝说他才去了。那个法师派头很大,去听讲的人都要磕头,岳父让他磕头他硬是不磕。大仟法师首先问他看了些什么佛书,他回答后提了几个问题请法师讲解。他从法师的讲解中发现许多漏洞,便当面予以批驳,并毫不客气地说:"你好大胆!许多东西你自己未弄懂就四出讲学……"他把那个法师评批得面红耳赤,第二天赶快离开了武汉。

在北京大学时,熊十力和废名住地相距不远。废名是作家,毕业于北京大学,又在北大当教授。不知从什么时候起,废名竟对佛学有兴趣,开始研究起来,并常来熊十力住所,相与讨论佛学。有时因理解不一,争论得相当激烈,声音传得很远。有一次,两人争起来后,引起许多人来围观,发现他们两人扭打在一起,互相掐住脖子,说不出话。

发生在两位学人间的这场殴斗,外界影响很大。后来被演绎成无数版本,有的人说是在桌子底下扭成一团;有的人还说是熊正坐在马桶上,被废名拉起来扭打的;有的人说是废名正往外走时,被熊十力抓住扭打,还边打边骂。

不过,两人隔不了两三天,又欣然相聚,谈笑风生,和好如初。

在北大还传有熊十力与梁漱溟的争吵问题。据梁漱溟说,他同熊十力前后相聚四十年,但由于彼此性格不合,虽同样倾心东方古人之学，但治学谈学上却难契合无间。熊十力著作丰富，每出书，都要请梁先行过目，梁读后深深叹服，摘录为《熊著选粹》一册，以示后学。"但读后，心不谓然者复甚多，感受殊不同，于是写出《读熊著各书书后》，全文甚长，缕缕陈其所见。"

梁漱溟说，熊十力到了晚年，著作尤多，但他意气自雄，时有差错，藐视一切，不惜诋毁昔贤。并认为他的《体用论》《明心篇》《乾坤衍》，其著笔行文拖沓冗复，有的地方，甚至荒唐。

熊、梁就在这些学术问题上时有分歧或争论。有一次，争论结束，熊十力不甚解气，趁梁漱溟转身之际，跑上去打了他三拳头，口骂"笨蛋"后方休。

为了辨别这些问题，熊十力说："人谓我孤冷，吾以为人不孤冷到极度，不堪与世和谐。""凡有志于根本学术者，当有孤往精神。"

1945年，熊十力在勉仁书院工作。当时用很大一部分时间写《读经示要》，而且每天都写得很晚才休息。

一天，学生李渊庭去他房间，看见桌上的书稿，引用了王船山的话，李渊庭觉得不符合王船山的原意，有点生拉硬套，建议他删掉。熊十力就大发雷霆，骂李渊庭"王八蛋"胡说。李渊庭也坚持自己的意见，但怕他来打自己，边说边退，结果退回到家里来了。李渊庭的夫人阎秉华听到熊十力追到家里来，一直在骂李渊庭"王八蛋"，李渊庭进门走几步站住，一转身正面对熊十力，熊十力又骂道："王八蛋，难道是我错了？"李说："我只说请先生再看看您引的那段话的上下文，您就会明白的，您讲得不符合原意！"李渊庭话音未落，熊十力举拳打向李左肩，李渊庭不躲避，却说："您打我，我也是这么说。"李渊庭的三个孩子被吓得大哭，熊十力气愤地走了。阎秉华从来也未见过这种场面，竟然呆在一旁不知所措，眼看着熊十力生气地骂"王八蛋"，出了门，才抱起最小的一个三岁的小孩哄着他不要哭。阎秉华问到底是怎么一回事，李渊庭如实相告。阎秉华劝李渊庭说："可能你讲话的态度生硬，伤了老人家的自尊心、自信心，你应该在态度上客气点么！""对熊老师不必虚情假意，那样他会更火！"第二天一早，熊十力推门进屋，笑嘻嘻喊着："渊庭，你对了，我错了！我晚上拿出书来仔细看了上下文,是你说的那意思。哈哈,冤枉你了!"熊十力还摸了三个孩子的头说:"爷爷吓着你们了!"抬头看阎秉华正在发笑,他也哈哈一笑就走了。此后,熊十力与李渊庭的关系更近了。

新中国成立后,北京成立中国哲学学会,公推熊十力做委员,他不赴会。为什么呢?熊十力说:"我是不能改造的(意即唯心主义哲学),改造了就不是我的。"他还说:"马一浮写信给我,说他自己是'确乎其不可拨',我回信说我也是'确乎其不可拨'!他们以为我到北京'尽弃其所学'了!"

谈论学问乐此不疲,谈论琐事即感厌倦。无数专家、学者的成功经验证明:一靠天才,二靠勤奋。熊十力也是如此。20世纪30年代初期,他在北京大学讲佛学。一个人住在沙滩银闸路西一座小院子里,门总是关着,门上贴一张大白纸,上写:

近来常有人来此找熊十力,熊十力以前确是在此院住,现在确实不在此院住。我确实不知道熊十力在何处住,请不要再敲门。

看到的人都不禁大笑。笑什么呢?笑他"此地无银三百两"式的书呆子气,其实是根本不了解哲学大师之所以为哲学大师的庐山真面目。古人珍惜寸阴,哲学大师是惜分阴秒阴。熊十力主动把自己同人事繁杂、诱惑多多的世俗生活拉开距离,是为了让自己有一个宁静的空间,在孤独中静下心来,专注于内心灵魂的丰实和净化,专注于思想认识的深化和扬弃,专注于精神产品的孕育和创造。的确,外面的世界很精彩,钟情于安静和孤独的人,自然也需要欢聚和激励、交往和沟通、信息和启发。但是,这决不能失去必要的分寸,更不能陷入"群居终日,言不及义"的无聊泥坑。有人说:"世上没有一个人能够忍受绝对的孤独。但是绝对不能忍受孤独的人都是一个灵魂空虚的人。"至理名言!

为了使自己能在一个宁静的地方读书写作,他不时地迁居是人所共知的故事。熊十力曾经告诉他的学生韩裕文:"做学问,不能甘居下游,要做学问就要立志,争当第一流的学者,没有这个志向,就不要做学问。做学问，要像战场上拼杀一样，要义无反顾，富贵利禄不能动心，妻子儿女也不能兼顾。"因为如此，熊十力对自己安居的地方，时刻注意安静和孤寂，从不趋向繁华。

抗战胜利后至新中国成立前，熊十力住在沙滩北大子民堂后院的两间改造过的集体宿舍里，面积20平方米。这里潮湿而又喧嚣，读书写作比较困难，十力有苦难言。新中国成立后，国务院办公厅征得熊十力的同意，在交道口附近给他租了一处住房，北屋五间，并为他添置了必要的家具。他和义女仲光来北京后，即住在这里。两三个月后，熊十力觉得这里嘈杂，又搬了一次家，搬到西城宝禅寺街，住在最后一进院子，是个独院，这里对他读书写作比较有利。

半年以后，国务院办公厅给他找到了一个更为安静的处所，在北海鸦儿胡同的一所四合院，出门就是什刹海，非常安静，熊十力极为高兴，每天读书写作效率很高。

可住到一年，熊十力感到年老，不耐北方严寒，因为他不习惯烤火，再冷，也是裹着棉袄棉裤，很不利于读书写作。于是他要求到上海，傍儿子熊世菩居住。当时世菩是上海招商局的工程师。

由于世菩住房比较窄，到家里看望、访问十力的人多，住了一段时间，对他的读书写作有影响。于是熊十力又向国务院作了反映。陈毅市长知道后，特派上海市委办公厅主任在愚园给他安排了一套住房。这个地方宽敞而又安静，熊十力住得非常满意。当时，他的工资关系在北大，仍由北大往上海寄。熊十力觉得这样麻烦，反映给国务院后，工资改由上海市委统战部支付。

熊十力天性旷达，颇有魏晋人风度。魏晋之际的著名诗人阮籍（210—263年），身居乱世，难遂壮志，常借酒遣怀，放荡不羁。有一次，他的嫂嫂要回娘家，按照礼教，男女有别，他是不应去送行的。可是他不仅同嫂嫂相见，还特地为她饯行。社会上一些讲礼教的人，对他冷嘲热讽，阮籍指着那些人说："你们愚蠢，孔孟礼教也不是为我们设的，哪能让它来束缚我们呢？"

熊十力在行动上的一些表现，也让人们把他视作魏晋人一样。在夏天，他爱打赤膊，爱穿短裤，不管什么客人来，他也无所顾忌，照常赤膊、短裤。有一次，一些女弟子来了，他毫不回避，仍然是如此装束，跟她们谈话，回答她们提出的问题。

还有一次，王元化来家拜访，熊十力正在浴室洗澡，坐在浴盆里，王元化觉得不合礼节，要在外面等候，熊十力却不同意，叫管家把王元化叫进去，就坐在浴室里边洗澡边同王元化寒暄。时人传为笑话。

在北碚时，李渊庭的夫人阎秉华带着两个小孩到他家玩，他正在换衣服，阎秉华看到后忙退出门外，熊十力连连招手说："不走不走。"一定要阎秉华进屋里去，他一面同阎讲话，一面换他身上的衣服，阎秉华觉得很不好意思。

他待人热情，有时正吃饭时，有客人或学生来找他有事，他首先问吃没吃饭，没有，就一定留着吃饭，不吃不行。

平时，学生和朋友为他带一些食物，如鸡、肉以及其他食品，只要带去，他就收着，从不讲什么客气。同时还要自豪地说，某某朋友、某某学生给他带了什么好食物，他饱食了一顿。他这个人喜欢吃鸡、吃肉，吃饭随便，不会算计。学生中流传着一则笑话：1926年到1927年间，梁漱溟在北平西部大有庄租了几间平房，和熊十力以及十几个学生同住一起。当时梁、熊两人没有固定收入，靠发表文章、出版书籍的稿费维持十几个人的简单生活，大家基本上跟梁漱溟一起吃素。可是熊十力爱吃肉。学生薄蓬山管理伙食。有一天，熊十力问薄："给我买了多少肉？""半斤。"当时是十六两一斤，熊马上骂薄蓬山："王八蛋，给我买那点儿！"过了两三天，熊十力又问薄："今天给我买了多少肉？"薄蓬山说："今天买了八两。"熊十力一听高兴得哈哈大笑说："这还差不多！"此事传出去后，引得许多人笑得前俯后仰。

14. 诲而不倦，学有传人

郭齐勇教授对熊十力教书育人有一段精辟的概括，他说："有的人一辈子教书，但不一定能教人以智慧和德行，纵然有很多学生，却没有受到精神感召和情感熏炙的传人。熊十力就不一样了，他像一团火烤炙人，他像磁石吸引人，他深切地关怀人，并且有启发人自省自立的真情实感。这无论是旧时的经师还是新式的讲堂教授都是望尘莫及的。"

这算是完全说到了位的话。从孔夫子到熊十力，不知道有多少人做教师，真正做得叫人无可比拟，当然孔夫子数第一，所以封建社会都尊称他为"大成至圣"。而两千多年后出的一个教书人熊十力，可也算是步孔子的后尘了。

他真像磁石一样吸引学生。武汉大学中文系有位教授叫吴林伯，20世纪40年代，他先在国立师范学院学习，师从骆鸿凯治《文选》。这部经典性的总集要把它弄通弄懂非通晓佛学不可，因为其中的《游天台山赋》和《头陀寺碑》及其他玄言诗和李善注，大都涉及释氏经

吴林伯

论。经一位先生介绍，吴林伯于1945年6月1日到重庆郊区金刚碑找到了熊十力，执贽称弟子。

吴林伯到该地时，熊十力正在后山中的书房撰写《读经示要》，他只得耐心等候。不久，十力回家午餐，看了他的好友钟泰师的推荐信，说："听说你是某某的学生，那我们谈不成呀！"经吴林伯解释以后，熊十力欣然改容道："那就好啊！孔融《论盛孝章书》里的两句话你还记得吧？'今之少年，喜谤前辈'。可是你这个新学校的青年教师，却还想从我读书，很好！"十力拉吴林伯吃饭，边吃边讲，问他结婚否，他说没有。十力说："治学必须专心致志，你们青年人最怕有室家之累。从现在起，你就跟我学好了。教不严，师之惰，教师对学生就是要严，有时，我的话说得很重，你受得住就来。我的学生高赞非，就是我打出来的嘛！"

十力见吴林伯求师之诚，教导也就不断。他以为从师，读其书，不如亲承音旨，因此，他告诉吴林伯一个消息，梁漱溟筹备勉仁书院，由他主讲，院方供食宿，"你辞去教职，一心来学吧！"吴林伯同熊拜别，踏上归途，十力倚门而望，又指手叫他转来。原来十力对他另有教导："为学当及时，在书院成立前，你来我家学，不要你出饭钱，住宅狭窄，你就与我同房。"

熊十力的热忱，使吴林伯感激得说不出话来，不禁默默念《诗经》

"中心藏之，何日忘之"的语句，决心终身跟随先生，得一明师，死而无憾。

他像严父一样教育学生。20世纪40年代，国民党有一个陆军少将叫徐复观，听到友人对熊十力的推崇和介绍，又在上司那里看到熊十力著作《新唯识论》，大为佩服，就向熊十力写了一封信，告诉熊自己是浠水团陂人，同熊十力的故居只隔了一条河——巴河，是一个真正的老乡。自己长期在军旅工作，感到有些空虚，说自己有志于做学问，希望能得到老乡的指教。熊十力很快就给徐复观回了信，表示说这是好事，赞同，同时讲了一番治学做人的道理。

过不了多久，徐复观穿着一套陆军少将的军服到重庆北碚金刚碑勉仁书院拜见熊十力，请教该读什么书。

熊十力看见自己的老乡来了，而且谦虚诚恳，就对他进行了接谈。熊十力叫他回去首先读王船山的《读通鉴论》。徐复观说他已经读过了。熊十力马上就不高兴了，说："你并没有读懂，应当再读。"

过了一些日子，徐复观再去，告诉《读通鉴论》读完了。

熊十力问："有什么心得？"

徐复观觉得自己读得很认真很仔细，不免有些得意，说书里有很多他不同意的地方，接着就一条条地说起来。还没等他说完，熊十力就大声怒斥起来："你这个东西，怎么会读得进书，像你这样读书，就是读了百部千部，你会得到书的什么益处？读书是要先看出它的好处，再批评它的坏处，这才像吃东西一样，经过消化而摄取了营养。譬如《读通鉴论》，这一段该是多么有意义；又如那一段，理解得多么深刻。这些你记得吗？你懂得吗？你这样读书，真是太没有出息！"这一顿骂，骂得陆军少将目瞪口呆。

"原来读书是先要读出书的好处！这对于我是起死回生的一骂。"徐复观在经过深刻反省之后，想：恐怕对于一切聪明自负，但并没有走进学问之门之青年人、中年人、老年人，都是需要这起死回生的一骂。

后来，徐复观改变了读书的方法，成为一个有名的学者，著作等身，为重新检讨和弘扬中国传统文化作出了重要的贡献，特别在台湾、香港等地，其学说产生了深远的影响。

有求必教，教则有方。原中国佛教学院教授王葆元，昔在乡间读梁漱溟所著《东西文化及其哲学》，很高兴，乃于民国24年（1935年）期间给梁写了一封信，请求指教。梁当时在山东省邹平县主办乡村建设研究院，早已放下哲学研究。复书谓："足下若真有志于哲学研究，非离乡井，投明师，从学两年不可；真正明师，一年亦可。漱非其人，熊十力、张东荪两先生或于足下有助益也。"

王葆元听了梁漱溟的话，首先投张东荪。张说："一二日内将赴广州主办'学海书院'，我夙致力于西方哲学，若中国哲学则熊君所知较我为多，可去从学于他。"遂提笔致熊信说："学生王葆元来自乡间，好学深思，其志坚绝。今嘱其晋谒台端，请求教益，愿吾兄有以教之。"

于是王葆元又持张东荪的信，并带着束脩（十条香肠、十块酱牛肉），晋谒熊十力。在北平后门二道桥二号见到了熊十力。葆元见熊身体魁梧，而道貌尊严，两目神光充溢，有泰山岩岩的气象。葆元先致束脩之仪，次行叩拜之礼。熊起立命坐，徐徐询问来平晋谒之由。王葆元说，十年前自己就任乡塾教师时，本县开过一次小学教师培训班，县长黄冈熊祖谟讲话，题目是"青年人的模范"。县长说："我县有一位熊十力先生，家境贫寒，未曾入过校，自己刻苦修学，后来竟当了北京大学教授。"后来，自己又在《大公报》上见到熊十力《答薛生书》，比较评论西方哲学、印度佛学、中国儒家哲学之异同长短，始得知熊十力哲学研究之博大精深，莫不可及！由此，欲投入熊门，从学两年。

熊十力看了张东荪的信，听了王葆元的面述，便濡笔伸纸写道："足下家计，既不充裕，而不务生计，欲作学人，将来作何结果？但又须知，为学原有两个途径：一是入学校，亲师友，家计充裕，足以供其生平学业之所资，将来自能成一个专门名家。一是不入学校，不希望成一专门名家，在农工劳作中勤于读书，只求明白道理，真积既久，一旦豁然贯通，亦能成为一专门名家。元儒许鲁斋（许衡）'儒者以治生为先'之说，或议其误人，吾则以为许公之言最有道理。足下若能循此途径，努力以赴之，不过十年，自有相当成绩也。"

熊十力写完后，微笑地说："我的书札确曾在《大公报》上发表过，你说的这个熊县长我却不认识他。"

王葆元问熊十力有关儒家哲学系统问题。熊说：儒家哲学系统除《周易》外，则有《大学》《中庸》两书。《大学》之内容偏重于政治方面，宋明儒者已甚多发挥。《中庸》一书实为儒家哲学之纲要，与《周易》同为儒家哲学之根本大典。所以说，儒家哲学的根本大典在《易》与《庸》。《中庸》《易传》两本书中已有其萌芽端倪，以后宋明儒家不过加以引申发挥，发扬光大而已。并检出《新唯识论》原本一部（线装文言本，卷首有马一浮序）、《十力语要》一部（亦线装本，封面有蠲叟题签）并方才所写，都付与王葆元，并说："两三日内我将回黄冈养病，下学期将赴杭州。你想从学之事，只好俟诸异日了。你明日上午早些来，教你应该圈点熟读的书。"

第二日上午，王葆元遵嘱到熊十力寓所。十力端坐室中方读《成实论》，见王入室，欣然命坐，说："《六经》为晚周秦汉时人之根本读物，文学史学若溯其本原皆出于《六经》，又不独哲学为然也。如《尧典》《舜典》《大禹谟》《禹贡》、虞书、夏书、周书，断代史之萌芽也。《春秋左传》，则编年史之滥觞也。《周易大传》《戴氏礼记》则皆含有哲学之因素。若《诗经》则开音乐诗歌之先河者也。《四书》为宋明儒者之根本读物。邵氏先天图，继承《易》之象数，伊川《易传》则继承《易》之义理。若周濂溪则义理象数兼承，而尤著阐发《中庸》'诚'之概念。阳明亦融合《孟子》之'良知说'与《大学》之'致知说'而成其'致良知'之学说。"

"'三玄'（魏晋时人称《老子》《庄子》《周易》为'三玄'），为魏晋玄学家之根本读物。王辅嗣（王弼）之《老子注》《周易注》，向子期（向秀）郭子玄（郭象）之《庄子注》为当时脍炙人口的三大杰作，后世虽有作者，未能及也。"

"上列诸书，应熟读。至于各书之注解，则《诗经》应读朱熹之《诗经集传》，《尚书》应读蔡沈之《书集传》，《周易》则应先读《周易王韩注》，后读《易经程传》，礼则三礼（《周礼》《仪礼》《礼记》）皆读，并应读戴德之《大戴礼记》。《春秋》则三传（《左传》《公羊》

《穀梁》称三传）并读。读《左传》时，应兼及《国语》《战国策》。朱熹《四书章句集注》，为其毕生精力之所萃，虽仍有疏漏之处，然其他作也，未易及也。唯何晏《论语集解》，赵岐《孟子注》稍存古义，尚可略备参考。至于刘宝楠《论语正义》，焦循《孟子正义》，则纯是训诂考据之书，与义理无关，可以不看。三玄之注，除王弼《老子注》外，可看严复批本的《老子》。《庄子》仍须熟读《向郭注本》，可由王先谦《庄子集解》或郭庆藩《庄子集释》入手。《周易王韩注》中，辅嗣之《周易略例》一篇，可与《系辞上下传》比美，为'玄学易'中之重要文献。伊川《易经程传》，根据《序卦传》讲六十四卦，很注意易卦全体之普遍联系，与相互依存。卷首易传序两篇，亦为'理学易'中之有数文字。若不了解两书中之卦爻通例，则仍须一读晦庵的《周易本义》。"

"'六经''三玄''四书'，以及先秦汉魏之书，熟读之，足以启迪吾人思想。爱国志士、革命先烈、伟大人物之书，涉览之，亦足以激发吾人之志气。《楚辞》《文选》等书，文辞佳妙，神韵悠扬，日置案头，时一讽诵，自觉其意味深长也。"

熊十力还说："徒拾古人牙慧，作一家一派之信徒，非卓然自立者所为。唯自立一说，自成一体系，始可与言中国哲学之创造与改造。从学之事将来再说，自己读书去罢。"

本来王葆元是打算摆一小摊，维持生活，以长期就教于先生。不料事与愿违，他只得又回肃宁，坚持走熊师所指引之路，不入学校，勤于读书，也要成为一位专门名家。

结果王葆元未负师教，后来真的成为讲师、副教授、教授。

几十年来，熊十力诲人不倦，桃李盈门，而出类拔萃者甚多，如唐君毅、牟宗三、韩裕文、徐复观、云颂天、黄艮庸、李渊庭、王星贤、郭大中、张云川、邓子琴、田慕舟、潘雨廷、唐至中、燕大明、刘子泉等，皆学识渊博，通达义理，为国内外知名人士。下面略对唐君毅、牟宗三、徐复观三人加以分述。

唐君毅（1909—1976年），出生于四川省宜宾县柏树溪。其先世籍广东五华，为客家，七世祖始由粤移川，以糖工起家置田产。到了他祖

唐君毅

父一代才开始读书，成为所谓耕读之家。父亲为前清秀才，后赴南京支那内学院从欧阳竟无学佛，并著有《孟子大义》一书。母亲也有相当的学养，留世有纯朴情真的《思复堂遗诗》。唐君毅在这样一个充满传统礼教气氛的家庭涵育下，从小就具有对古人的深深尊敬和"厚道的心情"。十七岁那年，他考上了北京大学，不久转入南京中央大学哲学系，受业于方东美、汤用彤，并到熊十力门下听讲《新唯识论》。

1932年，唐君毅由中央大学哲学系毕业后，即做教师工作。先后在中央大学、华西大学、金陵大学、江南大学任教。从1949年起，在香港与钱穆、张丕介创办新亚书院，并兼任教务长、哲学系主任等职。1958年与徐复观、牟宗三、张君劢联名发表现代新儒家的纲领性章程《为中国文化敬告世界人士宣言》。1963年香港中文大学成立，受聘为该校首任文学院院长和哲学讲座教授，1967年任新亚研究所所长。

唐君毅一生驰骋于东西哲学领域中，为建立一道德理想主义的人文世界而殚精竭虑，埋头笔耕，留下了数量惊人的著作，在现当代中国哲学界几无人能与之比肩。唐君毅主要著作概括为四类：

第一类为"泛论人生文化道德理性之关系之著"，如《人生之体验》《道德自我之建立》《心物与人生》《文化意识与道德理性》等。

第二类为"评论中西文化，重建人文精神、人文学术，以疏通当前时代之社会政治问题之一般性论文"的合集，如《人文精神之重建》《中国人文精神之发展》《中华人文与当今世界》《中国文化之精神价

唐君毅与妻女

值》等。

第三类为"专论中国哲学史中之哲学问题",如心、理、性命、天道、人道之著,此即大册的《中国哲学原论》(分为《导论篇》《原性篇》《原道篇》《原教篇》)。

第四类为"表示个人对哲学信念之理解及对中西哲学的评论之著",如《哲学概论》《生命存在与心灵境界》等。

牟宗三(1909—1995年),字离中,山东栖霞人。1933年毕业于北京大学哲学系。曾先后在华西大学、中央大学、金陵大学、浙江大学等校任教。1949年去台,先后任教于台北师范大学、台湾东海大学。1960年在香港,任教于香港大学、香港中文大学新亚书院。1974年退休后,专任新亚研究所教授。

牟宗三是当代在国内外享有盛誉的哲学家。他毕生致力于弘扬民族文化,著作原创性强,为中国文化的现代化与世界化作出了巨大的贡献。其许多著作被译成英、韩、德等国文字。主要著作有《逻辑典范》《理性的理想主义》《道德的理想主义》《佛性与般若》《才性与玄理》《圆善论》《认识心之批判》《历史哲学》《政道与治道》《心体与性体》《从陆象山到刘蕺山》《智的直觉与中国哲学》《现象与物自身》《中国哲学十九讲》《时代与感受》等20余部;另有《康德的道德哲学》《康德纯粹理性之批判》《康德判断力的批判》等3部译作。其哲学成就代表了中国传统哲学在现代发展的新水平,其影响力具有世界水平。

牟宗三

在牟宗三的学术生涯中,对他相契最深、影响最大的是一师一友,这师就是熊十力,友就是唐君毅。1995 年牟宗三谢世,其治丧委员会为他撰写的"学行事略"有云:

> 先生于大学三年级时从游于黄冈熊十力先生之门,三十一岁获交唐君毅先生,一师一友,相得最深。熊先生以为北大自有哲学系以来,唯先生一人为可造。而唐先生则于未尝晤面之先,见其人而知其人,之后又谓先生天梯石栈,独来独往,高视阔步,有狂者气象。敬维先生之所成就,是真可告无愧于师友矣。

这段文字是对牟宗三与熊十力、唐君毅师友关系的盖棺定论。牟宗三自己对他们三人之间的关系,亦有亲切而诚挚的记述,说:

> 生我者父母,教我者熊师,知我者君毅也。

牟宗三与唐君毅、徐复观是熊十力的三大弟子,但要数牟宗三跟熊十力的时间最久:从 1932 年到 1949 年,即从 23 岁到 41 岁一直追随熊十力,其中少说有七八年亲炙于熊十力的左右,加之平时的书信往来,无论为人为学,熊十力都对牟产生了巨大的感染与熏陶的作用。这在牟宗三对熊师的追忆中可以看出,他说:

熊先生的智慧方向，要从熊先生一生的哲学活动来了解。熊先生这个人没有别的嗜好，从三四十岁开始到八十多岁撒手，一生念兹在兹，全部生命都用在这个地方。任何人到他那里去，年轻人，学生去更好，即使社会上一般人到他那里去，他总是和你谈，谈什么呢？谈"道"！教你做人，教你做学问，他全部的生命就在这里。谈"道"是老名词，用新说法是："谈形而上学""谈哲学"。照我们平常的想法，可与言而不言与不可与言而言，都谓之失言，但这是一般人的世故，熊先生没有这种世故。

正是在这样的陶冶中，牟宗三对熊十力的生命与智慧有了通体、彻悟的相应了解。最典型的例子就是表现在对熊十力晚年的著作《原儒》一书的态度上。

《原儒》是熊十力写于20世纪50年代的一部著作，分上下两卷，1956年印行于世，在台港的熊门弟子中产生巨大的震动，而牟宗三持有的态度是比较客观的，他说：

原儒的基本思想还是没有改变，即推尊孔子，讲春秋，讲大同；但对曾子孟子以下群儒皆有所批评，皆有所不满。一般人看了心中便不愉快。当然在平时，讲儒家的是不会去批评曾子孟子的。但在这种环境底下，为了推尊圣人，而历贬群儒，是可以的。难道一切儒者都是十全十美，都是不可以批的？我只要能把圣人保住，不就可以了吗？这是行权，是不得已的大权。我当时也没有这种权的观念，我当时只有一直感，我觉得在那种环境底下，能把孔子保住便可以了；不能把孔子以下的儒者都说是好的，说都好便没法子交待。这样做才可以掩护，当然会有冤枉，但冤枉一点也就算了。

牟宗三从《原儒》一书能看出熊十力尊儒的基本态度没有改变，至于其中批评曾、孟等群儒，是不得已的"行权"，的确是有说服力的。

不仅如此，牟宗三还以"无古无今，无人无我，直透法体"十二个字把熊十力透露智慧的途径概括了出来。

牟宗三还指出：熊十力哲学系统的造成不像一般人做学问，是从下往上一步步积累上去的，而恰恰相反，他是从上往下的。他心中有一个很高明的洞悟，一下突出去就能把握那最高的一点，从那最高点往下看，就看出下面一些议论并不是很高明的了。

牟宗三作为熊氏之道的传人，一方面对熊氏的"从上往下"的发光路径多有契接与承续；但另一方面，他对乃师此道亦多所校正与补充，实际上是作了新的整合与重铸。就是说，"从上往下"与"从下往上"这两线对牟宗三哲学是并重的，而且牟宗三是经过了艰苦的"从下往上"的路线之后，才达到了"从上往下"的相反一线。

牟宗三所走的治学路线使我们得到一个重要启示：读一个哲学家的哲学著作，对于了解这个哲学家是非常之重要的，但只读他的代表作是不够的，必须了解他的生活，他的生命格范与他的致思风格。而熊十力对牟宗三的影响，最主要的还不是熊十力的著作，而是熊十力的生命风范与精神旨趣，这应该说是最根本的。

牟宗三晚年说过：读熊先生的书，最好是读其书札。这方面最能表现他那真诚而强烈的历史文化意识，直通中国历史文化的大本大源，最足以感人动人和觉醒人，易于使人的生命与中国文化接得上。

牟宗三对熊十力所表现的尊师重道的精神，在今天来说，很有其可以借鉴之处。这就是"吾爱吾师，吾更爱真理"。他敬仰熊师，但不盲从，不迷信，对熊师的哲学思想，对熊师的教育都十分注重鉴别，择善而从，即既有继承，也有扬弃。这种精神是贯彻始终，保持一生的。如熊十力的《新唯识论》出版不久，身为弟子的牟宗三就发表评论，在对"新论"作了极高肯定的同时，也对其浪漫色彩加以批评，指出其"流转"概念不如《易经》的"流行"来得老实。而到晚年，牟宗三在谈到《新唯识论》时，既有批评，更有肯定其把握儒学命脉的价值之所在。他指出：

熊先生之生命是有"真者"在，这"真者"就是儒家的本源核心之学，这点抓住了，就可以立于斯世而不愧，俯视群伦而开学风。这

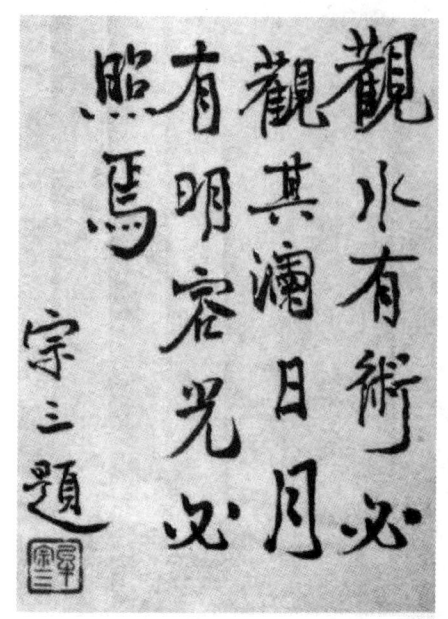

牟宗三书《孟子·尽心上》语"观水有术,必观其澜。日月有明,容光必照焉"。

一点是儒家之为儒家的关键,我就从这点尊重我们的老师。但他的缺陷我们也应知道,知道了,就有所警惕,警惕之,则可以定我们这一代学问奋斗的方向,此之谓自觉。

此外,牟宗三在读书治学方面,也对他的业师不客气地作过批评。他回忆在与熊师相处的日子里,熊师批评唯识宗这里不对那里不对,牟宗三就苦读玄奘的《成唯识论》及其注疏和窥基的述记,然后对熊师讲:"老师,你的理解不大对。"熊十力非常生气地说:"我哪里不对?"牟宗三对他善意地指了出来。熊十力毫不接受,反而对牟宗三训斥一顿。由此,牟宗三看出了熊师的偏见,他说:

熊师读书时心不平,横撑竖架,不能落实贴体地去了解对方,首先把人家的东西弄得零零碎碎,然后一点一点来驳斥它。他对儒家的文献也不多看,他只了解那乾元性海,体用不二。这是不够的,所以几句话就讲完,而量论作不出来。

从这件事,牟宗三总结道:

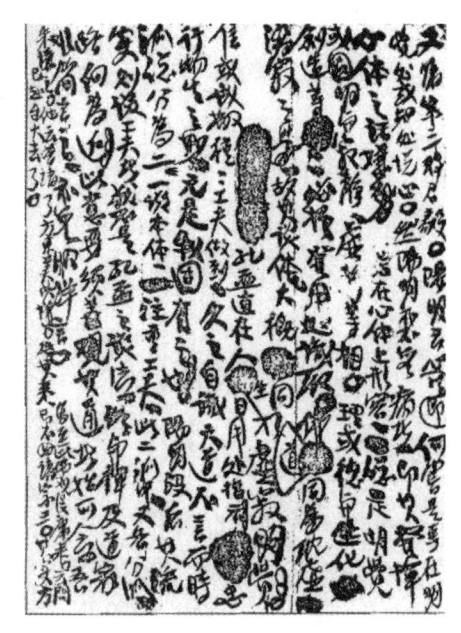

熊十力致牟宗三、唐君毅（1948年12月）的信

一个人不能先有偏见摆在胸中，一有偏见，凡事判断皆差，这时需要有明眼人一下点出，而且最好是师长辈。告诉他：不赞成可以，但不可做错误的了解。

由此事例可以看出，牟宗三对他最尊敬的老师也不讳过，那么他对其他的尊者也不会留情面的。实际上，牟宗三这个人也有和熊十力相同的地方，高狂不拘，疾恶如仇，批判性特强，言辞犀利，机智而幽默。他反帝反专制，爱祖国爱民族，追求自由与民主，尊崇哲学智慧与科学精神至死不渝。虽然他一生比较坎坷，然而无论在顺境或在逆境，他总依故我，批判精神不减。他的批判性格与鲁迅颇有近似之处，但他较鲁迅骄狂、豪爽、洒脱、幽默与乐观，与鲁迅激烈地反传统的态度适为相反，是中国传统哲学与文化的保护神，对中国哲学与文化的未来充满信心。

可以肯定，牟宗三的这种批判精神是中国人最缺乏的，也是最为难得最为宝贵的。中国人流行的生活态度就是认为犯错误就是丢面子，以致萎靡不振，不思进取，这是很不好的。早在千余年之前，周敦颐就发出这样的感叹:"……今人有过,不喜人规,如护疾而忌医,宁灭其身而无悟也。噫!"

为了真理,为了发展,哲学需要有批判,一切传统文化都需要有批判。牟宗三的批判精神是中国传统儒家理性主义的批判精神,是周敦颐式理性主义的批判精神,同时也是康德批判哲学的批判精神。在这样精神的指引下,牟宗三对熊十力哲学及其以前的中国哲学作了批判地继承。牟宗三所继承的不是熊十力的哲学系统,而是熊十力的哲学精神。从这个意义上说,牟宗三是熊十力衣钵的传人。换句话说,熊十力从生命格范与哲学精神上极大地开启了牟宗三,牟宗三在生命格范与哲学智慧上继承、高扬、拓展和推进了熊十力。

徐复观(1903—1982年),原名秉常,字佛观,后由熊十力更名为复观。湖北浠水县人。出身于一个贫苦的耕读之家。他8岁从教私塾的父亲读书,12岁考入高等小学,15岁考入武昌省立第一师范学校。毕业后当小学教员。1925年(时22岁),他投考罗田名宿王葆心在武昌开办的湖北省国学馆,在三千多名应试者中,他的卷子受到著名国学大师黄季刚的高度赞赏。黄不仅把他列为第一名,还在武昌中华大学的课堂上说:"我们湖北在清朝一代,没有一个大成就的学者,现在发现一位最有希望的青年,并且是我们黄州府的人,此人名叫徐佛观。"经黄季刚这一讲,徐佛观一时名噪省垣。

1926年2月,中国共产党召开特别会议,提出了出兵北伐推翻军阀统治的政治主张,受到广大人民群众的支持。当时许多热血青年,都胸怀祖国,纷纷投军。在这种情况下,徐复观投效同乡、北伐军某部旅长陶子钦,在一个营里当中尉书记。

1928年,徐复观得到湖北省当局的资助到日本留学。在校期间,他组织"读书会",专门读唯物主义书籍,日本翻译出版的苏联刊物《在马克思主义之旗帜下》,他一期不漏地买来看。

1931年"九一八"事变爆发,徐复观以一颗爱国之心在日本秘密从事抗日活动,被日本宪兵逮捕,关押数日后遣送回国。一踏上多难的祖国,他便急切为抗战奔走呼号,并组织起一个介于国共两党之间的政党——开进社,后因经济困难解散。随后,他继续投身抗战,在

徐复观

广西某部当营副,后升少校团副。1937年,他率部赴山西参加著名的娘子关战役。是年底,返回武汉,并出任团长,驻湖北省老河口,后参加武汉保卫战。1940年任荆宜师管区司令。1942年国民党军司令部派他到延安作联络参谋半年。回到武汉,他把在延安的所见所闻写成调查报告,就国共两党在组织性、纪律性等方面作对比,并介绍延安整风的情况及目的,讲了不少真话,引起蒋介石的重视,蒋对这份报告大加赞赏,并用红笔打了许多圈圈,批眉批、提问题、征求意见。以后又把这份材料印成单行本,作为密件,在小范围内散发。过了两天,蒋介石召见了徐复观,慰勉有加,送2000元支票作旅费,并命他为中训团兵役班少将教官。接着又调侍从室工作,一时身价十倍。1945年国民党第六次全国代表大会召开前夕,蒋介石下条子指定徐复观为国民党第六届中央委员会候选人,由于他与国民党上层关系不深,虽有蒋提名,仍未能当选。于是,他便离开侍从室,到总长办公室,仍当高参。不久,国民党为对付共产党设立了专门机构,有所谓甲、乙、丙的三级汇报,中央听甲级汇报,省听乙级汇报,县听丙级汇报。徐复观这时主管甲级汇报,事无巨细,一律向蒋请示汇报。

抗战胜利后,徐复观到重庆北碚金刚碑勉仁书院拜访熊十力,深悟熊氏"忘国族者,常先亡其文化"之言,明白了传统文化的内在价值,便潜心于中国文化,钻研古代典籍。

1946年,熊十力(坐者)在上海于学生朱慧清家与徐复观(右三)、牟宗三(左一)等合影留念

　　1946年,徐复观迁到南京后退役,一心一意转到学术研究。后在上海与商务印书店合作,创办学术刊物《学原》,以弘扬中国传统文化,探讨学术思想。

　　1951年,徐复观离港去台湾,任教于省立农学院,旋又被聘为私立东海大学教授兼中文系主任。

　　徐复观前后在台湾任教20余年。著述达10余种,主要有:《中国人性论史》《两汉思想史》《中国思想史论集》《公孙龙子讲疏》《儒家政治思想与民主自由人权》《周官成立之时代及其思想性格》《中国经学史基础》《中国艺术精神》《石涛研究》《中国文学论集》等。

　　徐复观1982年4月在台湾逝世,享年80岁。生前在香港居住时,曾致浠水友人,信中云:"万一在港随草露以俱化,如得政府许可,亦当埋骨灰于桑梓之地。"他的这个愿望最终得到了实现:1987年他的骨灰由其幼子徐帅军捧回浠水,安葬在故乡的土地上。这个农民的儿子,从浠水凤形山走出去,最后又回到了凤形山。

　　综观徐复观的一生,可以说是一个具有传奇色彩的人物。他深受熊十力的影响，20世纪50年代便全身心地投入到学术研究中去，就儒家思想与中国传统文化关系问题、中国知识分子的性格及历史命运问题发表大量论著。他认为，中国历代知识分子在专制政治的重压下，丧失独立人格，依附于专制政权而缺乏抗争的勇气。他主张，一个现代知识分子，应该树立独立人格观念，摆脱对政治权势的依附，用自己的知识、思想和人格去影响政治、参与政治。参与政治的方法不仅仅是发表政见，而且应该组建政党，通过政治手段去争取政治权利。

1958年1月，徐复观与唐君毅、牟宗三、张君劢四人联名在《民主评论》杂志上发表题为《为中国文化敬告世界人士宣言》的文章，系统阐述他们的中西文化观。这篇文章后被称为港台现代儒家的思想大纲，其中许多观点在整个60年代和70年代成为港台现代儒家反复讨论的热门话题，至今仍有很大影响。

宣言认为，中国传统文化在今天并没有死亡，而是活在中国人的心灵中。儒学的心性之学至今仍有较高的人文价值，它强调的不离现实而又超越现实的"超越情感"，使中国人避免非理性的宗教迷狂，培育中国人在现实中体验人生乐趣，追求人生价值的性格。显然，这种性格是一种健康文化的表现。

宣言还指出，文化的发生是多源的，任何民族都是在自己特定的时空内建构了独特的文化模式；文化的路向是多元的，各民族沿着自己的文化路向前进，最终是能完成现代化历程的。各种文化都应本着"并行不悖"的方针，互相从对方吸收营养，但不要想取代消灭对方。

徐复观等在宣言中特别强调，儒家思想与科学、民主并不矛盾，如儒家宣扬的"正德、利用、厚生"的思想，就反映对实践科学的重视。古代中国在实用科技方面所取得的辉煌成就，与儒家思想的影响是分不开的。而儒家思想中的"天下为公"和"人格平等"观念，又可与现代民主政治相沟通。儒家思想的积极成分经过创造性的转化，可以成为促进现代科学、民主的酵面。

1961年11月6日，胡适在台北一次国际学术会议上作《科学发表所需要的社会改革》的演讲，说："现在正是我们东方人应当开始承认那些古老文明中很少精神价值或完全没有精神价值的时候了。"徐复

牟宗三（左）、徐复观（中）、唐君毅（右）在一起

观对此非常气愤，马上在《民主评论》杂志上发表题为《中国人的耻辱，东方人的耻辱》的文章，指斥胡适以一切下流的辞句来诬蔑中国文化，诬蔑东方文化，我们应当向中国人、向东方人宣布出来：胡博士担任"中央研究院"院长，是中国人的耻辱，是东方人的耻辱。

　　徐复观这篇文章发表后，立即遭到西化派人物的攻击，徐复观沉着应战，先后写了一系列文章与西化派人物展开激烈论战。他坚决反对"全盘西化"的论调，认为西化派人物所宣扬的"文化是一个完全的整体"的观点不仅在理论上难以成立，在实践上也是行不通的。在他看来，任何文化都是多元的结合体；其中的各个部分之间既有一定的联系又有一定的独立性；在一定的层次上，文化是可以选择吸取的。因此，不仅可以对西方文化择善而从，对中国传统文化也可以择善而从。他认为儒家的人心、自由精神如果与西方的民主政治制度结合起来，就可以使中国人民摆脱专制政治的束缚。

　　徐复观为了使自己的观点能够深入人心，粉碎"全盘西化"的谬论，下苦功夫研究了中国的传统文化，先后撰写出版了《中国人性论史》《中国艺术精神》《公孙龙子讲疏》，等等。

为了捍卫中国的传统文化，徐复观在台湾作了很大很多的牺牲。到后来，逼得他不得不悄然离开台湾，应聘香港中文大学客座教授、新亚研究所教授和中文大学中国文化研究所研究员，并担任《华侨日报》主笔。

进入20世纪80年代，徐复观已是耄耋之年。在他生命的最后一年元旦，曾由衷地表达过两种愿望：一是希望中华民族能在继承光大祖国优秀传统文化的前提下走向现代化，使中国文化不致中绝；二是希望中国早日统一，结束海峡两岸的分离状态。同时对于"台独"的无耻言行进行了深入的揭发批判。

我们可以毫不犹豫地说，徐复观是中华民族文化根基的执着守护者。

15. 躬逢盛世，关怀有加

早在1939年，毛泽东为中共中央起草的《关于大量吸收知识分子的决定》中就指出："在长期的和残酷的民族解放战争中，在建立新中国的伟大斗争中，共产党必须善于吸收知识分子，才能组织伟大的抗战力量，组织千百万农民群众，发展革命的文化运动和发展革命的统一战线。没有知识分子的参加，革命的的胜利是不可能的。"要求："一切战区的党和一切党的军队，应该大量吸收知识分子加入我们的军队，加入我们的学校，加入政府工作。只要是愿意抗日的比较忠实的比较能吃苦耐劳的知识分子，都应该多方吸收，加以教育，使他们在战争中、在工作中去磨练，使他们为军队、为政府、为群众服务，并按照具体情况将具备了入党条件的一部分知识分子吸收入党。对于不能入党或不愿入党的一部分知识分子，也应该同他们建立良好的共同工作关系，带领他们一道工作。"

在新中国诞生的前夕——1949年3月5日至13日，在河北省平山县西柏坡召开的中共七届二中全会上，毛泽东又进一步强调："无产阶级领导的以工农联盟为基础的人民民主专政，要求我们党去认真地团结全体工人阶级、全体农民阶级和广大的革命知识分子，这些是这个专政的领导力量和基础力量。没有这种团结，这个专政就不能巩固。"

因为如此，1949年，毛泽东一进北平，就想到要尽一切力量，采取一切措施，争取到一批知名的知识分子留在大陆为新中国服务。

新中国成立前后，许多党和国家领导人对熊十力关怀有加。

毛泽东与熊十力。

在当时，争夺知识分子的斗争相当尖锐。不仅共产党是这样，国民党也同样知道争取知识分子的重要性。在临近新中国成立的时候，国民党蒋介石采取了多种措施，要把中国的有名望的知识分子拉到台湾去。事实上已有很多知识分子是去台了的，如胡适、陶希圣，等等。毛泽东对于这一点是看得很清楚的。一天，他向董必武打听：北平城内有哪些知名人士未走，董必武即向他提供了一个未走的知识分子名单。毛泽东见董必武未提熊十力，就问："熊十力呢？"

董必武答："从现在掌握的情况看，熊十力还没有去国外，也没有去港台，但他不在北平。"

"在哪里？"毛泽东进一步问。

"还不清楚，"董必武说，"待我查一查。我知道，他这个人格外怕冷，在北平他是过不惯的。"

毛泽东又叮咛一句："尽快找人了解一下他的下落，还要打听一下，他是否愿意来北平。如果他未外出，尽量把他动员到北平来。"

董必武应道："我马上找人打听。"

毛泽东怎么对熊十力如此重视呢？

早在40年代，国共两党还在进行军事较量时，熊十力就成为国共两党争夺的对象。蒋介石曾几次派人给熊十力送钱，并欲会见熊十力，都遭到熊十力的拒绝。可是有一次，毛泽东听见郭沫若向他说及了熊十力的情况：熊十力是个爱国的知识分子，不媚俗，不媚权，爱所爱，憎所憎。接着讲了这样一个故事：抗战爆发不久，熊十力从北平回到武汉，住在他的连襟王孟荪家。一天，有几个来访的朋友和学生，向他询问抗日战争的有关问题，他表示不很乐观。座中有个叫向心葵的朋友说："现在有蒋委员长领导抗战，必胜无疑。"熊十力没等他讲完，就拉下脸来，指着向心葵："丹忱（向的别号），你读这多年的书，读到狗屁眼去了，竟把我们的民族命运寄托在蒋介石身上，他是什么东西！荒淫、狡诈、贪财、怕死……"还说了很多不好听的话，把个向心葵骂得无地自容。可是他对中国共产党的抗战政策、统一战线政策都很满意。他说："毛泽东、共产党才是我们民族的精英，他们是真正领导抗日的，中国抗日的胜利，要靠毛泽东、共产党。"

毛泽东听了郭沫若对熊十力的介绍，非常高兴。熊十力的名字从此刻在了毛泽东的脑子里。

由于毛泽东的过问，很快就在广州找到了熊十力。

中央知道熊十力的下落后，1949年底，董必武和郭沫若就联名给熊十力发了电报，请他到北京去住。此时，熊十力非常激动，他想自己一介书生，如此受到中央重视，非常感激。于是连忙给董必武写了两封信，表示感谢领导的关怀，愿意到北京居住，但不愿做官，只想讲学或做学问；在去北京的途中希望有人照顾；到北京应有房子住，并且是坐北朝南的。1950年1月28日，董必武亲笔给熊十力写了复信，信云：

> 兄所提不做官，可讲学，路上要有人照护等，都容易办，只有找坐北朝南的房子，至今尚未寻妥，非不为也，求之实难，政府负责人现都住旅馆，房子难觅……北上乘车事，已函李主席（先念）照顾。闻京汉铁路平时只有硬卧车开行，如无头等卧铺，请原谅。

熊十力于1950年3月到北京，中央人民政府特派政务院秘书长齐燕铭等到车站迎接，并对他的生活、住房做了妥善安排。先是住在西城车辇店胡同五十一号，到6月17日移居西城大觉胡同十二号，取斋名：空不空。

当熊十力的居住生活安定以后，郭沫若就到住处看他。郭征求十力意见，希望他到中国社会科学院做研究工作。熊十力不愿意，他笑哈哈地对郭沫若说："我原在北京大学任过教，还是让我回北大的老巢

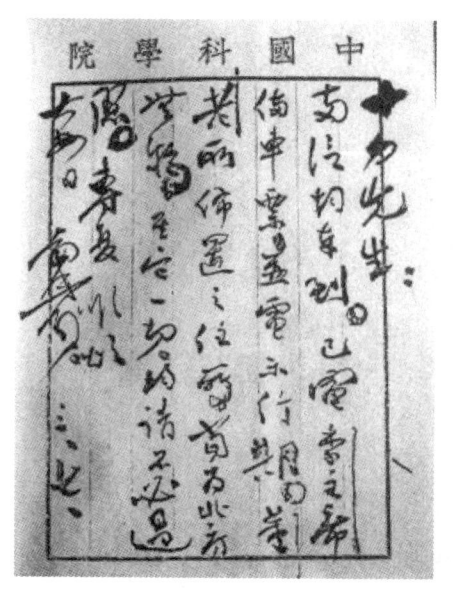

郭沫若写信给熊十力，告诉他安排赴京之事

吧！"郭沫若就遵从了熊十力的意见，让他到北京大学哲学系当教授。

熊十力在北京住下后，当了解到他上北京，是毛泽东亲自请董必武找到他的，甚是激动，当即给毛泽东写了一封信，告诉毛泽东，他已顺利到了北京，沿途受到各地党政军官员的热情款待和照顾，甚为感谢。他说："我拥护中国共产党，热爱新中国，只是一辈子研究唯心论，哲学观点不易改变。"

熊十力在北京从1951年到1954年共住了约四年时间。当时中央领导对他的关怀已是无微不至了，他对此非常满意，非常感激。像熊十力初到北京的那一年，对吃住、写作等都很不习惯，一有不顺的事，就给董必武写信，董必武接信后，总是有求必应，有什么问题解决什么问题。有一次，董必武见到熊十力，他开玩笑地说："熊先生，我成了你一个人的副主席了。"熊十力听后哈哈大笑。

到1954年10月，熊十力终因不习惯北京的气候，在冬天既不能生炉，又不能穿皮衣，老是穿一件棉袍，冻得发抖，常常是两个肩头耸起来。于是他要求去上海和儿子世菩住在一起。董必武考虑他的难处，答应了他的请求。

熊十力在离开北京时，董必武特地在北京饭店为他设宴送行，并请林伯渠、吴玉章作陪。

毛泽东对熊十力知道得非常早，关怀也是很突出的，但并未与熊十力谋面。1954年9月，熊十力参加第一届全国政协会议时，在休息后回转，因走错了门将毛泽东的休息室门推开了。当时，董必武正与毛泽东坐在一起。熊十力见毛泽东和董必武正在谈话，才感到自己走错了门。毛泽东见门突然被人打开，连忙问董必武："这是谁？"董必武说："他就是熊十力先生。"毛泽东一听说是熊十力，连忙招手说："熊先生，请进来，请进来！"董必武见毛泽东招手叫熊十力，也连忙招手要熊十力进去坐坐。熊十力走了进去，并在毛泽东、董必武对面的沙发上坐了下来。这是熊十力首次与毛泽东直接见面。在交谈过程中，毛泽东仔细询问了熊十力的生活、籍贯、家庭及哲学研究方面的情况，熊十力一一作了回答。此次会见因是会议休息时间，而且又很突然，双方没有进行深谈。

1958年8月28日，在福建金门岛爆发了激烈炮战，熊十力对此极为关注。为了表示自己的意见，熊十力给毛泽东写了一封信，说：国共内战结束只有七八年时间，两岸人民都要休养生息，双方以和为好，希望政府再不要对金门进行大规模的炮击，也不要提马上解放台湾。毛泽东收到这封信后，特地托人给熊十力回话说：信收到了，所提建议，政府会有考虑。

1962年的一天，毛泽东将熊十力、马一浮、沈尹默、章士钊、谢无量等知名人士请到中南海家中做客，与他们谈哲学、诗词、书法，其中诗词又是主要话题。他们从《诗经》《楚辞》谈到唐宋诗词，谈得津津有味。熊十力从毛泽东那里回到住处，心情十分高兴，兴致勃勃地向家人谈了他在毛泽东家做客、交谈的情况。

熊十力多年来总喜欢戴瓜皮帽，这个帽子比较别致，它里面有一层藤皮、一层缎子，顶上还有一个小红圆坨坨。清末民初是一种时尚，戴的人很多，特别是一些士人。1956年1月30日至2月7日，中国人民政治协商会议第二届全国委员会第二次会议在北京举行。当时天气很冷，熊十力不管在室内还是在室外，都戴着这个瓜皮帽，参加政协大会，他仍然戴着这个帽子进了会场。毛泽东在主席台上看得清清楚楚。讲话时，便用熊十力这顶帽子开了个玩笑，他说："我们什么人都有，解放这么多年了，还有人戴满清时代的瓜皮帽。"因为毛泽东的开玩笑，在会场上的人都用目光四处搜寻，最后都集中在熊十力的头上，因为此时戴瓜皮帽的只有熊十力一人。大家不禁暗暗发笑，而熊十力很感尴尬。散会回到家里后，把瓜皮帽摘下来，往床上一掷，对妻子、女儿说："从今以后，我再不戴这个帽子了。"女儿熊幼光问："为什么？"他说："毛主席今天在会上开我的玩笑，说我还戴清朝的帽子，再怎么好戴呢？"此后，熊十力再也没有戴他那个瓜皮帽子了。

周恩来与熊十力。

熊十力与周恩来的交往可以追溯到 20 世纪 40 年代。抗战期间，梁漱溟在重庆北碚创办勉仁书院，熊十力被邀往执教，并从事学术研究活动。当时，勉仁书院办得很有名。同时又有熊十力、梁漱溟等一批大儒在里面负责和讲学，中共自然非常关注和重视。为了把一些知名人士团结在中国共产党的周围，周恩来在百忙中来到北碚看望了他们。熊十力对此非常感动。后来他也想到重庆去看看周恩来，但北碚离重庆很远，路又窄又坎坷，坐车子颠簸得很厉害，走路又太费时、太劳累，他就想法要谋个汽车。此时，他想起了居在重庆的一位国民党要人居正，就一定要向他借出车来。居正系湖北广济人，同熊算是同乡，早年加入孙中山的同盟会，为推翻清王朝做过大量的工作。1931 年 12 月当选为国民党中常委，从 1932 年起，一直任立法院院长。熊十力与居正相识于辛亥革命前。辛亥革命那一年，居正在武汉主持同盟会时，与共进会、文学社的领导在湖北新军中进行宣传活动，筹划在武汉地区的起义。熊十力当时也在武汉从事推翻清王朝的活动，两人在战斗中相识。当时党人革命经费十分紧张，为了筹措经费，熊十力与居正、焦达峰到蕲春与浠水交界的洗马畈达成庙偷金菩萨卖钱，结果因为焊得很结实，太重，最后打断了金菩萨手脚，终因天亮后有行人，就把手脚丢到塘里而走了。此事虽然未办成功，却使居正与熊十力结下了深厚的友谊。

这次熊十力为去重庆红岩村向居正借车，居正毫不犹豫地答应了。

当十力来到红岩村时，周恩来大吃一惊，怎么也没有想到这个傲视官场的人，居然来看自己。周恩来拉着熊十力的手请他坐下，招待人员对他递茶递烟完毕，就和他坦诚地交谈起来，一下谈了三个小时。有关他的家庭、工作、生活、学术研究，周恩来都一一问到。熊十力向周恩来问的时局问题、抗战问题等，周恩来也都详细地向他作了解答。熊十力同周恩来接触后，对周恩来印象极好。回到北碚后，他对人说："共产党中的周恩来很厚道，平易近人，智慧过人，是个大好人。"

1954年12月，熊十力作为第二届全国政协委员，参加了全国政协二届一次会议。报到那天，周恩来到民族饭店看望熊十力，问他在会议上有没有不方便的地方和需要解决的问题，提出来可以叫会议工作人员改进。熊十力摇摇头说："一切都很好，请总理放心，如果有问题，我一定告诉会议工作人员。"熊十力见周恩来如此热情、如此细致，非常感动。

第二天即12月21日，熊十力从民族饭店搭乘大轿车去出席大会开幕式。下车时，他未记住车子牌号。散会后，因人多车多，他找不着原车没法走，站在大礼堂台阶上大骂司机和后勤人员不负责任，不等他上车就把车子开走了。他骂得正起劲时，周恩来从礼堂出来了，见他一脸怒气，正在骂人，连忙上去问为何事生这么大的气。熊十力把事情的经过告诉周恩来，周恩来劝他说："熊先生，不要生气，我叫人派车把你送回去就是了。"经周恩来这么一劝，熊十力感到很不好意思，火气也熄了。

周恩来对熊十力思想政治方面的进步也十分关心。1964年底至1965年元月，熊十力作为全国政协委员要去列席第三届全国人大一次会议。大会开幕那天，他因怕电光刺激，未去人民大会堂，而在住地研读周恩来的《政府工作报告》，并写了札记和信。他对报告感触很深。他在给毛泽东的一封信中说："经反复数番研读，唯觉得伟著（指《政府工作报告》）广大深远，精细正确，不独是我国革命和建设之宝典，而实乃全世界人类反资、反帝、反殖民，消灭三大毒物，趋进于共产主义社会之慧也。"他还说："我若不读周总理之伟著，将长期在糊涂中过活，此次参加大会真是幸事……"后来，熊十力把自己做的笔记又送给毛泽东、周恩来看。周恩来看了他的笔记和信，甚为高兴。周恩来感到，熊十力是研究唯心论的学者，思想能有如此进步，颇为不易。为了使熊十力的思想跟上时代，并与新中国的革命和建设同呼吸、共命运，决定让熊十力读些马列著作和毛主席的书。过了几天，周恩来自己掏90元钱，派人买了线装大字本《毛泽东选集》及《矛盾论》《实践论》等4篇哲学著作和恩格斯的《路德维希·费尔巴哈与德国古典哲学的终结》等书，托董必武转给熊十力，并嘱不要说这些书是他私人用钱买的。根据周恩来的意见，董必武叫秘书沈德纯将书送给熊十力，并给熊十力一封亲笔信，内容如下：

十力兄：……诸书系周总理亲觅。寄上之书，篇幅繁重，字数不少，恐不适于高年披阅。弟介绍了3篇，总共6万字，篇幅比总理报告差不多，耗老人精力不会太大。又《路德维希·费尔巴哈与德国古典哲学的终结》内有许多外国人名字，也有些故事，后附着注释，你可请世菩（熊十力之子）同你注释。介绍外之各篇，兄高兴读，可慢慢阅读。

顺颂

冬祺！

弟董必武
1月20日

20世纪50年代，熊十力从上海到北京开会，周恩来知道他怕冷，总要到他的住处亲自看望、亲自检查，看生活等有无问题。有一次，周总理到民族饭店看熊十力时，一进门就对熊十力说："别人不知道你的脾气，你特别怕冷，我想到你房间暖气可能未开，就进来看一下。"说完，周总理上前一扭阀门，果然未开，随即动手开开。周恩来对熊十力无微不至的关怀和特殊照顾，使熊十力念念不忘。他回到上海后，逢人就说："世上难找到周恩来这样的好总理！"

董必武与熊十力。

中央领导人中，与熊十力打交道最多的是董必武。董必武系湖北

1962年10月,董必武到熊十力下榻的北京民族饭店看望老友

红安人。两人的家乡同属黄冈地区。抗战时期,董必武在重庆八路军办事处工作时,与熊十力接触较多。那时,董必武主要住在两处:一处是曾家岩50号,一处是红岩村八路军办事处。时间长了,人们都知道了,找的人过多,对他的学习和做统战工作很不利,常想找个偏僻安静一点的地方。凑巧,有一天,熊十力去看董必武,董就跟熊说起了这件事情,熊十力说:"有办法。"

"什么办法?"董问。

熊十力说:"我有个老朋友、大富豪,但又是个爱国人士,他叫鲜特生,就在重庆市内,他家的房子多,条件好,又比较安静,适合你提的要求。你如果愿意住,我就去联系。"

董必武高兴地说"那好,那好,我就拜托你了。"

经熊十力介绍,董必武认识了鲜特生。鲜家有一座大花园,名为"特园"。家中的人很多,客人更是不少,吃饭以钟声为号,家人、客人一听到钟声,便到餐厅就餐。鲜家从不收吃饭者的伙食费,住的时间也不计长短。董必武到鲜家查看以后,觉得此处甚好,决定在特园设一处从事统战活动兼做秘密工作的场所。

过了一些时间以后,董必武见到了熊十力,非常高兴地说:"你介绍的鲜家很不错,真是为我们党做了一件大事!"

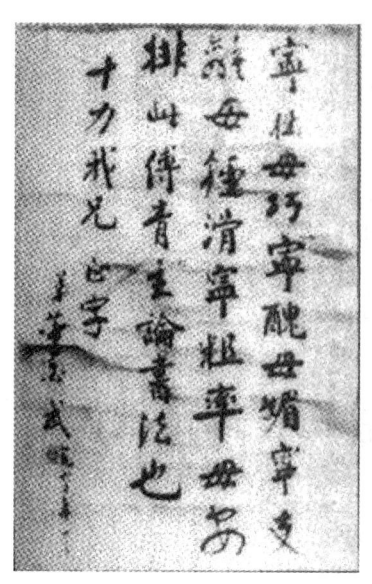

1962年10月，董必武为熊十力书赠的条幅

有一次，熊十力的一位亲戚请熊十力帮助介绍一个工作，熊十力说："这年头兵荒马乱，哪有工作给你做呢？你们年轻人应该爱国家，投身到挽救国家、民族危亡的斗争中去。如果你愿意参加抗日队伍，我愿意给你介绍一下。"

这位亲戚问："抗日队伍有饭吃、有衣穿吗？"

熊十力说："只要你参加抗日，就有饭吃、有衣穿。"

那位亲戚不假思索地说："只要这样，我愿意去抗日。"

熊十力看见他答应得如此干脆，立即给董必武写了一封信，意思是说：他有一个亲戚，愿意参加抗日斗争，请将他安排到八路军或新四军中去。

董必武看到熊十力的亲笔信，当即将这位亲戚介绍到林彪主持的抗日军政大学学习。后来，他的这位亲戚在革命队伍中干得很好，并成为一名领导干部。

1962年3月，全国政协三届三次会议在北京举行，熊十力是政协委员，必须参加会议。但当时身体有病，未打算赴会。后来，他因为对中苏交恶及赫鲁晓夫问题颇有看法，急切想与中央领导说说心里话，还是决定抱病赴会。

1962年10月，熊十力、董必武在北京民族饭店交谈

到会之后，他想董必武一定很忙，不便打扰，就匆匆地给董写了一封信，他说：

此次来京之意，一方面是久未赴会，须一来；另一方面，却因去冬赫鲁晓夫之事，有感于怀，欲乘大会之便，及一二相知，陈说吾之所感。所见如有是处，不妨为刍荛之献。……去冬，赫鲁晓夫召回其专家，群情惶惑，……又闻其对我国援朝，竟索武器等费。……余觉得赫鲁晓夫焚斯大林尸，是毁社会主义，其对我国与阿国等之作风，都不是社会主义的行径，吾何不予关心！？

熊十力关心国家、关心民族利益之心，跃然纸上。董必武收到熊十力的信后，特地到熊十力开会的地方——民族饭店去看他，并与他进行了长谈，使他对苏联领导集团反华情况及中共中央的对策有了全面深入的了解，他觉得心上的一块石头落了地。

1964年12月28日，熊十力在北京开全国政协四届一次会议时，与董必武就周恩来在全国人大三届一次大会上所工作的政府工作报告进行了深谈。第二天，他又通过董必武，给毛泽东写了一封长信，谈了感想。他在信中还说："敬谢董老尊兄之启迪，希望你保养好身体。"

董必武于1965年1月16日给熊十力回了信，全文如下：

十力兄：

　　接读9日信，敬悉兄已于7日平安抵沪，欣甚！慰甚！兄在京，对周总理的《政府工作报告》评价很高，前函已遵嘱转毛主席矣。兄回沪后，仍继续研究周的报告，并认为体现了毛主席领导中国革命的思想，足见好学深思，……兄治哲学之背景，不仅弟理解，吾党之士亦多能理解也。

　　尊函当如嘱送陈（毅）、郭（沫若）、周（恩来）诸同志传阅，特达。

　　顺颂

　　冬祺！

弟董必武
1月16日

　　据熊十力的长女熊幼光对家乡名士汪幸福说，五六十年代熊十力给董必武写了很多信，其内容大多是谈国事，小部分则是学术和个人私事。当时董因为国事太忙，加上年龄较大，未能一一回复，但有多次托人转告熊十力，没有特别大的事，就不必常写信，有重要话可在见面时详谈。尽管董必武对熊十力是这样希望的，但因为他心里搁不住话，加之对董老感情太深、太信任，他还是不断地向董老写信。董老也很理解熊十力的心情，所以一有机会与熊见面，就要进行长谈。

　　"文化大革命"开始后，到处乱糟糟的，熊十力受到了严重冲击，他再也没有上北京了，这对称兄道弟的老朋友，也再无机会进行长谈了。

　　郭沫若与熊十力。

　　熊十力和郭沫若认识较早，从现在看到的资料，他们交往主要在两个时期：一是抗战时期在重庆，二是新中国成立后的一段时间。

　　郭沫若1939年底从武汉奔赴重庆。他先任国民政府军事委员会政治部第三厅厅长。1940年，政治部改组，他又改任文化工作委员会主任。那时，中共中央对郭沫若极为信任，并根据周恩来的建议作了决定：以郭沫若为鲁迅的继承者、中国文化界的领袖。并在党内党外、全国上下作了广泛传达，从而奠定了郭沫若在文化界的领袖地位。因此，当时在雾都的郭沫若，威望极高。他为了不负党的重托，谦虚谨慎，广交各界人士，特别是注意团结和关心文化界的名人，对统战工作作出了重要贡献。

在抗战进行的关键时期，郭沫若多次去北碚看熊十力。每次见面两人都有说不完的话。郭沫若的听力不好，在同熊十力谈话时，他的声音小，熊十力的声音大。有时学生们听了，以为熊十力在生郭沫若的气，过细一听，才解除了疑虑。

开始时，熊十力对共产党的抗日主张和有关政策不甚了解，忧心如焚，深怕与国民党妥协，把中国丢了。后来经过郭沫若与他反复沟通，熊十力认清了形势，坚定了信心。

1942 年 1 月，郭沫若在重庆写出历史话剧《屈原》，连载在 1 月 24 日至 2 月 7 日的《中央日报》副刊，重庆哗然。国民党中宣部副部长潘公展读后，看出了作者的春秋笔法，大发雷霆，狠狠斥责部下说："怎么搞的？我们的报纸居然登起骂我们自己的东西来了！"立即下令撤销了孙伏园的编辑职务，然而其社会影响无法消除。

此戏由中华剧艺社在国泰剧院公演时，台上台下群情激昂，彼此交融成一片沸腾的海洋。黄炎培观看后，率成七绝两首以赠作者。

不知皮里几阳秋，偶起潮累问国仇。
一例伤心千古事，荃茅那许别薰莸。

阳春自昔寡知音，降格曾羞下里吟。
别有精神难写处，今人面目古人心。

由于《屈原》影响巨大，以致一票难求。

当时，郭沫若本想请熊十力来看这个戏，但考虑北碚离城区太远，交通不便，加之他知道熊十力不喜欢到人群喧杂的地方，熊十力便一直没有看成这个戏。后来，郭沫若在与熊十力谈到此事时，熊十力很感遗憾。

1961年，熊十力写完《乾坤衍》一书，感到出版很困难，就将书稿寄给郭沫若，请他帮助出版，郭沫若接到后，即转至科学出版社。那时，正值国民经济困难时期，纸张十分紧张，《乾坤衍》一时难以印出。熊十力见书久未出版，心里很急，就写信问郭沫若是怎么回事。1961年6月11日，郭沫若给他回信说："目前纸张确有些紧张，我自己在科学出版社印行的书也久未印出。我已把尊信送社，请他们抓紧些，将大著早日出版。"过了一段时间，熊十力的《乾坤衍》在中科院影印了百余部。

1964年，熊十力的新作《存斋随笔》文稿抄成，但他仍无办法出版，又将书稿寄给郭沫若，请郭帮助公开出版。可郭沫若也遇到了困难。是年底，熊十力去北京参加政协会议，住在民族饭店，郭沫若特去看望他，并说："熊先生的书稿与信均收到，因种种原因，目前出版有难处。我只得把书稿退给你，请你原谅。"熊十力很理解郭沫若的难处，此后没有再提此事了。

陈毅与熊十力。

1954年10月，熊十力从北京回到上海居住。中共中央的另一位领导人陈毅，在上海当市长，他对熊十力特别关心。当他接到北京通知，即令市委办公厅给熊十力安排好住房。按熊十力的意思是跟儿子世菩住在一起。当时世菩住在闸北青云路一六九弄九一号寓所，这是一幢两层楼的房子，世菩住楼上，楼下是另一户居住，十力回来后，即将楼下的一户安排到别处，十力迁进去住。论房子面积、结构，都是比较理想的，缺点是临街，比较嘈杂，对做学问有影响，熊十力不太满意。住了一段之后，熊十力即给陈毅写了一封信，在摆明情况后，提出了调换住地的要求。陈毅当即回信，同意解决。并将此事交给市委办公厅的管文蔚，要他一定把房子找好。管文蔚根据熊十力的要求，在上海找到淮海中路（原愚园路）二〇六八号一幢两层楼的房子，这里宽敞、明亮、安静，熊十力住进去后，很感满意，直住至逝世。

20世纪50年代，上海市百废待兴，当市长的陈毅，真正是日理万机，席不暇暖。但他总记着熊十力，曾提醒秘书：我如果因忙于工作，较长时间没有到熊十力先生那里去，你就跟我提个醒。秘书真的是这样做的。陈毅每次去到熊十力家，一谈就是几个小时。所谈内容，比较广泛，有时陈毅跟熊谈形势、谈工农生产、谈人民生活，有时谈国家的大政方针，有时谈哲学、谈诗词。两人的个性都很爽直，彼此谈话都不戒备，谈得相当投机。到了吃饭时间，陈毅就请他去吃饭。熊十力很喜欢陈毅，有时陈毅请他到家里做客，他毫不客气地坐车就走，来去都很高兴，而且回到家里总要把与陈毅谈话的内容、谈话的风趣绘声绘色地告诉子女们。同时，在每次谈及陈毅的时候还要作许多赞扬。他说："陈毅市长从世家子到将军，从诗人到军人，从戎并未投笔，文武双全，位居高巅，平易近人，真真难得呢！"

50年代，由于"左"的影响，很少有人去找熊十力问学，尤其是有些高级知识分子，因怕戴上唯心主义的帽子，更不愿与熊十力接触，致使熊十力甚感孤独。陈毅了解这一情况，认为这是一种错误的认识，对熊十力是种误解。一次，陈毅在上海高校高级知识分子大会上公开讲：

听说有些人连熊十力那里也不愿去，这很不好。熊十力先生才高八斗，其学问博大精深，是我们的国宝，你们要大胆地去向他问学，请教，不要怕这怕那，也不要怕别人说是封建迷信。

熊十力得知陈毅的讲话，甚为感激，他说：知我者，陈毅也。

陈毅调中央工作后，仍与熊十力保持着密切联系。1956年3月7日陈毅给熊十力写了一封亲笔信，信云：

力老道鉴：

2月的两信奉悉，积压甚久，作复迟，祈谅之。先生要求并不高，当照办。请与市政府来人面商。无论人事著述或作个人修养，政府应予照顾和协助。毛主席和党的政策如是订定甚为合理，我个人应遵办者也。至学术见解不能尽同，亦不必强求甚同，此事先生不必顾虑。对尊著毅除佩赞外，尚有若干意见，俟他日见面时再细谈。

不日即奉命入藏，5月底奉命南行，当图一晤。
此致

敬礼！

陈毅

3月14日

据武汉大学教授郭齐勇在《熊十力及其哲学》一书中讲，在一次全国政协会上，上海的同志去看陈毅时，谈到了熊十力。他们抱怨熊十力很难待候，并说与他在一起坐列车时，他不让人关车窗，大风往车厢里灌，大家都感到受不了，同志们很有意见。陈毅听后，不高兴地问他们："中国有几个熊十力？"他们说："一个。"陈毅说："这么大的一个国家只有一个熊十力，你们就不能动一下脑筋照顾好他吗？你们给他买4张软卧票包一个车厢，不就解决了吗？"陈毅的话使上海的同志深受启发，并改变了对熊十力的看法。他们知道：对像熊十力这样有很大影响的特殊学人，要特殊对待、特殊照顾。此后，熊十力每次赴京开全国政协会议，上海方面就给他一人买四张软卧票，包一个车厢，这样，既解决了熊十力途中的劳累及怕空气污染之苦，也方便了大家。

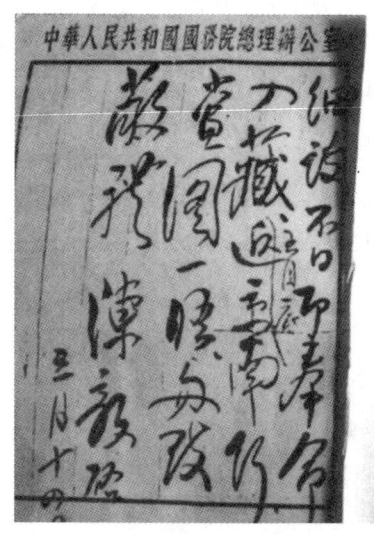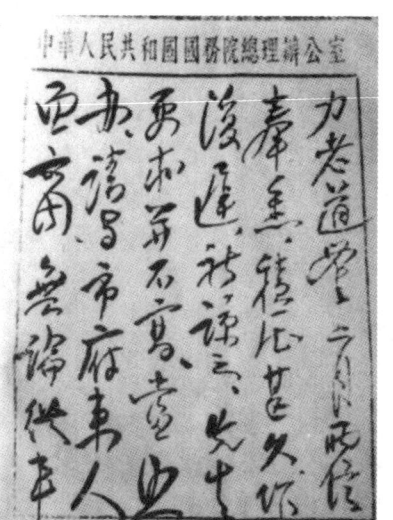

1956年3月陈毅给熊十力的亲笔信

16. 高涨的政治热情与笔耕不辍

毛泽东、周恩来、董必武和其他中央领导同志对熊十力的深切关怀，使熊十力很受感动。他是性情中人，明是非，知恩怨，爱其所当爱，恨其所当恨。特别是中央领导对他第一次（1950年）来北京开会考虑之周到，安排之细致，接待之热情，完全是他始料不及的。他几个晚上激动得没有睡好觉。他反复想，我熊十力，在信中向中央领导所提的要求，都得到了圆满的解决。从武汉到北京开会的火车票，湖北省主席李先念为自己作了准备；离开广州时，广东省主席叶剑英为自己送行；到武汉之后，中南军政委员会主席林彪和李先念设宴招待；到北京后，国务院秘书长齐燕铭到车站迎接。我熊十力何许人也？一介书生！想到这里，他觉得躬逢盛世，很光荣，很自豪，决定全身心地投入新中国的怀抱，为这刚诞生的新社会作出自己的应有贡献。

他首先想到的第一件事就是要为弘扬中国的传统文化奔走呼号，恢复好国学国粹。党中央领导现在正面临着百废待兴的局面，日理万机，会不会想到这方面的问题？这是个非常大的问题，一般人想得到

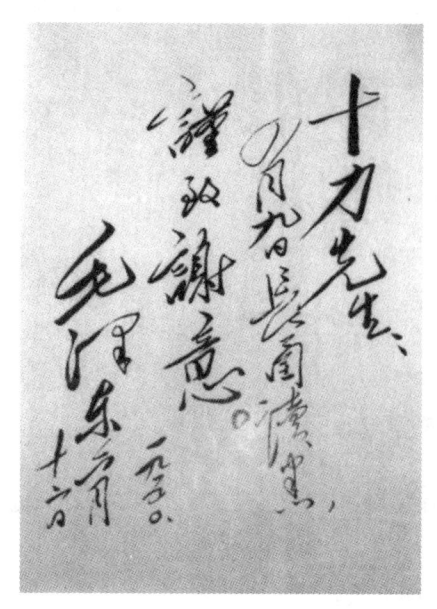

毛泽东致熊十力信函手迹

做不到,这只有毛主席、周总理如能想到,就可以办到。他决定向毛主席写信了。他在信中说,我拥护共产党,热爱新中国,只是一辈子研究唯心论,哲学观点不易改变,而且也不想改变,希望毛主席能够理解。接着他又给毛主席写了第二封信,这一封信,他建议政府帮助浙江著名学者马一浮把智林图书馆恢复起来,让梁漱溟把勉仁书院恢复起来;还建议筹办中国哲学研究所,弘扬中国传统文化。毛泽东看了熊十力的书信回复:"十力先生,四月九日长函读悉,谨致谢意。"

熊十力看到信后,觉得毛主席未置可否,心上的一块石头还未落地。他认为,这是一件非常重要的事,一次不行,可来二次,二次不行,可来三次。

但熊十力又觉得,如果毛主席在认识上未转过来,相反的意见他是听不进去的,于是他决定"另辟蹊径",给林伯渠、董必武、郭沫若三个人写一封信,请他们从中打圆盘,也许可以达到目的。这封信,熊十力很动了一点脑子,写得非常之长,从道理上讲,他觉得是讲得非常之透的。熊十力说:

共和已二年,文教方针宜审慎周详,学术空气之提振更不可缓。

余以为马列主义毕竟宜中国化。毛公思想，固深得马列主义之精粹，而于中国固有之学术思想似亦不能谓其无关系。以余所知，其遥契于《周官经》者似不少。凡新故替代之际，新者必一面检过去之短而舍弃之，一面又必因过去之长而发挥光大之。新者利用过去之长而凭藉自厚，力量益大，过去之长经新生力融化，其质与量皆不同于以往，自不待言。

熊十力强调：

中国过去所有学术思想，不可一刀斩绝。……政府必须规设中国哲学研究所，培养旧学人才。凡在研究机关工作之学者，只须对于新制度认识清楚，不得违反，而不必求其一致唯物，其有能在唯心论中发挥高深理趣，亦可任其流通。……凡高深理趣之影响于人类生活，恒在无形中。无形也，国乃久大，不当持实用之观点以苛求之。民国近四十年，新人物对于国有学术思想太疏隔，此为彰明之事实，无待余言。今日诚欲评判旧学，必先养才，养才必先成立一种研究机关，搜求老辈素为义理之学者，请任指导。

熊十力认为，养才就要培养一批研究生，首先可培养八十名。他建议：

过去私立讲学机关宜恢复者约有三：其一，南京内学院。此为欧阳竟无居士所创办，实继承杨仁山居士金陵刻经处之遗业。杨公道行，犹在众口。欧阳一代大师，不烦称述。谭浏阳为清季流血之第一人，即与欧翁同受佛法于杨公者也。同盟会中巨子如章太炎等皆与杨公、欧翁有关系。南京佛学研究机关对于革命人物不无相当影响。欧翁虽下世，而其弟子吕秋逸居士克宏前业，当请政务院函商南京省市政府觅一房屋为内学院院址，邀秋逸主持，暂聚生徒数名，由公家维持其生活，以后徐图扩充。吾于佛学本不完全赞同，世所共知，然佛法在中国究是一大学派，确有不可颠仆者在。内学院为最有历史性及成绩卓著之佛学机关，如其废坠，未免可惜！

其二，杭州马一浮先生主持之智能图书馆。一浮究玄义之殊趣，综禅理之要会，其学行久为世所共仰。抗日时，曾在川主持复性书院，不许某党干涉教学，而院费卒无着，当世知其事者不少，尚可查询。一浮以私人募资，选刻古书，皆有精意卓裁，于学术界大有贡献，后改立智林图书馆，绝无经费。清季以来，各书店翻印古籍，甚多错误，保存木刻，不失古代遗法，似亦切要，拟请政务院函杭州省府市府酌予资助其刻书事业，并得聚讲友及生徒数名，存旧学一线之遥。一浮之友叶左文先生，博文约礼之醇儒也，同居讲学，实为嘉会。

其三，梁漱溟先生主持之勉仁书院。在民国十年左右，彼与北大哲学系诸高才生有私人讲习之所，曰勉斋，青年好学者颇多。抗日时，在四川北碚成立勉仁书院。漱溟方奔走民盟，余时栖止勉院，曾以《大易》《春秋》《周官》三经教学者。梁漱溟本非事功才，以讲学为佳，愚意拟请政府准予资助其恢复勉院，规模不必大，使其培养旧学种子可也。

中国文化在大地上自为一种体系，晚周学术复兴运动此时纵不能作，而搜求晚周坠绪、存其种子，则万不可无此一段功夫。中国五千年文化，不可不自爱惜。清季迄民国，凡固有学术废绝已久，毛公主张评判接受，下怀不胜感奋，故敢抒其积怀。年来深感政府以大公之道行若干实干之政，余确有中夏复兴之信念，故对文化，欲效献曝之忱。

熊十力的话讲得比较客气，但在当时确应令人深思，特别是关于不必强求一致信奉唯物主义，允许唯心论流通的问题，和关于复兴私人讲学，培养旧学种子，弘扬固有学术文化的问题，很值得重视和考虑。

然而从当时历史背景看，这些问题暂时还是不可能解决好。在这一点上，熊十力还不一定估计得到，所以接二连三地继续写信、恳请不懈。就在他回到上海的前夕，即1954年12月，又致书郭沫若，提出精神文明与物质文明并重，正确评估、实事求是地研究中国传统哲学自身的特点，马克思主义宜中国化，正确对待西方唯心主义者的论理，以及中国辩证法的特点，中国哲学没有唯物主义与唯心主义之形态，张横渠、王阳明与王船山哲学之关系，哲学研究所如何才能办好等意见。

我们可以这样看，熊十力的爱国情怀，有很大的成分表现在弘扬中国的传统文化方面。可以宽慰先生的是这些意见和建议，已经逐步得到实现，甚至说是得到圆满的实现。

熊十力想到的第二件事就是要时时处处关心国家大事。他觉得自己是祖国大家庭中的一员，"天下兴亡，匹夫有责"，政府工作得失，自己有责。看到新政府新举措得到人民的拥护，自己就感到高兴；看到新政府、新举措工作不尽如人意，他就毫不客气地提出批评，提出建议。

上海市长陈毅，风流倜傥，豁达大度，富有学问，爱好诗词，非常尊重熊十力、马一浮等人。1951年，陈毅曾从谢无量学旧体诗，谢介绍他去向马一浮学，但必须以师礼事之。1952年，陈毅亲自到杭州西湖蒋庄拜访马一浮。为了表示尊重，陈毅见马一浮时穿的是长褂。陈毅还爱好读佛经，有时还与熊、马谈佛。一次，陈毅会见熊十力时，谈起"唯楚有材"来，陈毅对熊十力扳起指头，如数家珍地说出鄂东的著名学人来，熊十力十分惊讶。

在这样一位军事家、政治家面前，熊十力确实不敢大模大样，陈毅十分地尊重他，他也十分地尊重陈毅。他觉得自己虽然是一介布衣，但同陈毅好像亲如兄弟，没有隔膜。在上海住着时，熊十力常常向陈毅写信，对上海的工作有好的反映好的，有问题提出批评、提出建议。对此，在少数机关工作人员中有些异议，认为熊十力蛙守一庐，又以旧观点看事物，觉得他是"多事"，甚至认为是"自不量力"。陈毅很不以为然，说："熊十力先生是我们难得的诤友。""对熊先生提的批评和建议，我们绝不可以马虎，要做好调查研究，凡是正确的，我们就要立即改正，凡是不正确的，我们也应本着无则加勉的精神，引起警惕，引以为戒。同时还要亲自上熊先生的门，跟他解释清楚，鼓励他以后继续多提意见。"

陈毅讲了话以后，上海各有关单位都十分重视，注意落实。1952年的一天，上海市委统战部领导派了一位处长和工作人员造访熊十力，在对熊十力家庭生活方面的情况询问以后，就单刀直入地问熊十力对国家的政策方针有什么意见。熊十力也不存戒心，他想，你们既然要我谈这方面的问题，我就照实说吧，他讲："共产党和政府为人民服务，是很好的，提不出什么来。"那两人看他只说好的，不说坏的，就再三启发他，要他讲讲，这是对党和政府的关心和爱护。经两人紧催后，他说："要说存在问题，我看就是学习苏联，我觉得我们国家如像事苏联为祖，事斯大林为父，而对中华民族几千年优秀传统文化避而不提，真是数典忘祖！"

当熊十力说到此处时，他觉得来人露出了不悦之色，就走了。过了一会儿以后，又来了一个人说"领导上叫我来请你到部里（统战部）去"，也是不高兴的样子。此时，熊十力以为自己闯了祸了，正换衣服准备跟那个人走，又匆匆进来了两个人对他说："你不要去了。"并且叫先来的一个人跟他们一起走了。

到底后事如何呢？熊十力坐立不安，以为会出大问题，会不会成为反革命？

突然，学生李渊庭进得熊十力的家门，熊十力一看到李渊庭，双脚就对地下一跪，哭诉着说："渊庭，快救救我！快给我去买安眠药，免得受辱！"

李渊庭急忙扶起老师，看他气色不好，忙问出了什么事。熊十力把事情的来龙去脉跟李渊庭讲了。李渊庭听完笑着对熊十力说："没事！"熊十力忙问："怎么能没事？"李渊庭说："您那些话太伤人，所以领导上一听就派人来叫您去，人家是生气！但是他们可能想到是派人来征求您的意见的，如果您到统战部还是那样讲，该怎么办呢？怎么下台呢？学习苏联是毛主席定的国策，能听您的么！他们又急忙派人来阻止您去统战部是对的，是高招，此事就不了了之了。您以后说话可要先想一想。"又说："您等两三天，如果有事，我给您买安眠药。现在就死是白死！"后面的话是李渊庭对他开玩笑的。不过熊十力觉得李渊庭说得很有道理，神情逐渐放松，跟着渊庭哈哈一笑。后来果然没事。据说，过了一段时间之后，董必武和林伯渠两位老人约请熊十力谈话。他们从前一块儿参加过革命，感情非常之好，熊十力得到二老的帮助，也就雨过天晴了。

熊十力把自己的命运和祖国的命运联在一起，国家兴盛他分享喜悦，国家有困难他分担忧愁。三年自然灾害，加上苏联卡脖子，国家面临十分困难的境地，熊十力听到许多来自农村的信息，看到城市市场供应紧张的情况，在家里常常忧愁叹气。此时他已是年近八旬的老翁了，想到自己是八十老朽，竟然对国家无什么贡献，坐拿高薪，如何对得起国家、对得起人民？他多次向董必武写信，向周恩来写信，向全国政协写信，要求把他的高薪减下来。

1956年前，熊十力在北大的月薪为二百元。同年，北京大学给他评定为一级教授，月薪加到三百四十五元。因在上海居住，工薪先由任继愈向上海寄，后由北大哲学系直接寄。从1958年10月起，由北大转移到全国政协发放，1960年再由全国政协转到上海市政协发。中央领导考虑，国家不管如何困难，对熊十力的工资一分也不能减：一是由他个人开支的方面比较多，其中雇请了一个人为他做文书工作，还雇请了一个员工做饭；二是他年近八旬，身体有病，医药开销比较大，同时为了弘扬民族文化，他仍笔耕不辍，劳动强度很大，如在生活方面搞不好，他是无法支撑下去的；三是国家再有困难，减下他这一点点工资，也不过杯水车薪，无济于事。因此，坚决拒绝了熊十力的个人要求，一切供给和照顾照旧。

司马迁在《报任安书》中云："士为知己者用。"这可能是绝大多数传统正直士人的共同特征。熊十力更不例外。因为毛主席及其他中央领导对他的亲切关怀，他已是刻骨铭心。所以，一定要以垂老不多之时光，为弘扬祖国的传统文化，为服务社会主义而殚精竭虑。故而抓紧时间，笔耕不辍。在新中国成立后的十多年时间里，他共写出了著作十多部，下面将其主要著作分别予以概述。

一、《与友人论张江陵》。1956年夏天，熊十力在书店里偶得《张江陵集》一部。仲秋，写成六万多字的《与友人论张江陵》的小册子。友人指傅治芗。治芗治明史，以张江陵（居正）在明世扶倾危，救亡灭，有非常之功，而明史未与立专传，甚至以莫须有的罪名加以诋毁，深感不平。熊十力在读完《张江陵传》之后，与傅治芗等有同感，"窃叹江陵湮没五百年，非江陵之不幸，实中国之不幸也"。

全书的中心内容，就是以儒家的政治理想来阐释张居正的业绩和思想，在充分肯定张居正业绩的同时，也批评其缺点错误。他认为：一、从学术思想来说，张居正宗本在儒而深于佛，资于道与法，以成一家之学，虽有采于法，而根底与法家迥异，向来称为法家者大误。二、以佛家大雄无畏粉碎虚空，荡灭众生无始时来一切迷妄、拔出生死海，如斯出世精神转成儒家经世精神。自佛法东来，传宣之业莫大于玄奘，而吸受佛氏精神，见诸实用，则江陵为盛。三、中国自吕政以来二三千年帝制之局，社会上显分为上下两阶层。下层即贫苦小民，皇帝与其大臣为统治阶层。后者总是为维护自己的利益而侵苦小民。独张江陵当国，以庇佑贫苦小民为政本，而一切法令皆以裁抑统治层，使之不敢放肆。天下郡国豪强兼并之患与官吏贪侈者，则严厉锄治，即皇帝之一举一动亦不许逾越于法外。四、汉以来之政风，不外贿赂与姑息。江陵对贿政常以严法治之，并力矫姑息，坚持任事不辞劳怨，惩恶不避亲贵，令下如惊雷迅电，发聋振聩，趋事者如三军应敌，凛然恐后。当国九年，遂收四海清宴、四夷归附之效。

熊十力认为张江陵的不足之处，就是禁讲学、毁书院。他说：

学术思想，政府可以提倡一种主流，而不可阻遏学术研究、独立创造之风气。否则，学术思想锢蔽，而政治社会制度何由发展日新？江陵身没法毁，可见改政而不兴学之教，新政终无基也。

讲得很有见地！

二、《摧惑显宗记》。这是熊十力又一部论战性著作，针对印顺法师1948年夏发表的《评熊十力的新唯识论》一文。原稿以黄艮庸名义发表于1949年《学原》杂志二卷第十一、十二期合刊上。1950年，熊十力对此书进行了改写，在书的前面增加约万言，概述"新论"要旨。书后附录了两文，一是《与诸生谈新唯识论大要》，一是《为诸生授新唯识论开讲词》。全书共八万字。1950年11月，熊十力通过张云川与大众书店郭大中、万鸿年商量，印二百册。

三、《原儒》。这部大著分上下两卷，上卷从1954年春天写起至下年中秋节定稿，至1955年初付印。撰写《原儒》上卷时，他住在北京，生活比较安定，和他交往的人也少，没有干扰。但也有另外一个问题，原同他住在一起，照料他的女儿仲光早已参加工作，幼光又跟他住得很远，生活上缺乏人照顾，又使他感到孤寂。加之北京冬天特别寒冷，他感到受不了。结果经中央领导同意，于1954年的秋天迁回上海，与儿子世菩住在一起。

熊十力在上海安居后，即1955年秋，又接着续写《原儒》下卷，到1956年夏定稿。初秋，印存一百部。《原儒》上下卷各印一百部，都是董必武、郭沫若协助办的。12月，由上海龙门联合书局正式出版发行，以线装本印行五千套。这次书局付给熊的稿费，熊退掉了一半。

《原儒》这部大著，上卷包括"绪言""原学统""原外王"三篇，下卷包括"原内圣"篇及附录"六经是孔子晚年定论"，共三十余万言。全书重申和发展了作者《新唯识论》和《读经示要》的基本思想。"绪言"主要论述了作者未及创作的"量论"的规模。作者拟著却未能著成之"量论"的大纲，在这里得到表述。按作者构想，"量论"就包括"比量篇"和"证量篇"。"比量篇"又包括"论辨物正辞"（实即形式逻辑）和"论穷神知化"（实即宇宙论和人生论中的辩证法）。"证量篇"主要"论涵养性智"，实即通过思维和修养交致其力，达到"天人合德"之境界的冥悟证会方法。

"原统论"篇分述儒、墨、道、法、名、农六家，儒家六经及儒学流变。作者认为，儒为诸家之源，作者主张把六经孔子和汉代以后的三纲五常区别开来。他批评了儒学在社会政治层面的负面影响，特别是孝治的弊病，而主张弘扬原始儒家"贬天子、退诸侯、讨大夫"的民主精神。

"原外王"篇将儒学传统分为"大道之学"的传统和"小康礼教"的传统。作者指出，孔子外王学的真相是"同情天下劳苦小民，独持天下为公之大道，荡平阶级，实行民主，以臻天下一家、中国一人之盛"。熊十力着重阐述了《易》《春秋》《礼运》《周官》的外王学思想，指出以上四经中即包含有科学和民主思想的萌芽，如格物之学、发展生产工具、尊重知识，以及三世说、民本说，等等。作者尤其阐发了"平均"与"联合"的原则，主张"以均（均平、和谐）为体"，"以联（联合、互助）为用"。

"原内圣"篇着重阐述儒释道三家的体用、有无、心物之论，体证生生乾元性海。熊十力指出，古代哲学家无唯心唯物之分，均主张心物之动态统合。"儒道二家，虽学术不同，而以认识心体为第一着，则莫或异也。禅学直指心源，活泼泼地……然真正认识心者，却是如心之行相而透悟心体，既见心体，方是真正认识心，易言之，即是真正认识精神。"作者重申了乾辟刚健之心对于自然世界文化世界的主导作用。他指出，物质世界与精神世界均是本体之功用。

附录"六经是孔子晚年定论"认为，孔子早年服膺小康礼教，五十岁学《易》之后，在内圣外王两方面都有了革命性变化，所创制六经与秦汉儒生窜改的六经，根本精神并不相同。后者拥护专制主义和私有制，前者却是天下为公、选贤与能的民主社会主义。

但是，《原儒》中的问题也表现得明显。从他的指导思想上讲，是要以道德的理想主义的内圣修己之学、良知仁德之教，开出科学、民主、社会主义的新外王；批判传统的僵化、腐败之负面影响与束缚，而提倡与发扬其中可与现代生活相结合之精神。于是作者搞了一些"考证"，但这些考证多无实据，而且多为随意发挥，任意将古代原始学术思想打上"社会主义""无政府主义"等标记，这是不妥当的。而他所发挥的所谓消灭私有制的"均"与"联"原则等，也都具有乌托邦的印痕。

尽管如此，《原儒》不失为一部具有重要意义的著作，特别是在欧亚两大洲影响巨大。我国政府文化部门曾将此书和田汉的戏剧集一起分赠给印度与日本、苏联和东欧来访的朋友。日本哲学界人士获得此书后，辗转传阅，引起很大反响，并由此而开展起对熊十力学术思想的热烈讨论。

四、《体用论》。这是继《原儒》之后的又一部著作，1958 年 4

熊十力《体用论》原印本之一页

月由上海龙门联合书局按封用拙抄写稿石印二百册。全书九万言，含"明变""佛法上""佛法下""成物"四章。"明心"章有目无文。书前有韩元恺序，韩"少年游学北庠，请业黄冈熊先生。两年而南归，……近闻先生衰病，侨居上海，远来随侍，承授尊著《体用论》"。因是作序，但从文气上看，此序乃为熊十力自己所写，假韩元恺之名义而已。这部著作，从实际内容看，应视为熊氏代表作《新唯识论》语体文本"转变"、"功能"上下、"成物"诸章删订修改的产物。它集中表达了作者的哲学创见，特别是"体用不二"学说的充分发挥。哲学界的专家们认为，关于体用的讨论是熊氏哲学中最具特色的内容。

五、《明心篇》。这部著作的撰写开始于1958年，成书于1959年初。熊氏本想此书同《体用论》一样按封用拙君所抄稿用好纸影印，但因当时纸张紧张，无法如愿，只能用新闻纸小铅字排印200本问世。

《明心篇》原拟作"通义""要略"两部分，后一部分有目无文。作者原作《体用论》时，曾以《明心》为末章，结果因心脏病加剧而停笔。此书以篇引世，是熊氏函询老友林北云，请赐以名而定的。北云说："此书写就，宜名曰《明心篇》，既可独行，又与前书相关联。

且书以篇命名者，周有《史籀篇》，汉有《仓颉篇》，司马相如作《凡将篇》，扬雄作《训纂篇》，清人毛奇龄作《论语稽求篇》，其例不一矣。"于是从北云之言。篇分上下，曰《通义》，为篇上；《曰要略》，为篇下。全书十一万字，比《体用论》多两万字。

在熊十力卷帙众多的哲学论著中，《明心篇》是他的最重要的著作之一。如果说，熊十力在20世纪30年代出版的《新唯识论》中建构起他的独特哲学体系，开创了中国近代哲学思想的一个新学派；那么，他在50年代相继问世的《体用论》与《明心篇》则是对《新唯识论》的基本思想作了进一步的阐明与发挥，总结了他半个世纪来哲学探索的思想成果。在《明心篇》中，熊十力以"心物不可分"为主线，从探讨"哲学的心理学"出发，通过阐发本体论、道德论与认识论，逐步展开了他的宇宙人生理论，即他的哲学人类学思想。这一思想路径，鲜明地体现了他治学立言的宗旨与特点。

六、《乾坤衍》。这部著作开始于1960年2月，完成于1961年春天。经封用拙誊正后，仍按旧例寄郭沫若。结果因纸张困难，书稿寄去数月，未能付印。

是年秋天，由中国科学院印刷厂按封用拙抄稿自费影印一百余部。

1961年，熊十力致上海图书馆葛正慧函："附赠《乾坤衍》，实不得已而自费影印。老而不死，力成此书，决不自覆其说。白沙子有句'君子恒处睽'，即我曰书之心也。"陈白沙《读易偶成》有："南乎不可北，东乎不可西。自从孔孟来，君子恒处睽。"睽卦离上兑下，火欲上，泽欲下，违隔乖离之义。睽卦九四、上九爻都有"睽孤"之说。君子之人生旅途，自是人生孤旅，这是熊十力的自况也。

七、《存斋随笔》。1963年，熊十力已经是七十九岁的高龄老人了，他总觉得一息尚存，就不能虚度光阴，"寸金难买寸光阴"，仍然要笔耕不辍，为后人留足精神营养。从元旦开始，他即动笔起草《存斋随笔》，原拟写成语录体，不期而成专著，解释佛教的十二缘生。

为什么名之曰《存斋随笔》？熊十力在该书"自序"中云："存斋者何？诸葛公曰，'使庶几之志，揭然有所存，恻然有所感'云云。余平生以此自勖，名吾坐卧之室曰存斋。随笔者何？平居，观物返己。

1979年4月14日，政协全国委员会、中央统战部、上海市委统战部和上海各界民众在上海龙华革命公墓隆重举行追悼大会，这是熊十力先生的家属在追悼会场

有时兴怀，则信手写出。初无预立之题目。写来不论长言与简说，而都无体系，无组织，随时随机所写，或不甚爱惜而毁去，或偶尔觉得颇有意思，甚至对于学术思想之研究不无可供参考处，于是汇集而名之曰《存斋随笔》。"

写这本书，熊十力吃了不少苦。这年夏天开始，上海气候反常，天气奇热，熊十力常常拿起笔来汗如雨注。人老了，加上这么一个反常的气候，简直受不了，在半个月中才写出百余字。他于书中写道："秋尽冬来，余不堪提笔。近五年中，常为险病所危，精气亏竭，解悟视从前不弱，而记忆力大减，写文辞极窘。"《存斋随笔》完稿后，由封用拙誊正后，仍寄北京郭沫若院长。1964年12月，熊十力赴京出席四届全国政协一次会议并列席全国人大三届一次会议。期间，陈毅来看他，并对在场的熊氏后人说："你爸爸是书呆子，让他写，把他的学术思想都写出来。这是国家的宝贵财富。"郭沫若也来看望熊十力，并将出版《存斋随笔》的困难告诉了他。鉴于当时国内形势，郭沫若也有苦衷，不便直说。熊十力知出书无望，请退稿。1965年初，熊十力得到退稿后，请封用拙再抄一份留存。不久，"四清"运动开始。初夏，松江县命封用拙回去参加"四清"，不能留住上海。几经周旋，总算允许封用拙往返两地，抄成第二份稿子（封用拙自1956年至1966

上海各界追悼熊十力先生大会之一部分

年为熊十力私人秘书，专门抄录书稿）。

"文革"爆发后，熊十力遭到冲击，书稿辗转数处，不知去向，特别是封用拙去世后，谁也不知道熊十力还有这样一部未刊遗稿。

1983年，汤一介和萧萐父共同倡议编辑《熊十力论著集》。接着由汤一介的研究生和萧萐父的研究生郭齐勇赴沪搜求熊十力遗著佚文，与熊十力哲嗣熊世菩夫妇和孙女熊儒（如）一道，几经周折，才觅得这部遗稿和其他遗物。

熊十力的这部遗作，对佛教缘生说条分缕析，同时又批评了佛家的性相、体用割裂之说。稿末又论到佛家成戒定慧三学，发挥己意。

在他生命的最后时期，极左势力倒行逆施的摧残，加速了他生命的衰萎。1968年5月，因患肺炎住进上海虹口医院，经治疗得到好转。后因开窗受凉等原因，致心力衰竭，抢救无效，于23日与世长辞。

1979年4月14日，政协全国委员会、中央统战部、上海市委统战部和上海各界民众在上海龙华革命公墓隆重举行熊十力先生追悼大会，予以纪念。

附录　熊十力年谱

公元1885年（清光绪十一年乙酉）一岁

夏历正月初四日，熊十力出生于湖北黄冈县（今为团风县）上巴河张家塆。字子贞，名继智，又名定中、升恒，中年改为十力，晚自号漆园老人。

其家先世系书香门第，后衰落，至曾祖光东、祖父敏容、父亲其相三代，竟无立锥之地。光东务农、敏容为乡间木匠。祖母华氏，操持家务，勤俭节约，虽未种田，但生活还过得去。因做木匠，吃百家饭，干千家事，见多识广，敏容就同妻子华氏商量：听说"书中自有黄金屋，书中自有颜如玉"，要振兴熊氏门庭，只有将儿子其相送去学校读书。其相聪明也很争气，在乡塾用心苦读，成为秀才。他对儒学正宗的程朱理学有所通达，但对科举功名颇为厌恶，十分同情贫苦农民。因为家庭比较困难，决定在乡间设馆授徒，为稻粱谋。

是年，蔡元培十七岁，欧阳竟无十四岁，马一浮二岁，殷子衡二岁，何自新、王汉五岁，张难先十一岁，居正九岁。

是年 10 月 12 日，清政府将福建省台湾府改为台湾省，以原福建巡抚刘铭传为第一任台湾巡抚。

公元 1886 年（清光绪十二年丙戌）二岁
是年，董必武、黄侃出生。

公元 1887 年（清光绪十三年丁亥）三岁

公元 1888 年（清光绪十四年戊子）四岁
陈铭枢出生。

公元 1889 年（清光绪十五年己丑）五岁
熊十力经常和村里一些小朋友到附近何圣木先生的教馆外玩耍听课，能背诵《三字经》《百家姓》《幼儿经》等启蒙书籍。能口占对联，表现出非凡的天资。

是年李四光出生。

公元 1890 年（清光绪十六年庚寅）六岁
父其相受聘在本县柯山设馆授徒。一天，带领十力参观黄州东坡赤壁，他边走边向儿子介绍苏东坡和赤壁有关景点。十力在二赋堂前，高声朗诵前后《赤壁赋》，久久不愿离开。这天晚上，其相有意考察儿子，问："前后赤壁赋你记住多少？"十力说："都记住了。"他将二赋全背诵给父亲听。其相非常诧异。

是年，太虚法师出生。

公元 1891 年（清光绪十七年辛卯）七岁
十力继续和村里小伙伴们到何圣木先生教馆外玩耍听讲。

是年 6 月 5 日，广济县武穴镇人民反对教会贩卖婴儿，焚毁教堂，杀死一名英国传教士，史称"武穴教案"。在英德两国威胁下，湖广总督张之洞处分地方官一名，捕杀民众二人，判七人徒刑，赔款六万五千银两结案。其相和鄂东地区人民非常气愤。

公元 1892 年（清光绪十八年壬辰）八岁

其相教乡塾，因为家庭人口多，经济比较拮据，同陈夫人商定，令十力跟邻家放牛，岁得稻谷二百斤。

其相利用节假日回家，教十力读书，讲历史故事。

是年，郭沫若、胡适、严重、张申府出生。

公元 1893 年（清光绪十九年癸巳）九岁

十力仍在邻家放牛。每天将牛牵至何圣木教馆附近放牧，兼听何先生讲课。

是年，梁漱溟、汤用彤出生。

公元 1894 年（清光绪二十年甲午）十岁

中日甲午战争爆发，日本强迫清政府订立《马关条约》。

孙中山在檀香山建立兴中会（中国最早的资产阶级革命团体），提出"振兴中华"的口号和"驱除鞑虏，恢复中华，创立合众政府"的纲领。

一天，十力听父亲讲南北朝时胡祸之惨，哀愤不可抑；闻父亲说吕政坑儒，则问曰："是不是儒生造反？"父笑而不答，似默认造反为是。

公元 1895 年（清光绪二十一年乙未）十一岁

十力随从父亲入乡塾读书，一天背熟了《三字经》，一年读完了"四书""五经"及《鉴略》等。

是年，冯友兰、金岳霖、钱穆出生。

公元 1896 年（清光绪二十二年丙申）十二岁

继续从父亲读书。一次，父亲出一个习作题目：《子入太庙，每事问》，要他用八股文法写出来。他写得很不错，父亲大为惊异。秋冬之交，父亲因肺疾恶化，吐血不止，不幸辞世。临终时抚着十力的头哭泣说："你终当废学，这是命啊！可是你体弱多病，不能胜任农事，只有学个裁缝，解决糊口问题。"小小十力当即对父亲立下誓言："儿无论如何，当敬承大人志事，不敢废学。"其相给儿子十力留下的遗言是："穷于财，可以死吾之身，不能挫吾之精神与意志。"

是年，吕澂出生。

公元 1897 年（清光绪二十三年丁酉）十三岁

十力又给邻家放牛，兼在校外听何先生讲课。何圣木先生发现他天资聪异，主动同其长兄仲甫商量，请仲甫管弟弟吃喝，他管教他，不收学俸，仲甫感谢何先生，送十力入学。

长兄仲甫，因家庭变化辍学务农。

公元 1898 年（清光绪二十四年戊戌）十四岁

十力在何先生教馆读书，同学三十余人，他年龄最小，学习成绩第一，一时名闻遐迩。

戊戌维新运动发生并失败。

公元 1899 年（清光绪二十五年己亥）十五岁

继续从何圣木先生读书。一天，何圣木先生被人请去做客，十力溜进教馆隔壁的一个庙里去，找到两根竹条，转到财神菩萨赵公明龛前，看见上面摆满了供果，不由气涌上来，破口骂道："别看你笑貌堂堂，独霸一方，要人家向你烧香磕头，你保佑了几个人发财？小老子今天抽你几鞭，看你还神不神气！"他一连抽了十几下，然后又到别的佛殿抽去。走拢来的老和尚气得脸色发青，向学东告上一状。学东坚决把他驱逐出学校。从此辍学。

公元 1900 年（光绪二十六年庚子）十六岁

在家边自修边帮助哥哥嫂嫂干活。他很勤快，哥哥嫂嫂都很疼爱他。

公元1901年（清光绪二十七年辛丑）十七岁

十力自学非常用心，每天都读书到午夜，终于对经史百家都能通晓，诗词歌赋能背诵很多。

仲甫为了使弟弟扩大视野，增广见闻，在农事稍闲时，就带十力到外地拜访名师，获得一些新的知识。一天，哥哥带他到白石书院，结交了哥哥的两个好朋友，一个叫何自新，一个叫王汉。十力听到何、王二人和哥哥谈时局、谈理想，觉得受益匪浅。

是年，废名（冯文炳）出生。

公元1902年（清光绪二十八年壬寅）十八岁

金秋九月，熊十力和何自新、王汉三人一同去武汉，欲物色四方志士，共图覆清救国大计。

去汉后，开始因生活所迫，十力先在一家豆腐店打工，后投入武昌凯字营第三十一标当兵。在军中，十力白天练武，夜间攻书习文，时刻不忘寻找机会鼓动反清革命。为了揭露清军腐败堕落的罪行，十力曾撰写短文，并签上自己的姓名，张贴于公开处，对鄂军统制张彪进行猛烈抨击。

是年，贺麟出生。

公元1903年（清光绪二十九年癸卯）十九岁

十力考入湖北陆军特别学堂仁字斋当兵。当时何自新在文华书院任教，与十力计议，决定运动军队。

是年，徐复观出生。

公元1904年（清光绪三十年甲辰）二十岁

春，黄兴、陈天华、宋教仁、谭人凤等在长沙建立华兴会，黄兴任会长。

春夏之交，刘静庵、曹亚伯、胡瑛、张难先、吕大森、朱子龙、何季达、欧阳瑞骅等皆集武昌省垣。他们假座斗级营同兴楼，商议组织革命机关，成立科学补习所。宗旨虽标明科学，实则掩蔽官方耳目，而以革命排满为密约，入会者颇众。该所同华兴会取得了联系。十一月，长沙取义事泄，黄、宋亡命日本。科学补习所解散。

十力仍在仁字斋当兵。他在军营的活动和表现，深受刘静庵的欣赏和器重。

公元1905年（清光绪三十一年乙巳）二十一岁

正月，挚友王汉刺清大臣铁良，未果，壮烈牺牲。在科学补习所解散后，刘静庵与武昌圣公会会长胡兰亭有旧，因避住会内。圣公会原有一阅书报之所，名曰日知会，目的在宣传西教。是年冬，刘静庵商量于胡会长，另拟会章，由传教进而革命，名不变而实质变矣。随即于阴历正月开成立大会，到会百余人。孙武、何季达、朱子龙、冯特民等皆进行了沉痛的演说，听众非常感动。

经何自新介绍，熊十力加入了日知会，并成为日知会在军界的骨干。

公元1906年（清光绪三十二年丙午）二十二岁

二三月间，熊十力串联黄冈籍日知会成员熊飞宇、钟大声、邱介甫、冯群先、张海涛、张其亚、易介元、涂浩、童澍等，分头发动两湖学堂、文普通学堂、陆军特别学堂及四路高等小学堂等校学生，及其驻省军人，组成黄冈军学界讲习社。社址设在武昌正卫街。成为日知会的外围组织。

秋，大规模的萍醴起义爆发，孙中山派胡瑛、朱子龙、梁钟汉等来湖北策应。十力力主起事。事泄，统制张彪下通缉令捉拿熊十力。何自新感到在武汉危险，令十力化装，将他护送回黄冈老家。

是年长兄仲甫，因家大口阔，土地狭窄，在上巴河无法生活下去，率家族迁往江西德安木板垅垦荒。

1907年（清光绪三十三年丁未）二十三岁

1月12日，刘静庵、胡瑛、梁钟汉、张难先等九人被张之洞逮捕。黄冈也是张之洞注视的"捣蛋地方"，于是何自新与熊十力商量，决定转到江西德安。他们角巾野服,自新自号庐江道人,即使熟人也无法辨认。在德安转悠一段以后,十力投身长兄仲甫处,边自学边帮长兄种田。

1908年(清光绪三十四年戊申)二十四岁

春,十力从德安回黄冈,改名换姓称周定中,在白石书院孔庙教书。当时县视学林鄂平(黄冈贾庙人)来校查学,一见熊十力便开玩笑道:"先生的头可值钱呢,我若上报便可得到五百金。"十力也风趣地说:"周定中的头就不值钱了啊!"说罢两人哈哈大笑起来。

公元1909年(清宣统元年己酉)二十五岁

十力从白石书院孔庙学校转到马鞍山黄龙岩东岳庙学校教书。离该校不远的地方傅家河有位老秀才叫傅晓榛对十力的才华极为钦佩,两人成了忘年之交。但是一直不知道是享有盛名的熊子贞(原名)。一天,傅老先生约请十力到他家叙谈,他赞称道:"周先生风华正茂,学识非凡,所作文章浩瀚奔放,与熊子贞相比真可谓珠联璧合……"十力忙道:"前辈过奖了,实不相瞒,我便是熊子贞,因有难才改名换姓,望请包涵包涵!"傅老先生知其缘由后,十分同情和钦佩,后来还将自己的女儿既光许配给十力为妻。

公元1910年(清宣统二年庚戌)二十六岁

继续在黄龙岩学校教书。按当时私塾的规矩,就是教学生以"五经""四书",可他用相当一部分时间,对学生讲革命、讲覆清救国的道理,讲邹容的《革命军》,讲陈天华的《猛回头》《警世钟》,讲吴贡三的《孔孟心肝》,激发学生爱国热情,学习革命英雄以身报国的大无畏精神。在课余时间,他还带领学生跳越梯田,进行一些军事体育活动。

是年,十力开始发愤苦读,除了教学工作外,他几乎把其他时间都放在学习上。主要是学习易学著作。先后读了王船山的《周易内传》与《周易外传》,由此上溯《程氏易传》与朱子的《近思录》,最后由宋易上溯到汉易，并比较两种易学的得失。同时还读了列子，引发了他对王阳明的"良知"与《大学》"明德"的理解，形成了天地万物同体处认识本心的思想。

是年挚友何自新病逝。

公元1911年（清宣统三年辛亥）二十七岁

7月，《大江报》主编詹大悲为从河南回汉的黄侃接风，席间詹请黄侃为该报写一篇时评，黄侃慨然掷酒，挥笔疾书，写下《大乱者，救中国之妙药也》一文，署名"奇谈"。这是一篇富有号召力的反清战斗檄文，发表后立刻震动大江南北。山雨欲来风满楼，清王朝摇摇欲坠。

10月10日（农历八月十九日）武昌首义。此时十力在黄州，他欢欣鼓舞，积极参与光复黄州的活动。接着赴武昌参加首义后政府的组建工作。临时湖北革命都督府成立时，十力任都督府参谋。

是年冬，为庆祝湖北光复，十力意气风发，同吴崑、刘子通、李四光等（人称"黄冈四杰"）同乡志士集会于武昌雄楚楼，俯仰天地，各明心志。吴崑书李白《山中问答》："问君何故栖碧山，笑而不答心自闲。高山流水渺然去，别有天地非人间。"刘子通写老子《道德经》语："持而不有，为而不恃，功成而弗居。若有心，若无心，飘飘然，飞过数十寒暑。"李四光写的是："雄视三楚"。熊十力却书"天上地下，唯我独尊"，表明了"粪土当年万户侯"的豪放气魄和激流勇进的主观战斗精神。

公元1912年（民国元年壬子）二十八岁

中华民国临时政府成立后，与季雨霖等设立日知会记录所，编纂《日知会志》，十力任编辑。但未及成书，因二次革命失败而中断。其时胡瑛（原革命好友）约他北上投袁世凯，他坚决拒绝，并发表反袁檄文。

公元 1913 年（民国二年癸丑）二十九岁

二次讨袁革命失败，形势危急，"裁军之议起"，十力"愿意受遣散"，背着三千银元安家费，离汉回德安。家族原住德安县木板垅团山，后又迁居黄嬹铺文家，前后住了七年。十力回来，与仲甫商量，拟将这笔钱做两件事：一是建一套新房，二是置买一批田地。他在乡亲们的指导下，选在县治西北十五华里枫林堡之芦塘，建了一个四合院。

十力在这里住了三年。期间帮哥哥种田和自学了两年，在"学堂园"教书半年。

公元 1914 年（民国三年甲寅）三十岁

一边种田，一边自学。

秋，回黄冈上巴河，与傅晓榛老秀才之幼女傅既光完婚。傅家为书香世家，本宗姓韩，祖继舅家傅姓。傅晓榛行医，其父亲原为福建省教谕。十力结婚在岳丈家。在度蜜月的三十天中，全部背诵了《二十四史》。

公元 1915 年（民国四年乙卯）三十一岁

继续在德安一面种田，一面自学。开始阅读严复所译的外国书籍，接触西方文化，对振兴中华思想更为强烈。

长女幼光出生。

公元 1916 年（民国五年丙辰）三十二岁

夏，十力作《船山自学记》。

秋，在学堂园教书。

梁漱溟在《东方杂志》第十三卷五至八期连续发表《究元决疑论》，指责熊十力对佛家的批评。

公元 1917 年（民国六年丁巳）三十三岁

10 月，非常国会选举孙中山为中华民国军政府大元帅，护法运动在孙中山的领导下兴起了。此时,熊十力的革命激情仍然不减,他离开德安到湖南参加民军,同他们一起训练,一起战斗。后又奔走湘桂间,支持桂军北伐,抗击北洋段祺瑞军的进攻。不久,赴粤,佐孙中山幕。

公元 1918 年(民国七年戊午)三十四岁

居广州半年,见革命党人"绝无在身心上作工作者",感慨万千。想到好友何自新曾说自己是学问中人,决心弃政向学,拒绝陈铭枢让其做高级幕僚的建议。

6 月(夏历五月),他从广州返回德安。途经上海,他看了同盟会的会员张纯一。路过庐山,他瞻拜了宋人周敦颐隐居的濂溪书堂和理学家朱熹办学的白鹿书院旧址,在这两个地方流连忘返。

回到家里,他首先同长兄仲甫商量要找一个平静安适的读书地方,条件是:一、离家较近,使家人送饭送水方便;二、比较偏僻,来往的人稀少,不受干扰。最后选定在县治西北二十五华里的望夫山上双峰寺。十力在这里待了两年时间,取得了两个方面的重大成就:一是研读了儒家主要经典《十三经注疏》;二是汇集了 1916 年以来的笔札二十五则,编成《熊子贞心书》,自行印刷。北大校长蔡元培为其作序言。

公元 1919 年(民国八年己未)三十五岁

在天津南开中学教国文。

时梁漱溟在北大任教,十力从天津向梁寄去一张明信片,云:"你在东方杂志上刊载的《究元决疑论》,我看到了,其中骂我的话都不错,希望有机会晤面谈谈。"熊在这里所指的是梁在该文中对他说佛家谈空,使人流荡失守。梁对此点名批熊说:"此士凡夫熊升恒……愚昧无知"云云。暑假,熊和梁在北京进行了会晤,作了沟通。

是年,"五四"运动爆发。

公元 1920 年(民国九年庚申)三十六岁

上年,继续在南开中学任教。

暑假，梁漱溟访南京支那内学院，向欧阳大师请教并介绍十力。
秋，十力由德安去南京内学院学习佛法。

公元 1921 年（民国十年辛酉）三十七岁
中国共产党成立。
十力继续在内学院学习佛法。因为他用功过度，遂患上神经衰弱症。
子世菩出生。

公元 1922 年（民十一年壬戌）三十八岁
十力通过潜心研究佛法，对传统的佛家思想和理论有不同的见解，自立了新的理论，即"新唯识论"。

十力为了阐明自己的新理论，让更多的人明辨它，还编著了《佛家明相通释》《因明大疏删注》，后来连同《新唯识论》一起付印。

夏，梁启超、殷太如、蒋竹庄等聚于南京，邱希运、吕秋逸、陈真如等均在内学院听讲，欧阳竟无讲《唯识抉择谈》，对《起信论》真如无明互相重生等义多所驳斥。是年，太虚法师在武昌创办佛学院，自任院长，梁启超为董事长。太虚反驳欧阳之说，作《佛法总抉择谈》，实宗护法。

冬，十力应北大蔡元培校长之聘，赴北大任特约讲师，住地安门吉安所，与学生陈亚三、黄艮庸、朱谦之、王显珠等同住。

公元 1923 年（民国十二年癸亥）三十九岁
十力从进北大的那一天起不断传出故事。他反对"师生蚁聚一堂"，而采取师生朝夕相处、自由随和的书院式教学，力主道德与学问并重，生活与学习一致。十力在北大讲授的内容是他自编的《唯识学概论》，九万言，分唯识、诸识、能变、四分、功能、四缘、境识、转识诸章，基本上是据佛家本义，忠实于内院所学。这个"概论"在北大讲过以后，"忽感疑旧学，于所宗信，极不自安"，乃举该稿焚之，讲起《新唯识论》。这颇能吸引听众，一时名噪北大。天津南开大学闻讯后，经严复函请约往讲学。

是年，与梁漱溟等住北京西郊永安观。

公元 1924 年（民国十三年甲子）四十岁

更名"十力"，把自己放在与佛并肩的位置。

夏，梁漱溟辞北大职到山东曹州，先办曹州中学高中部，后办菏泽重华书院。熊十力亦辞北大职同往，在书院讲学。第二年梁偕诸友回北大，熊亦同回北大。

秋，高赞非谒十力于曹州，以后随侍左右。

公元 1925 年（民国十四年乙丑）四十一岁

春，武昌师范大学改为武昌大学，石瑛任校长，十力应邀任教。同事有黄侃、李瑛、方东美、郁达夫等，学生有胡秋原等。

在武大任教时，结识了当时在武汉中学任校长的董必武，通过交往，对中国共产党及其领导的革命有所了解。大革命失败后，他厌恶并讽骂破坏国共合作的反动权势，支持中国共产党领导的革命。

秋，武大校长易人，十力返回北大继续讲学。与梁漱溟师弟子十几人住石刹海东梅厂胡同，斋名"广大坚固瑜伽精舍"。

三月，孙中山病逝北京，黄侃撰挽联云：

洪以甲子灭，公以乙丑殂，六十年间成败异；
生袭中山称，死傍孝陵葬，一匡天下古今同。

公元 1926 年（民国十五年丙寅）四十二岁

因殚精竭虑改造《唯识学概论》，患神经衰弱、胃下垂等疾病。

与梁漱溟、王平叔、高赞非、云颂天、李渊庭等住万寿山大有庄勉仁斋。

小女再光出生。

公元 1927 年（民国十六年丁卯）四十三岁

春，十力由学生张立民护送至南京中央大学疗养。时汤用彤、李石岑均在该校，常登门交谈，颇不寂寞。休养月余后，转入杭州西湖疗养，与麻城严重（立三）同住法相寺。

十力在此边疗养、边读书。通过严重向省博物馆分期借出文澜阁珍藏的手抄本《四库全书》，在三年中全部阅过并背诵。

蔡元培赴杭州看望十力。十力向蔡建议注意养才和设立哲学研究所问题。

8月1日，在中共领导下，周恩来、朱德、贺龙、叶挺、刘伯承等指挥在中共掌握和影响下的国民革命军三万多人，举行南昌起义，打响了武装反抗国民党反动派的第一枪。

公元1928年（民国十七年戊辰）四十四岁

杭州养病，并阅读《四库全书》。

公元1929年（民国十八年己巳）四十五岁

因为思想负担较小，学生张立民又每日按时为他打针和服药，病情有所缓解。

公元1930年（民国十九年庚午）四十六岁

春夏之交，十力从杭州来到武汉，住在黄鹤楼下宋子巷其襟兄王孟荪家。虽然生活清贫，但仍聚精会神地进行著作。高赞非所记录的十力1924年秋至1928年秋间论学语录及信札，经张立民整理删削编成。十力通览一遍之后，自印一百五十部行世。10月，熊分赠蔡元培、梁漱溟、马一浮、汤用彤、胡适等人。

一天，任浙江省主席的辛亥老友张难先给他寄来十元钱，说是给买肉吃，聊表惦挂之忧。十力为之畅怀大笑，并对前来看望他的世侄何小龙（何自新遗子）说："你岂能知道，这是'千里毫毛'，老友深情啊！"

公元1931年（民国二十年辛未）四十七岁

居杭州。时张难先主政浙江，相互时有过从。

"九一八"事变后，十力对国难当头，东北、东南沿海危急，心中十分愤懑，请照顾他的学生张立民护送，专程赶往上海劝老友陈铭枢率十九路军积极抗日。

公元 1932 年（民国二十一年壬申）四十八岁

"一·二八"事变发生。十力致函国民政府主席林森，指陈救国大计，主张对日寇不宣而战。

10 月，《新唯识论》文言文本由浙江省立图书馆出版发行。马一浮作序题签。此书前半部成于北平，后半部则是养疴杭州所写。书中重大问题，多与林宰平、马一浮相商。全书九万字，分明宗、唯识、转变、功能、成色上下、明心上下八章。自此，营造了十年的哲学体系正式确立起来。12 月，支那内学院刘定权率先在《内学》杂志上著文《破新唯识论》，欧阳竟无为其作序，痛斥熊十力"灭弃圣言"。次年 2 月，熊十力又作《破〈破新唯识论〉》予以反驳，从而拉开了现代儒佛之争的序幕。这场争论影响较大。嗣后，熊十力与欧阳竟无分道扬镳，各行其是。

冬，从杭州回北平，住梁漱溟家（崇文门外缨子胡同十六号，时梁在邹平）。牟宗三得列门墙。

公元 1933 年（民国二十二年癸酉）四十九岁

2 月，北大出版部出版十力《破〈破新唯识论〉》，近三万言，分破徵宗、破破计、破释难三部分。

《海潮音》十四卷一、二期分别发表太虚法师《略评新唯识论》，批评熊十力。

秋，周叔迦《新唯识三论判》一书在北平直隶书局出版，对《新唯识论》《破〈新唯识论〉》《破〈破新唯识论〉》一一评判。

为了澄清问题，十力又继续写了一些反驳文章：5 月，在《独立评论》上发表了《要在根本上注意》。8 月，在《大公报》上发表了《循环与进化》。

公元 1934 年（民国二十三年甲戌）五十岁

在北大讲学。

4 月、6 月在《独立评论》上发表了《无吃无教》《英雄造时势》。

9 月、11 月在《大公报》上发表《易佛儒》《答谢石麟》。

冬，南行过南京汤用彤家，与贺麟、钱穆等谈我国学人有一个不良习惯，即赶热闹，随风倒，不肯专一种学术而自甘寂寞。

公元 1935 年（民国二十四年乙亥）五十一岁

在日本新的军事进攻面前，国民党采取卑躬屈膝的态度。6 月 4 日，亲日分子何应钦代表国民党政府与日本华北驻屯军司令官梅津美治郎进行秘密谈判。然后，签订了一个丧权辱国的《何梅协定》。住在北平的熊十力，每天忧心如焚，大骂蒋介石是脓疱、是卖国贼。然后找到墨子研究专家邓高镜兄弟商量，决定由十力向汤用彤写一封信，寻一批志同道合的爱国人士联名，敦促胡适领头，公开声明反对《何梅协定》。胡适说："现在是该要这样做了！"

10 月，北平出版《十力论学语辑略》，收录 1932—1935 年间短札。重阳节，黄侃溘然长逝。

公元 1936 年（民国二十五年丙子）五十二岁

写作《佛家名相通释》。

夏，牟离中在《北京晨报》发表《最近年来之中国哲学界》，介绍熊十力、张东荪、金岳霖等哲学家。

冬，答意大利米兰大学教授罗雪亚诺·马格里尼长函，专论老子。

公元 1937 年（民国二十六年丁丑）五十三岁

2 月，北大出版社出版《佛家名相通释》，居正等资助，马一浮题签。卷上依《五蕴论》综述法相体系；卷下依《百法》等论综述唯识体系，共约十四万字。

"七七事变"，抗战全面爆发。7 月 8 日，十力由弟子刘公纯陪同，乘着一辆运煤的大货车离开北平，前往武汉，路遇倾盆大雨，历尽艰辛。

入冬，返黄冈，住团风粮道街。时省六中有一位学生叫段亚杰（后改名文祥）常来熊寓请教，熊总是尽情揭露蒋介石和广大人民群众走的不是一条道，施行不抵抗政策，致使大片国土丧失，人民受难。谈起这些时候，常泪流满面，声音哽咽，他鼓励段亚杰等去找共产党，加入共产党领导的抗日队伍。段由此走上抗日救国的道路，对人民作出了重要贡献。

公元1938年（民国二十八年戊寅）五十四岁

2月，离鄂入川，先住重庆，旋依钟芳铭（时璧山县中学校长）到璧山。给随行的学生邓子琴、钱学熙夫妇、刘公纯、陈亚三、刘冰若、王绍常、任伦芳等讲民族精神、种原及通史。说他"有一坚确信念，日本人决不能亡我国家，决不能亡我民族"。是夏，整理出《中国历史讲话》，约六万言，由中央陆军军官学校复印出来；同时撰有《中国历史纲要》（未发表）。

8月，在《文哲月刊》发表了《科学真理与玄学真理》论文。

冬，着手将《新唯识论》文言文本翻译成语体文本，对内容有增有减，十力口授，学生钱学熙记录整理。在译到文言文本第三章、语体文本第四章时，钱学熙因事离川暂停。到1939年冬，由另一个学生韩裕文接着翻译，"新论"上卷全部完成，1940年夏由学生吕汉财资助印行二百部。

公元1939年（民国二十八年己卯）五十五岁

教育部向行政院提议，敦聘马一浮在乐山创设书院。马一浮请熊与之合办。定名为复性书院，拟于8月1日开学。

夏，十力赴乐山。8月19日遇敌机轰炸，寓舍全毁于火，左膝被炸伤，积稿尽焚。

复性书院于9月1日开学。9月17日，熊作了《开讲词》。不久因与马意见不合辞职，移居梁漱溟在重庆北碚办的勉仁书院。

复性书院开办后，蒋介石派两名官员来分别邀请马一浮、熊十力会晤，熊十力拒会。随后，蒋介石派肖赞育送两百万法币给马一浮与熊十力，每人一百万，熊十力拒收。

公元 1940 年（民国十九年庚辰）五十六岁

夏，《十力语要》卷二（含 1936—1940 年笔札）由周封岐资助印行四百本。

秋，入勉仁书院。在这里同梁漱溟一起，或教学，或著书，一直住到抗战胜利结束。

是年，蔡元培逝世。

公元 1941 年（民国三十年辛巳）五十七岁

在勉仁书院和勉仁中学讲哲学课。

公元 1942 年（民国三十一年壬午）五十八岁

正月，经居正募资，以勉仁书院哲学组名义出版了《新唯识论》语体文本上中卷。

在《思想与时代》杂志发表了《论体相》《论玄学方法》《儒家与墨法》《谈生灭》《答谢幼伟论玄学方法》等论文。

同在重庆居住的居正、郭沫若等时有过从。

公元 1943 年（民国三十二年癸未）五十九岁

春，《新唯识论》语体文本下卷修改完工。在《思想与时代》杂志上发表了《哲学与史学——悼张荫麟》。在《孔学》杂志上发表了《研究孔学宜注意春秋周礼三经》。

一天，郭沫若说："熊先生快六十岁的人了，勉仁书院生活这么艰苦，怎么受得了啊！"他听说十力喜欢吃鸡，就买了两只鸡，驱车来校看望他，并写一笺云"愿吾夫子，永恒健康，领袖群伦"。郭走后，他高兴地对阎秉华等人说："郭沫若带着两只鸡来看我，他耳朵聋，说话他听不到，我们骂蒋介石，把声音提得高高的，他高兴。"

8月，北大蒋梦麟校长聘十力为文学院教授，聘书由昆明办事处发给。北大年年发聘书，月月发薪水，熊可以不到校上课。

9月，国民党陆军少将徐复观（浠水人、同乡），到勉仁书院拜见熊十力，请教该读什么书。熊十力叫他读王船山的《读通鉴论》。后来再见时，十力问："有点什么心得？"徐觉得自己读得很认真，便得意地说了书里有很多他不同意的地方。没等说完，熊就怒斥起来："你这个东西，怎么会读得进书！像你这样读书，就是读了百部千部，你会得到书的什么益处？读书是要先看出它的好处，再批评它的坏处，这才像吃东西一样，经过消化而摄取了营养。你这样读书，真是太没有出息！"徐复观说这对他是起死回生的一骂。后来他改变了读书的方法，终于成了一个有名的学者。

是年，欧阳竟无、石瑛卒。

公元1944年（民国三十三年甲申）六十岁

《读经示要》从正月初一开始起草，迄秋冬之交完成。

全部《新唯识论》语体文本由中国哲学会作为中国哲学丛书第一部著作交重庆商务印书馆印制，3月出版，共四卷九章加一附录，三十七万字。

在《哲学评论》杂志上发表了《新唯识论问答》《说易》《论性》《论文》《答友人书》《感情与理智》《谈郭象注》等论文。

是年，先后为居正撰写的《辛亥革命札记》（梅川日记）、为李西屏写的《辛亥武昌首义纪事》、为谢幼伟写的《现代哲学名著述译》等作序。

冬，北碚卢子英镇长捐一书屋，十力约居正、陶希圣筹组中国哲学研究会。

严三立卒。

公元1945年（民国三十四年乙酉）六十一岁

8月15日日寇投降，十四年抗战胜利结束。

是年，在《图书集刊》《中国文化》《三民主义月刊》发表了《〈周易变通解〉序》《论汉学》《说食》《公诚与自由》等文。

各地对十力其人其文的评论函逐渐增多。是年在《文教丛刊》《文化先锋》《建国导报》《民主主义半月刊》和《哲学评论》上分别刊发了王恩洋的《评〈新唯识论〉者的思想》、周通旦的《熊十力哲学释疑》、贺麟的《陆王之学的新发展》(介绍熊十力及马一浮的思想)、黎涤玄《记熊十力先生自述》和周通旦《读〈新唯识论〉》等，见仁见智，有褒有贬。

12月，继《新唯识论》之后的又一部巨著《读经示要》由重庆南方印书馆作为中国哲学丛书甲集之三印行，约十七万言，是熊氏政治哲学与思想史之专著。

公元1946年（民国三十五年丙戌）六十二岁

春，十力返汉，住保元里二号。向鄂议会建议为刘静庵、王汉、何自新建新祠，虽获通过，终未实施。要求给遗孤教养费的问题获得解决，其中给王汉遗孤四十万元（法币）、何自新遗孤二十万元。给王汉、何自新写的颂扬文章，在《中山日报》上发表。

夏初，重入川，应四川五通桥黄海化学社社长孙颖川的邀请，主持该社附属哲学研究部。十力在这里作了两万余言的讲词。

将1942年至1946年的短札，嘱学生王星贤汇成两卷，即《十力语要》卷三、卷四出版，共三十三万字。

6月，徐复观将新出版的《十力语要》送给蒋介石，蒋介石令徐复观给十力馈款二百万元。十力批评除复观："你送书给蒋介石，为什么先不给我讲一声？我不要蒋介石的臭钱！"徐复观没办法，按十力意见，将这笔钱捐赠给流徙于四川江津地区的学校。

是年，在《中国文化》杂志上发表了《与陶闿士书》和《示菩儿》等。

被选为辛亥首义同志会名誉监事。

公元1947年（民国三十六年丁亥）六十三岁

阴历二月，由重庆乘船东下，到汉口，乘车北上，返回北京大学，住沙滩松公府。与北大校长胡先骕长谈了学术与养才问题，并建议设立哲学研究所。

在北大出席中国哲学会欢迎康乃尔大学教授柏特会议，并接受柏特的访问。

湖北省主席万耀煌拨款印行《十力丛书》，其中《新唯识论》四卷、《熊十力语要》四卷，各一千册。

在《世间解》杂志三至七期上陆续发表了《读智论抄》；在《学原》杂志上发表了《论学三书》《答牟宗三问格物致知书》《略说中西文化》《与友论〈新唯识论〉》；在《哲学评论》杂志上发表了《与柏特教授论哲学之综合书》《论本体书与说理书》。

太虚法师卒。

公元1948年（民国三十七年戊子）六十四岁

上半年住杭州，在浙江大学讲学。

春，安陆老友池师周在武汉患肺炎去世，十力收其遗孤际安为嗣女。改名熊池生，字仲光，先后随同嗣父从浙江大学到北京，边细心照料，边请益问学，亦师亦父。

在《学原》杂志发表了《论事物之理与天理答徐复观》《略说"新论"旨要（答牟宗三）》等论文。

秋，在广州收到邓子琴由南京抄寄印顺法师《评熊十力的〈新唯识论〉》一文，黄艮庸作《申述新论旨要平章儒佛摧惑显宗记》。

公元1949年（己丑）六十五岁

新中国成立前夕，讲学杭州。蒋介石曾派人劝说熊十力去台湾，或去印度讲学，十力断然拒绝了。10月，于广州迎接了解放。在此之前的5月16日，汉口也解放了。十力在一个记事本上大书"解放了"三个大字，并用红笔予以圈点，充分表示了他的欣喜的心情。

广州解放后的第十天，由叶剑英派人送来董必武、郭沫若邀其北上共商国是的电报。

年底，嗣女仲光将1947年至1949年间的论文笔札编为《十力语要初读》，由香港东升印务局出版。

公元 1950 年（庚寅）六十六岁

1 月 28 日，董必武致函十力，谈北上事宜，阅电后，即动身至汉口。3 月 7 日又接到郭沫若来函邀请北上，他随即乘车出发，于 3 月底到北京。中央人民政府特派政务院秘书长齐燕铭等到车站迎接，并对他的生活、住房作了妥善安排。先住在西城车辇店胡同五十一号，至 6 月 17 日移居西城大觉胡同十二号，取斋名：空不斋。

夏，购得《张江陵集》一部；秋，写成四万字的《与友人论张江陵》，印二百部。

秋，移居什刹海后海的大金丝套。

公元 1951 年（辛卯）六十七岁

从春到夏奋发著书。5 月底，一卷六万字的《论六经》撰成，由大众书店出版，印二百余部。

冬，开始删改《新唯识论》语体文本。

公元 1952 年（壬辰）六十八岁

至秋，《新唯识论》语体文本改完，卷章未变，内容减少了三分之二。

是年，陈荣捷著《现代中国宗教之趋势》，首次把熊十力思想介绍给西方。

公元 1953 年（癸巳）六十九岁

毛泽东主席派他的秘书、中共中央办公厅副主任田家英上门看望熊十力。

秋，董必武、林伯渠帮助他印行了《新唯识论》语体文本。

1954 年（甲午）七十岁

熊十力在北京从 1951 年到 1954 年共住了四年时间。中央对他的关照他十分感激，十分满意，终因不适应北京气候，向董必武提出要求，回上海和儿子世菩住在一起（上海闸北青云路一六九弄九十一号寓所）。10月29日由学生周朋初、刘公纯陪送至沪。临行前，董必武特地在北京饭店设宴送行，并请林伯渠、吴玉章作陪。

9月，十力应邀参加第一届全国政协会议。会中休息，熊十力闯进了毛泽东和董必武的休息室，当知道他是熊十力，毛泽东连忙请他在沙发上坐下来，细问了十力的生活、籍贯、家庭及哲学研究方面的情况，十力一一作了回答。

是年，从春到秋，撰写《原儒》上卷，中秋脱稿。

公元1955年（乙未）七十一岁

十力同儿子世菩住在一起，感到比较嘈杂，不适宜于他读书写作，便向上海市长陈毅写了一封信，要求调换住地。陈毅根据他的要求，令市委办公厅主任管文蔚给安排到淮海中路（原愚园路）二〇六八号一幢两层楼的房子，这里宽敞、明亮、安静，十力十分满意，直住到逝世。

十力在上海期间，陈毅市长再忙，也要经常安排时间上门同他讲形势、谈学问。一次，陈毅市长在上海高校高级知识分子大会上讲话说："听说有些人连熊十力那里也不敢去，这很不好。熊十力先生才高八斗，其学问博大精深，是我们的国宝，你们要大胆地去向他问学、请教，不要怕这怕那。"熊十力得知陈毅的讲话，甚为感激，他说："知我者，陈毅也。"

秋，撰写《原儒》下卷。

公元1956年（丙申）七十二岁

2月4日，上海市政府派人陪送十力出席已经开幕的全国政协知识分子会议，12日南返。此后增选为全国政协委员。

北京大学评十力为一级教授，月薪三百四十多元。

夏，《原儒》下卷完稿。该书上下卷各印一百部，都是董必武、郭沫若协助办的。12月，由上海龙门联合书局正式出版发行，以线装本印行五千本。十力将书局付给他的稿酬退掉一半。

秋，开始写《体用论》。

公元 1957 年（丁酉）七十三岁

全国性的大鸣大放和反右派斗争使十力思想有震动，写作有所放松。

是年撰成《体用论》。

公元 1958 年（戊戌）七十四岁

4 月，《体用论》由上海龙门联合书局按封用拙抄写稿印二百册。全书九万言。分"明变"、"佛法"上、"佛法"下、"成物"四章，"明心"章有目无文，因心脏病加剧未写完。

是年 10 月，供给从北大转移到全国政协。

公元 1959 年（己亥）七十五岁

新春伊始，他就对著作问题作出计划，想在两三年内，一、写成《易乾坤疏》；二、写一自述；三、《名相通释》改作一书，书名另题；四、《语要》删存。但因年事已高，生活困难，营养不足，身体呈下滑趋势，感觉特别怕冷。从 6 月 18 日起，腰又疼得厉害，一到傍晚，就支不起来。他"自度衰象难以持久"，比较悲观。

4 月初，北京的天气还是比较冷。十力参加了全国三届一次政协会议。周恩来知道他怕冷，亲自到他的住地检查，看生活上有无问题。一进门就对熊十力说："别人不知道你的脾气我知道，你特别怕冷，我想你的房间暖气一定未开。"说完，周总理上前一扭，果然未开，总理立即给他开了。周总理对他无微不至的关心和照顾，使他感动不已。回到上海后，他逢人就说："世上难找到周恩来这样的好总理！"

是年，开始起草《乾坤衍》。

公元 1960 年（庚子）七十六岁

全年撰《乾坤衍》，共十二万字，含辨伪、广义二部分，由封用拙誊正，1961 年由郭沫若联系中国科学院印刷厂影印。是书为阐释熊氏新易学思想，基本精神仍属《新唯识论》。

公元 1961 年（辛丑）七十七岁

3 月，作《记陈营长癸丑德安就义事》，纪念黄冈人陈博平反袁事迹。

夏，梁漱溟避暑海拉尔，编《熊著选粹》一册，11 月又著成三万余言的《读熊著各书书后》。

是年林宰平、王孟荪卒。

公元 1962 年（壬寅）七十八岁

3 月，全国政协三届三次会议在北京举行。十力身体有病，开始不拟赴会。后来，因为对赫鲁晓夫问题颇有看法，遂抱病赴会。他到会后，考虑董老很忙，就向他写了一封信，阐述对赫鲁晓夫问题的看法。董老接信后，特地来到开会的地方——民族饭店看他，并与他进行了长谈，使他对苏联领导集团反华情况以及中共中央的对策有了全面深入的理解，他觉得心上的一块石头落了地。

是年，胡适卒。

公元 1963 年（癸卯）七十九岁

作《存斋随笔》。1 月动笔，11 月写成。原拟写成语录体，不期而成专书，释十二缘生，共八万字。

公元 1964 年（甲辰）八十岁

春夏之间身患大病，在华东医院住院治疗。

12 月 21 日至 1965 年 1 月 4 日在北京参加全国政协四届一次会议，列席三届全国人大一次会议。未赴会场听周恩来总理《政府工作报告》，就在宾馆认真研读，尤其对"从必然王国到自由王国"一段独有发挥，写下心得，请董必武转呈毛泽东、周恩来、陈毅等。毛同董、陈和郭沫若阅后，大加赞赏。

是年，汤用彤卒。

公元 1965 年（乙巳）八十一岁

1月16日，董必武致函十力，谓："兄治哲学之背景，不仅弟理解，吾党之士亦多能理解也。"董必武诚请十力慢慢地读一点马克思主义哲学，不要性急，先看几本基本著作。周恩来总理用自己的工资托人在北京购买宋体线装大字本《毛泽东选集》等书，寄到上海。十力很受感动，并认真读起马列之书，还抄写了一些基本观点。

8月作《先世述要》。

陈铭枢卒。

公元1966年（丙午）八十二岁

从1950年算起，熊十力以高涨的革命热情和坚强的毅力，克服疾病的折磨，先后写出（包括删改一部）了《与友人论张江陵》（1950年）、《论六经》（1951年）、《新唯识论》（删定本，1953年）、《原儒》（1956年）、《体用论》（1958年）、《明心篇》（1959年）、《乾坤衍》（1961年）、《存斋随笔》（1963年）八种，一百三十余万言。真可谓"老骥伏枥，壮心不已"。1966年"文化大革命"开始后，极左之风愈演愈烈，他的著作被说成"反动复古主义"而遭到批判，一些老友和学生也被当成"资产阶级反动学术权威"被打倒、批判，于是他感到孤独和迷茫，常常独自一人端坐桌边，面前放着一叠白纸，手中握着一支秃笔，似有万千心事诉诸笔端，却又无从下笔。他对"左"的一套极为反感，但又无可奈何。只有在心里与古圣先贤如孔子、王阳明、王船山等心仪神交，稍可慰藉。曾作一联寄给友人："衰年心事如雪窖，姜斋千载是同参。"

公元1967年（丁酉）八十三岁

淮海中路寓所被造反派占领，回青云路和儿子世菩同住。

《美国哲学百科全书》将熊十力列上专条。

马一浮卒。

公元1968年（戊申）八十四岁

5月，因患肺炎住进上海虹口医院，经治疗得到好转，后因心力衰竭，抢救无效，于 23 日与世长辞。

《大英百科全书》将熊十力列上专条。

十力逝世后，是年 7 月香港中文大学开会追悼。1979 年 4 月上海各界在上海龙华革命公墓隆重举行追悼大会。

1970 年夫人傅既光逝世。1979 年 9 月，世菩夫妇将父母的骨灰送回黄冈故里安葬。

主要参考书目

1. 熊十力著:《熊十力全集》,湖北教育出版社,2001年。
2. 郭齐勇著:《熊十力及其哲学》,中国展望出版社,1985年。
3. 郭齐勇著:《天地间一读书人——熊十力传》,上海文艺出版社,1994年。
4. 郭齐勇著:《熊十力思想研究》,天津人民出版社,1993年。
5. 郭齐勇著:《熊十力与中国传统文化》,香港,天地图书有限公司,1988年。
6. 宋志明:《熊十力评传》,百花洲文艺出版社,1993年。
7. 丁为祥:《熊十力学术思想评传》,北京图书馆出版社,1999年。
8. 黄冈县政协编:《回忆熊十力》,湖北人民出版社,1989年。
9. 萧萐父、郭齐勇编:《玄圃论学集——熊十力生平与学术》,三联书店,1990年。
10. 武汉大学中国传统文化研究中心编:《玄圃论学续集——熊十力与中国传统文化国际学术研讨会论文集》,湖北教育出版社，2003年。

11. 景海峰著:《熊十力》，台北，东大图书公司，1991年。
12. 张庆雄著:《熊十力的新唯识论与胡塞尔的现象学》，上海人民出版社，1995年。
13. 刘定权著:《破新唯识论》，《内学杂志》，1932年第6期。
14. 马一浮著:《马一浮集》，浙江古籍出版社、浙江教育出版社，1996年。
15. 黄夏年主编:《吕澂集》，中国社会科学出版社，1995年。
16. 毕养赛主编:《中国当代理学大师马一浮》，上海人民出版社，1992年。
17. 中国台北《鹅湖月刊》一二五期，1985年11月；一三一期，1986年5月；一三三期，1986年7月；一三四期，1986年8月。
18. 《中国哲学》第十一辑，人民出版社，1984年。
19. 蔡仁厚:《黄冈熊先生学行年表》，《中国文化月刊》(七九至八〇期)，1986年5至6月。
20. 郭齐勇:《熊十力先生散记》，《人物》，1986年第六期。
21. 汪幸福:《熊十力斯人斯事——访熊幼光女士》，《当代》第98期，1994年6月。